扬起前行风帆

中小学生涯活动百例实用手册

秦蓁　杨红梅　钟向阳　主编

文匯出版社

图书在版编目（CIP）数据

扬起前行风帆：中小学生涯活动百例实用手册 / 秦蓁，杨红梅，钟向阳主编. — 上海：文汇出版社，2022.1

ISBN 978-7-5496-3693-8

Ⅰ. ①扬… Ⅱ. ①秦… ②杨… ③钟… Ⅲ. ①职业选择—中小学—教学参考资料 Ⅳ. ① G633.933

中国版本图书馆 CIP 数据核字 (2022) 第 007854 号

扬起前行风帆：中小学生涯活动百例实用手册

主　　编 / 秦　蓁　杨红梅　钟向阳
责任编辑 / 徐曙蕾
封面装帧 / 王　川

出版发行 / 文匯出版社
上海市威海路 755 号
（邮政编码 200041）
经　　销 / 全国新华书店
印刷装订 / 上海普顺印刷包装有限公司
版　　次 / 2022 年 1 月第 1 版
印　　次 / 2022 年 1 月第 1 次印刷
开　　本 / 720×1000　1/16
字　　数 / 400 千字
印　　张 / 20.5

ISBN 978-7-5496-3693-8
定　　价 / 68.00 元

目录

序　言

以上海市教委《关于加强中小学生涯教育的指导意见》（沪教委德〔2018〕8号）文件精神为指引，静安区教育局承接了上海市生涯教育项目区域整体推进的任务。多年来，在上海市教委德育处、上海学生心理健康教育发展中心的指导下，静安区全力推动区内中小学生涯教育的有效开展，引领学校和教师通过课堂教学、专题教育、社会实践、家校互动等各个途径，运用系统方法，指导学生增强对自我和人生发展的认识与理解，促进学生学会选择、主动适应变化，促进学生生涯规划能力的发展。

静安区在开展全面生涯教育实践的基础之上，编印了《领航未来旅程——中小学生涯地图百例实用手册》《扬起前行风帆——中小学生生涯活动百例实用手册》（下面统称“生涯手册”）。这两本手册展现了静安区开展生涯教育实践的思考，也汇总了生涯教育的一些探索性尝试。手册具有以下特点：

1.“生涯手册”体现了对学生生涯教育的培养目标。中小学生涯教育的主要内容包括自我认识、社会理解、生涯规划三个方面。“生涯地图手册”不仅有基于体验式学习的课堂活动，还帮助学生走进社会，走近职业的社会体验活动。在这个过程中，学生不仅在了解自己，还进一步了解社会行业、职业的发展变迁以及社会分工等，更具体地了解不同职业的专业素养，提升学生对社会行业的尊重与理解的意识和能力，从而促进社会责任感的提升，使学生能更好地处理个人与社会、学业与发展、当下与未来的关系。

2.“生涯手册”整合了区域的职业探索资源。在学生的身边、在学校的周边、在社区的周围、在我们生活的世界，有着许多生涯教育的资源和契机。这些身边的资源，是学生最容易触碰到、最容易感受到，也最容易对学生产生影响的资源。整合这些资源，充分利用这些资源，对培养学生的区域认同和家国情怀具有重要意义。

3.“生涯手册”是落实学生生涯体验活动的重要抓手。编写教师对每个生涯活动进行精心设计；学校生涯教育的教师还和实践体验基地的工作者一起，对每个生涯活动体验点进行了实地探索、活动设计，并且编制了符合学生年龄特点的体验学习单，体现了体验活动的生涯探索目的。本套手册关注经历的创设、活动的设计，促进了学生体验活动的针对性和有效性，从而帮助学生在体验中实践，在实践后反思，在反思中提升，帮助学生逐步构建自己的知识和经验。

中小学生涯教育是立足当下，为学生未来奠基的教育活动，中小学生涯教育中拓展甚于匹配、探索优于确定、发展先于选择。静安区的生涯教育实践是静安区教育不断改革创新的体现，是区域内“五育”并举、家校社协同育人的具体体现，也推动了区域内各中小学校本育人、智慧育人的不断深入。感谢静安区教育局、静安区教育学院，以及静安区各学校老师和学生，他们在生涯教育的实践中积极拓展、努力实践，也为全市生涯教育提供了很多亮点和特色。希望本套“生涯地图手册”的出版，推动更多学校参与到这样的探索实践中来，能开拓更多的探索空间，让学生更好地发现和发展。在为国家建设培育有创新精神和实践能力的建设者和接班人的同时，让学生拥有各自精彩的人生。

上海学生心理健康教育发展中心副主任

沈之菲

自我认识篇

我的相册

一、活动目标

1. 全面探索自身的特点，从多方面认识自己，增进自我了解与自我接纳。

2. 通过整合自我和他人的观点来全面了解自己，乐于通过与不同的人的接触、交流，不断丰富、完善对自我的认识，形成自我概念。

二、活动对象

小学生、初中生

三、活动时间

约 30 分钟

四、活动场地

室内

五、活动准备

两张样图，每人一张 16 开白纸或者笔。

六、活动过程

1. 按照图示，制作一本“关于我的相册”。

2. 在相册第二页写上目录：

我的身体——页码 1

我的学业——页码 2

我的好恶——页码 3

我与社会——页码 4

别人眼中的我——页码 5。

3. 完成以下四项内容的自我探索。

我的身体：外貌特点（身高、体型、五官……）和运动技能（擅长和不擅长的……）

我的学业：优势与特长，缺点与不足，兴趣与爱好……

我的好恶：喜欢和不喜欢的事情、会引发自己什么情绪……

我与社会：与同伴、爸妈、老师、身边重要他人的关系，他们喜欢或讨厌我什么……

别人眼中的我：找一些伙伴，听听他们眼中你是一个怎样的人，请他们分别用一个最贴切的形容词来描述你，并如实记录下来。

4. 画上个性封面和封底。

5. 相互交流和欣赏。

七、活动提问

1. 事实

（1）欣赏一下你自己的相册，你对自己满意吗？相册的内容丰富吗？

（2）在制作相册的过程中，你碰到了什么困难？

2. 感受

（1）在书写和编制自己的相册过程中，你的感受是什么？

（2）看了别人对你的描述，你有什么感受？

3. 发现

（1）自己对自己的认识，和别人对你的认识，有什么相似和不同？

（2）假如把这本关于你的相册，变成一本有故事的小说，你会想告诉大家关于你的什么故事呢？

4. 未来

（1）未来你想成为一个怎样的自己？

（2）你想为你自己的相册增加什么内容？还想邀请谁来为你书写关于对你的描述？

八、教师引导

这本相册，从对自己的外貌特征、能力、爱好、人际关系的探索，让我们对自己有了一个总的认识，这些都是将我们自己和别人区分开来的元素：我就是我，不是别人，我是独一无二的。

我们对自己的观察和感受，会帮助我们更了解自己。我们要学会从不同的角度来看待自己。

自我概念是自我认识中最主要的方面，集中反映了自我认识乃至自我意识发展水平，也是自我体验和自我调控的前提。

九、操作建议

1. 相册制作可以提前操作一遍，这样能把更多的时间留给探索自我和讨论交流。

2. 学生交流时，教师要引导学生认真为别人描述一个特点，不用去叙述一整件事情，更不要开玩笑（别人很期待我们认真的描述），还要提醒其他学生要认真倾听。

3. 有的学生会出现书写困难，内容非常少，说是对自己一无所知，不知该如何描述。可以引导学生用绘画的形式，降低难度。如把自己的外貌特点画出来。

十、课堂反馈

有的学生制作的相册创意无限，有精彩的名字，如《我的传奇》《我的自传》等，有作者名、定价、条形码等，非常逼真。

有的学生用百分比、小红花、爱心、标尺来表示自己的学业喜好、情绪、人际关系等，非常有创意；也有的学生用对话形式展示自己各方面的情况，像一个漫画小故事，如果邀请学生直接上台表演书中的内容，应该也有很好的舞台效果。

有的学生对“我与社会”这一内容感到困难，称无经历，老师要注意引导他关注身边最密切的人际关系，比如家人、同学、老师，去觉察自己与他们的关系。

在“我的好恶”这一页中，可以引导学生描述自己在某些情境下，通常会表现出的情绪状态，避免学生无话可说。比如：“当爸妈带我出去玩的时候，我会非常开心”“当我看到黑板上记着我的名字时，我会很难为情”……有的学生描述得非常具体，比如说“我最喜欢我的表姐，她很漂亮，声音很好听，脾气也很温柔，还很喜欢画画，我喜欢和她在一起画画”，突出喜爱的人际关系。

附：相册制作流程

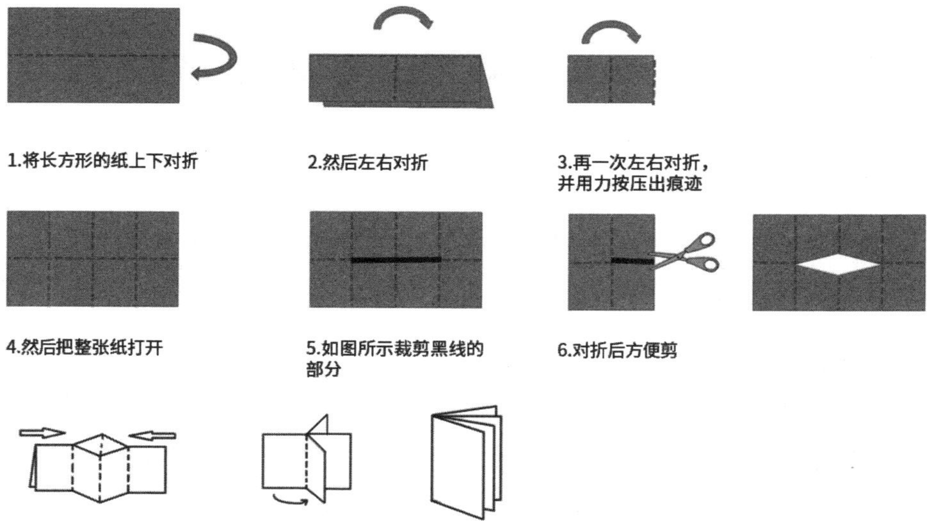

撰稿：上海市静安区市西小学　郁海霞

假如我是……

一、活动目标

1. 学生选择并描述和自己有相似特点的事物，借助投射帮助孩子更加了解自己的特征和行为表现，以及自己对自己的期待。

2. 在互动过程中，增强学生的自我意识，引导学生接纳自我。

二、活动对象

小学生

三、活动时间

约 30 分钟

四、活动场地

室内为宜，全班围成一个大圈，或者圆桌式小组安排

五、活动准备

1. 以下三选一：

各种动物的玩偶

各种动物的图片（主题扑克牌：动物、海洋动物、鸟类、昆虫、食物……）

让学生自己带一件最喜欢或者最能代表自己的物品到课堂（小玩偶、面具、水晶球、网球拍、松果、口哨等都可以）

2. 活动表。

六、活动过程

1. 选一选，说一说

主持人先展示一种类型的玩偶或图片卡（如动物），依次（避免争抢）请学生选出自己最喜欢的一个动物，或者挑选一个最像自己、最符合自己特征的动物。也可以事先请学生从家里带一个自己最喜欢的物品直接进行讨论活动。

“假如我是一只动物，我愿意成为一只什么动物？我喜欢这只动物的什么特点？”

学生描述具有什么特征，说出它的哪个特征或行为表现是他非常喜欢或欣赏的，

并给出理由。学生讨论哪些外表特征或行为表现和自己非常相似。其他成员给出反馈，学生通过他人的反馈自我觉察，确认或挑战他人的意见。

2. 想一想，写一写

学生填写活动表《假如我是……》。

假如我是一只鸟，我愿意成为一只什么样的鸟？我喜欢这只鸟的什么特点？

假如我是一只昆虫，我愿意成为一只什么样的昆虫？我喜欢这只昆虫的什么特点？

……

学生口头交流作业单（部分）。

3. 找一找，想一想

学生根据活动表上不同事物的这些特点，找一找有没有相似、相同或者不同的地方，进一步对自我进行探索和了解。

4. 学生在组内传递作业单，看看其他成员的作业单，也可以简单交流他人对你的假设。

七、活动提问

1. 事实

（1）你最喜欢哪个动物？

（2）说说你喜欢的理由。

2. 感受

（1）用一个动物比喻自己，这个过程感觉如何？是困难，还是容易？

（2）找到以后的感觉是什么？

3. 发现

（1）从自己的选择和他人的反馈中，你发现了什么？

（2）在这个活动中，你有没有发现之前并没有发现的自己的某些特点？

（3）这些特征带给我什么影响？有助于或有碍于我和他人建立良好的关系吗？

（4）看看活动表上所有的这些特点，有相似的吗？这些共同点能代表你身上的某些特点吗？

（5）在活动过程中，你还有什么思考和发现？

4. 未来

（1）你还能想出类似的其他题目吗？假如我是……

（2）未来你还可以通过什么样的方式去了解自己？

八、教师引导

通过今天的活动，你是不是对自己有了更多的了解呢？请认真仔细想一想，这么多事物的特征，它们是不是也都有一些共同之处呢？

大家会发现，从我们的选择和喜好中，我们对自己的了解更多了一些，所有的这些物品，都能帮助我们认识自己：你描述得越多，你越会找到比较符合自己的一些特点，看到一个更全面、更多样的自己！

九、操作建议

1. 可以分小组进行活动，也可以不分组，但要保证尽量多的学生能交流。

2. 可以引导学生自己动脑筋想一想类似的其他题目，以丰富对自己的认识和了解。（昆虫、花朵、电器、海洋生物、交通工具、明星、乐器……）

3. 学生可以邀请伙伴来助力，帮助我们了解自己，听听他人是怎么形容自己的，请他人做出对自己的想象假设（假如是一只动物，你觉得我像一只什么动物？因为这只动物身上的某个特点和我很符合或很相似），并分享你从伙伴那里得到的有意思的反馈（这个互动活动前需要提醒大家注意，避免对他人开玩笑和攻击。收到邀请，需要认真对待别人的期待，基于对他人的充分了解，做出你恰当的回应和反馈。要多看优点和特点。这些都需要老师提前引导一下）。

附：活动表

假如我是……

假如我是一只动物，我愿意成为一只什么动物？我喜欢这只动物的什么特点？

假如我是一株植物，我愿意成为一株什么植物？我喜欢这株植物的什么特点？

假如我是一种食物，我愿意成为一种什么食物？我喜欢这种食物的什么特点？

假如我是一座房子，我愿意成为一座什么样子的房子？我喜欢这座房子的什么特点？

姓名： 动物： 特点：	姓名： 食物： 特点：	姓名： 植物： 特点：
姓名： 房子： 特点：	姓名： 水果： 特点：	姓名： 蔬菜： 特点：
姓名： 鱼： 特点：	姓名： 颜色： 特点：	姓名： 鸟： 特点：
姓名： （　）： 特点：		

撰稿：上海市静安区市西小学　郁海霞

人生小书

一、活动目标

1. 学生按照时间顺序梳理回顾自己的成长历程，从反思中认识、发现自我。

2. 学生对自己的未来进行畅想，在憧憬中感受希望，获得积极成长的动力。

二、活动对象

初中生、高中生

三、活动时间

约 60 分钟

四、活动场地

室内

五、活动准备

每人一张 A3 大小的纸，每个小组一盒彩铅。

六、活动过程

1. 放松冥想

教师邀请学生首先进行放松冥想活动。关掉房间内的灯，放一首舒缓的背景音乐，请大家调整好让自己舒服的姿势，闭上眼睛，随着教师的指导语进行放松冥想。

2. 绘制小书

教师进行示范，并带领学生一起制作小书。

折叠方法：首先将纸上下对折，然后左右对折，再一次左右对折，并用力压出折痕，再把整张纸打开，然后再把中间的折痕剪开（只剪中间两个格子），最后按照折痕从两边往中间折，就可以完成小书的制作（具体制作图形请参见活动“我的相册”）。

学生在自己折叠好的小书上进行创作，用绘画的形式逐页完成自己的小书——封面、过去的我、现在的我、未来的我、封底，每一页都按照自己的想法进行绘画、涂色、创作，还可以给自己的小书取个独特的名字。绘画的内容可以很具体，也可以很抽象。

3. 交流分享

当学生完成小书创作，先请他在小组内进行交流分享，可以是整本小书的创作思路、大致内容，也可以是具体某一页的画面介绍、内容说明。然后每个小组推选一位同学进行班级范围内的分享。

结束语：关于过去，我们每个人都有专属于自己的独特回忆；聚焦现在，我们每个人也都有具体和丰富的生活内容；畅想未来，也一定有属于我们的无限可能与精彩人生。每个人都在用自己的热忱与投入、付出与行动绘制我们自己的人生小书……

七、活动提问

1. 事实

（1）问（分享者）：可以介绍一下你的小书画面的内容吗？画的是什么呢？

（2）问（分享者）：这个画面会让你想起生活中的什么经历，什么故事吗？

（3）听同学介绍他的人生小书，你印象深刻的内容是什么？

2. 感受

（1）问（分享者）：在绘制创作自己的人生小书时，你都经历了什么感受？

（2）问（分享者）：当你在讲述这页内容，想起那些事情时，你的心情怎样？

（3）你在听同学介绍时，你的感受是什么？其中特别触动你的是什么？

3. 发现

（1）欣赏自己和同学的人生小书，你从中发现了什么？

（2）关于我们的过去，你重新来看，有什么不同的发现吗？

（3）关于我们的现在，各种各样的呈现，你的发现是什么？

（4）关于我们的未来，每个人都描述了不同的画面，对此你的发现是什么？

4. 未来

（1）从过去、现在到未来，联系生活，你想对未来说的话是什么？

（2）小书的绘制，内容的梳理，这些可能会给你的生活带来什么？

八、教师引导

每个人的人生小书都是不一样的，每本独特的人生小书都记录和呈现了我们自己丰富且独特的生命故事与历程。

过去的经历与故事，可能有欢笑，可能有泪水，这些过往都见证与陪伴了我们的成长。随着时间流逝，这些事情都成为过去，却留下许多情感与回忆，经验与成长。

现在的生活内容与状态，未必全然是我们满意与自在的，可能有琐碎与繁杂，也可能有困难与挑战，不过这些可能都是我们走向未来，追逐梦想的必经之路，或者说是我们成长发展的阶梯。

未来值得我们每个人期待与憧憬，给我们带来希望，也充满着各种可能性，让我们在探索未来的时候成为更好的自己。

九、操作建议

1. 推荐有一个放松冥想的环节，学生比较容易进入，但如果时间有限，也可以直接绘制小书。

2. 分享过程中，当学生对过去或现在有偏负面的情绪或想法时，教师要给予理解与接纳，在充分同理的基础上引导其分享未来；如果学生已经从过去不愉快的经历中走出，教师可以适时引导其重新看过去，从过去中发现成长的正向意义。总体来说，教师回应需特别关注。

3. 分享环节教师要注意把握节奏与时间，可以是整本小书的分享，也允许只分享某一页；可以推动，但也要给学生选择的自由。

4. 对于高中生，建议每一页的内容尽量是开放式的，允许学生根据自己的理解自由发挥；对于初中生，或者教师希望给学生提供思路参考，可以考虑增加目录页。目录建议设置为“过去的感动、过去的遗憾；现在的优势、现在的困难；未来的目标、未来的挑战”等。

5.“过去”“现在”“未来”的线索，着重点在于“未来”，这暗喻着希望。教师也可以根据实际情况、主题需要进行适当改编，如“升入高中前”“高一进行时”“高中毕业时”；“事件发生前”“经历其中”“事件过去后”等。

十、课堂反馈

学生：我想和大家分享“未来”这一页。页面中间我画了个问号，是因为未来对我来说还是有很多未知，不知道自己会是怎样的，比如可能学什么专业，考取什么学校，做什么工作，或者生活会是怎样，有很多的不确定，或者说是问号。然后四周是手指印，这些代表过程中有一些人吧。

教师：未来确实还有很多的未知，想到这些，你的心情是怎样的呢？

学生：有兴奋，觉得很期待，好奇未来到底是怎样的。不过也有迷茫，也会担心，不知道自己会不会过上自己满意的生活。

教师：嗯，面对未知我们会觉得有些矛盾，一方面好奇、期待，一方面迷茫、担心。这些心情熟悉吗？你怎么理解这些矛盾的心情？之前出现类似心情的时候，你怎么做？后来怎么样了？

学生：之前也有过，比如初三那会儿，也有类似心情。这些想法和心情应该也是正常的吧。初三那时候也会迷茫，会想自己能不能考上高中，考上高中后生活会怎样之类的。后来就一步步把应该做的事情完成，做些力所能及的努力，然后结果也就顺其自然地发生了。

教师：看来，你之前的经历有可供参考和借鉴的经验。就像你说的，有这样矛盾的心情很正常，是我们这个年龄阶段特别容易遇到的。这些心情也就推动着我们不断地努力、不断地成长。而且，就像你的图所呈现的，在追逐未来的过程中也有很多人的陪伴与支持。

附：冥想指导语（供参考）

请将你的注意力尝试着放在你的呼吸上，缓慢地深深地吸气，然后让气在胸腔停一停，再慢慢地缓缓地呼气。尽量去体会气流在自己身体内流动的感觉。头脑中有任何杂念，都没关系，随它来再随它去。随着呼吸慢慢地感受身体的放松，先是头顶，放松，再放松一点，然后是你的肩膀，让它自然下垂，你感觉到放松；接下来是你的背部，你感觉紧绷的感觉在消失，整个背部非常的放松；你的手臂也是放松的感觉，手自然地放在腿上；整个腿部的肌肉也在放松，直至小腿、脚都感觉不再紧绷，整个身体越来越放松。这种放松的感觉，就好像温暖舒服的阳光照在身上，随着这种放松、温暖的感觉，恍惚间你好像来到另外一个地方，这里是一大片草地，特别空旷与安静，你走在特别柔软的草地上，忽然听到叮叮咚咚的响声，循着声音，你发现有一条小溪，沿着小溪慢慢地往前走，前方居然是一片森林，阳光透过茂密的大树，洒下一缕缕的光束。走进森林的深处，你看到地上放着一本书。这是怎样的一本书呢？你慢慢走近，捡起来，原来这是一本关于你自己的人生小书，书里记录了你的过去、现在和未来。你很用心、很仔细地翻看着这本小书。你看到了吗？书的封面是怎样的？你轻轻地翻开第一页，这一页画着的是你的过去，你看到了谁？你们在做什么？你的过去的画面是怎样的？第二页，是你的现在，这一页上面又有哪些内容？是怎样的画面？第三页，是关于你的未来，你看到了吗？你在做什么？或者画面上都有什么？不觉间你沉浸其中，细细地品味着这本你的人生小书。看着这些内容，你的心情怎样？是怎样的起伏变化？正当你看得出神时，你忽然感觉到一阵风吹过，书就这样慢慢地飘远了，你也慢慢地醒来了，你发现自己不在树林了，你其实是在教室了。回来了吗？慢慢地，慢慢地醒来，稍微动动手指、脚趾，再慢慢地睁开眼睛，让我们回到教室，回到课堂。

撰稿：静安区中小学生心理健康教育发展中心／上海市第一中学　刘诗薇

我的特点树

一、活动目标

1. 在活动过程中，学会从外表、性格、爱好等多方面发现自己的特点。

2. 在互动过程中借由同学的反馈更全面地认识自己。

二、活动对象

小学生、初中生

三、活动时间

约 30 分钟

四、活动场地

室内

五、活动准备

每人一张白纸或印有“树”（如第 14 页上的附图）的纸，笔和红、黄、绿三色的彩色笔。

六、活动过程

1. 自己绘制“特点树”

在树干处写名字，在特点树的叶子上写下自己的特点：我是一个______的人。（只写填入横线的词句）

2. 组内交换，补充组内同学的特点树

（1）交换：将手中的特点树沿顺时针方向传递给组内同学。

（2）在特点树的叶子上写下自己观察、体会到的同学的特点：他/她是一个______的人。（只写填入横线的词句）。

（3）重复上述（1）（2）过程，直至拿到自己的特点树。

3. 给特点涂色

观察自己的特点，并且挑选颜色对特点进行涂色。涂色的标准自己来定。

4. 请几位同学展示自己的特点树，并在老师的引导下进行分享。

七、活动提问

1. 事实

（1）在刚才活动的过程中，你自己写出了哪些特点？同学们写出了哪些特点？

（2）你给自己的特点涂上了什么颜色？你是怎么想的？

2. 感受

（1）欣赏一下自己的这棵树，你喜欢这棵树吗？

（2）在寻找特点的过程中，你有什么感受吗？是轻松愉快，还是不舒服？

3. 发现

（1）观察一下，这棵树茂盛吗？属于它的特点多吗？

（2）你眼中的自己和同学眼中的你有什么不同？

（3）你是怎么看待不同颜色的特点的？

4. 未来

（1）你还可以邀请谁来说说对你的认识？

（2）未来你还希望自己的特点树上能增添哪些特点？你准备怎么做？

八、教师引导

我们常常会忽视自己身上的某些方面，通过参考别人的评价来认识自己，也是认识自己的一种重要方式。有时别人比你自己更了解你，尤其是经常与你在一起的那些人，要善于静下心来听听别人的想法。

不要过分敏感他人对自己的评价，重要的是相信自己和客观地认识自己。

要善于发挥自己的优势，设法改进自己的不足，学会坦然接受自己身上所有的特点，相信天生我材必有用。

通过今天的活动，许多同学找到了自己身上的特点，有些特点能让我们变得更加自信，有些特点让我们找到了自己今后将要努力的方向。所有的这些特点都组成了一个独一无二的我。认识自己是一个漫长的过程，希望大家在今后的学习、生活中，不断认识自己，调整自己。

九、操作建议

1. 特点有外貌、性格、爱好、身份、行为等多个方面，注意引导学生多方面寻找自己的特点。

2. 小学低年级学生可以出示各方面特点的一些词汇，或请几位学生说一说，帮助学生理解活动要求，找寻自己或其他同学的特点。

3. 活动中学生自己写的特点和同学写的特点可分置于不同区域，便于区分。

4. 在交换和补充组内同学的特点树的环节中，注意引导学生多写一写其他同学的优点。

5. 邀请同学分享时，可选择相对不够自信的同学，帮助他们更全面地认识自己，树立信心。

6. 特色涂色，教师并不限定标准，不用优点或者缺点、喜欢或者不喜欢这样的评价标准去规定，而是为了鼓励学生更好地表达，让教师对孩子的想法多一些了解。

附：

特点词语清单

性格	行为 / 爱好
活泼、乐观、开朗、温和、友善、真诚、善良、沉静、自信、谦虚、谨慎、勇敢、坚韧、倔强、诚实、直率、体贴、豁达、果断、机敏……	乐于助人 反应敏捷 做事认真负责 喜欢 / 擅长做什么 (跑得快……) ……

撰稿：上海市静安区市西小学　叶子青

背后留言

一、活动目标

1. 通过他人的评价拓展认识自我的维度。

2. 对照自我评价与他人评价，思考今后如何更好地实现自我发展、自我完善。

二、活动对象

小学生、初中生

三、活动时间

约 20 分钟

四、活动场地

室内

五、活动准备

每人一张背后留言的活动单及回形针。

六、活动过程

1. 活动规则

每人拥有一张写上自己姓名的活动单，用回形针固定在自己的背后，接受其他同学的匿名留言。

每位同学要以真诚、负责、尊重的态度在其他同学背后的活动单上写下他 / 她在你眼中的样子，包括他 / 她的优点、缺点以及你想给出的建议。

活动期间不可擅自取下自己背上的白纸来查看他人的留言内容。

2. 活动流程

（1）第一轮

全员排成一列队伍，然后队首与队尾相连。每位同学先在自己前一位同学的背后留言，然后全员向后转，每位同学再在自己的前一位同学的背后留言。

（2）第二轮

每位同学可在室内自由移动，主动在其他同学的背后留言，也可邀请其他同学在自己的背后留言。

（3）观察并思考：比较他人评价与自我评价之间的一致性与差异性。

七、活动提问

1. 事实

（1）你接收到了哪些背后留言？

（2）他人给予你的背后留言里，是否有令你印象深刻或者最感兴趣的一两条留言呢？

2. 感受

（1）在刚才的活动过程中，你有什么感受？

（2）哪些留言让你感到欣喜？哪些留言让你感到烦恼或忧伤？为什么？

3. 发现

（1）通过他人在你背后的留言，你对自己是否多了一些新的认识？详细说一说。

（2）你会如何理解你的自我评价与他人评价之间的差异？

4. 未来

（1）在未来的生活中，你会如何对待来自他人的一些评价和看法？

（2）基于对比他人评价和自我评价后你对自己有的一些新发现，你觉得自己应该如何更好地发展自我、完善自我？

八、教师引导

“我是谁”对于每个人来说都是需要思考，不可回避的问题之一。关于这个问题的答案不仅存在于我们对自己的认识里，也存在于别人对我们的认识里。因此，我们需要耐心地去看待我们自己在其他人眼中的样子。

他人评价作为认识自我的又一重要途径，对于每个人更全面地理解自己具有很大的参考价值，它也许能帮助你看到一些此时此刻你自己还没发现或不确定的部分，而这部分既可能是你需要自我肯定、接纳和欣赏的“闪光点”，也可能是你需要虚心接受、继续完善的“小缺点”。

自我认识由自我评价与他人评价两个维度组成。我们肯定他人评价在自我评价基础上的补充价值，但并不代表“我是谁”就完全由别人的看法和评价来定。当遇到他人评价与自我评价存在不一致甚至冲突的时候，要先冷静思考，理性分析，既不盲目地全然接受，也不盲目地全盘否定。有所觉察才有完善改变的可能性。

九、操作建议

1. 在留言活动进行前，指导者务必要严肃提醒每位参与者须以真诚、尊重的态度给他人留言，不得出现不尊重人或带有侮辱性的字眼。

2. 活动过程中，指导者要在室内巡视，关注那些内向或积极性不够的同学，鼓励他们积极加入，或邀请一些同学在他们背后留言，尽量不要让同学落单。

3. 活动后的讨论分享环节，指导者可根据对活动过程的观察，选择有代表性的，能让自己感到欣喜的他人评价，或者能让自己烦恼的他人评价，让学生认识到有新的“闪光点”，也有新的“小缺点”，从而促进指向未来的进一步思考与讨论。

附：活动单

姓名:___________

Hello，不论我们平时是否有过交流，我都期待你的留言！

希望你可以以真诚、客观、尊重的态度写下我在你眼中的样子。可以写我的特点，包括优点或缺点，以及你想给我的建议。不论你写了什么，我都感谢你的留言！

撰稿：上海市久隆模范中学　朱晓雨

我的个性小人

一、活动目标

1. 初步探索了解自我个性倾向及个性优势。

2. 理解成长经历与自我发展之间的关系，初步形成主动探索、积极发展的意识。

二、活动对象

初中生

三、活动时间

40 分钟

四、活动场地

室内

五、活动准备

视频、个性小人、生活案例任务单、课前小调查。

六、活动过程

1. 观看视频，引出话题

（1）播放视频《唐僧骑马》。

（2）提问分享：个性特点对取经任务的帮助是什么？

2. 选择小人，探索自我

（1）师生互动：介绍每个颜色小人的特点。

每个小人都各有特点：红色小人手脚灵活，动手能力强；橙色小人有创意，情感丰富；蓝色小人喜欢思考，有探索精神；黄色小人喜欢竞争，敢于冒险；绿色小人喜欢与人交往，合作友善；紫色小人耐心有条理，遵守规则。

（2）学生活动 1：选择符合自己个性特点的小人。

请学生选择一个与自己最像的小人，可依据自身情况删减和补充词汇。

3. 完成任务，锻炼自我

小组任务：怎样安排。

学校有一项社会实践任务，需要同学们以小组为单位完成，任务有四个分工。要求每个小组成员主动选择自己心仪的分工，并将自己的个性小人贴在对应的分工处，过程中也请小组考虑彼此的合作和最终任务的完成情况。

4. 积极尝试，发展自我

（1）呈现课前的调查结果。

（2）学生活动：填写心愿卡并分享——你有哪些想要尝试，但没有去做的事情？

七、活动提问

学生活动 2：选择小人，探索自我

1. 事实

（1）你选择了什么颜色的小人？

（2）你是否补充和删减了词汇？

2. 感受

在选择个性小人的时候，有什么感受？

3. 发现

（1）选择的过程中有什么困难？为什么？

（2）在自己选择和观察别人选择的过程中，你有什么发现？

4. 未来

（1）挑 1—2 个特点，说说它在生活中有什么表现？给你什么帮助？你将来会怎么继续发展它？

学生活动 3：完成任务，锻炼自我

1. 事实

小组成员分别选择了什么分工？说说理由。

2. 感受

在讨论选择任务的过程中，你有什么感受？

3. 发现

（1）观察每个小组的分工，是否相同？为什么？

（2）同一个分工，有多种颜色的小人去做，怎么会这样？

4. 未来

如果还有一次机会，你想要尝试哪个分工？为什么？

八、教师引导

每个人的个性都是独特且丰富的。想选择一个能够完全代表自己的个性小人很难，个性是不断发展和变化的。

个性、能力、兴趣等可以促进生活中任务的完成，丰富我们的成长经历；反过来，积极尝试所获得的经历和经验，也会给我们更多机会去探索和发展自我，促进能力、个性、兴趣的发展与完善。

九、操作建议

1.“怎样安排”的活动中，有些小组存在有任务没有成员愿意选择的情况，需要教师重点关注引导，根据组员的特点分配，特点包括个性也有其他部分。

2. 选择个性小人的时候，有些学生会比较果断，有些学生会犹豫而无法选择，老师需要关注学生的不同选择情况，注重引导学生发现每个人的个性都是独特且丰富的，选择一个完全符合自己的个性小人比较困难，个性是不断发展和变化的。

3.“怎样安排”任务板块，启发学生思考尝试体验和发展自我之间的相互影响关系在有些班级比较困难，教师在小组完成了“怎样安排”任务后，需要联系学生实际，就这部分着重进行挖掘和引导。

附：六种颜色的个性小人

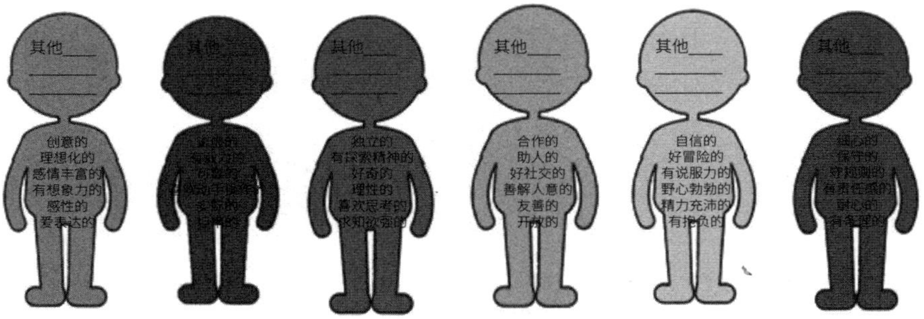

任务情境单

小组成员需要代表学校参加社会实践大赛。大赛要求学生深入社区调查了解居民上网情况；分析调查数据，汇总该社区上网使用中存在的问题；撰写调研报告；并以口头汇报给相关部门，以争取到该部门改善基金。

社区入户调查	汇总分析数据	撰写调研报告	口头演讲汇报

撰稿：静安区中小学生心理健康教育发展中心／上海市第一中学　王雪

人格探秘

一、活动目标

1. 知道每个生命个体的人格都是不同的，受多种因素影响。

2. 个体人格都存在优势和劣势，学习关注人格的优势部分。

二、活动对象

高中生

三、活动时间

约 40 分钟

四、活动场地

室内

五、活动准备

如有条件，最好是电脑测试，并有相关测试软件。如果没有，也可以给每人发一份测评量表，进行纸笔测试。

六、活动过程

1. 情境引入

教师提出一个生活情境，了解学生可能的做法，引入先天和后天的性格不同。

情境：看表演的时候迟到，剧院规定迟到不得入内，中场休息的时候才可以进入，你可能会怎样。

A. 与检票员争吵，径直跑到座位上。

B. 不与检票员发生争吵，溜进去看演出。

C. 想第一场戏不精彩，到门口待一会儿，幕间休息再进去。

D. 感叹自己老是不走运，太倒霉，垂头丧气回家。

2. 人格探秘

有人说："生命中最难的阶段，不是没人懂你，而是你不懂自己。"认识自己是极为重要，也是很有难度的。没有审视过自己人格的人，从未真正了解自己。我们可以尝试从人格的视角认识自己，例如：我到底是什么样的人格？我的人格究竟是如何形成的？我的内心深处究竟在寻找什么，期待什么，需要什么？我的人格的优势是什么，又有什么人格劣势需要关注？你眼中的自我性格是怎样的？请完成关于性格的自我认识表单。

接下来，让我们通过一个人格测评来了解自我。教师介绍卡特尔16PF人格测试的基本信息。卡特尔十六种人格因素测验（Sixteen Personality Factor Questionnaire，简称16PF）是目前在国际上影响颇大、信效度高的一套较为成熟、完善的人格测量工具。卡特尔16PF测验的编制者——美国伊利诺伊州立大学人格及能力测验研究所雷蒙德·卡特尔教授经过几十年的系统观察、科学实验，并运用因素分析统计法，慎重研究确定了人格的16种“根源特质”，如乐群、聪慧、自律、独立、敏感、冒险、怀疑，等等，并在这16种基本人格因素的基础上编制成一套较为精确的人格测验工具。16种个性因素在一个人身上的不同组合，构成了这个人独特的人格，完整地反映了这个人个性的全貌。

3. 交流分享

学生完成16PF人格测试，在工作表单上标记自己各个项目的得分，教师简单讲解测试内容，引导学生尝试看见并理解自己的人格特点，发现自己的人格优势。

结束语：不同的生命历程，让每个生命个体拥有不同的人格样貌，认识自己的人格特点，接纳发展自己，成为那个更完善、独一无二的自己！

七、活动提问

1. 事实

（1）你的测评中哪些项目的标准分高于7分？

（2）你的测评中哪些项目的标准分低于4分？

2. 感受

（1）在完成性格的自我认识表单的过程中，你的心情怎样？

（2）关于自己测评中的高/低分项目，你有什么感受？

3. 发现

（1）你觉得是什么导致或者影响大家的选择各不一样？

（2）在你看来，你觉得我们的人格受到哪些因素影响？

（3）从自己的测评结果来看，你对自己有怎样的新发现？

4. 未来

（1）根据自己的测评结果，你想发展的优势是什么？具体的发展计划是什么？

（2）根据自己的测评结果，你想改善的特点是什么？具体的改善行动是什么？

八、教师引导

不同的人先天或后天的性格不同，因此为人处世、行事风格就很不同。在心理学范畴内，气质多是先天的不同，性格多受后天环境影响。人格，就是一个人性格和气质的总和。人格反映的是一个人稳定、独特、持久的心理特质，即与众不同又比较稳定的，对自己产生影响、区别于他人的特质。

每一种人格特点都可能原本是中性的，当它在某种情境下，或者过于明显或不足时，就可能变成了优势或者劣势。

不同的生命历程，让每个生命个体拥有不同的人格样貌，认识自己的人格特点，接纳发展自己，成为那个更完善、独一无二的自己！

九、操作建议

1. 测试量表题量相对较多，要保证比较充足的时间，如果能有电脑测试的版本更好，否则计分算分相对比较烦琐。如果是电脑测试，不建议直接让学生察看测评报告，可以仅开放分数高低。对于测试结果，如果方便，教师最好可以单独一对一地进行反馈，反馈的时候也可以和学生进行确认，并且注意积极反馈。

2. 在学生进行量表测试之前要有充分的告知和说明，说明该测试仅为了解自我人格作参考，没有好坏之分，更不会评估心理是否健康，只是通过测试，对自己的人格特点进行初步的了解。心理测试的结果和情境等因素有关，所以仅供参考。分数不是简单地越高越好，而要看每一个项目的含义，需要教师进行科学的讲解。

3. 关于人格测试量表，还有艾森克 EPQ 人格测试、MBTI 职业性格测试、大五人格测试等，教师可以根据实际情况进行选择。

十、课堂反馈

学生反馈 1：我觉得通过做测评来了解自己的个性很有趣，平时我也很喜欢看一些心理测试的题目来了解自己。

学生反馈 2：感觉这个测试可以帮助我们更全面地了解自己，不是简单的几个方面，可以有十几个角度。感觉有些还是挺准的，也看到了自己的优势。

学生反馈 3：或许是年龄的缘故，感觉自己和周围人都很喜欢这种探索自己的活动。测试所得的结果虽然可以作为参考，但应该也不是必然的吧。感觉有些说法和自己所认为的也不完全一致。

撰稿：静安区中小学生心理健康教育发展中心 / 上海市第一中学　刘诗薇

能力雷达图

一、活动目标

1. 学生了解人的能力是多方位的，能够从不同方面来评价自己的能力。

2. 学生理解能力可以培养和提升，通过拓展雷达图来思考自己的能力提升之路。

二、活动对象

小学生、初中生

三、活动时间

约 30 分钟

四、活动场地

室内

五、活动准备

雷达图活动任务单。

六、活动过程

1. 引入多元智能雷达图

由游戏中的能力雷达图，引申到现实生活中的多元能力雷达图。

2. 大匹配——认识多元智能雷达图

活动规则：有 8 位著名人物，他们在某一智能上非常突出，请你将他们与 8 个多元智能一一匹配。

人际智能：耿爽，外交官

语言智能：董卿，主持人

音乐智能：郎朗，钢琴家

空间智能：孟也，空间设计师

逻辑智能：朱辉宇，最强大脑“脑王”

运动智能：朱婷，女排队长

自然智能：袁隆平，杂交水稻之父

内省智能：阿德勒，心理学家

3. 画画我的能力雷达图

活动规则：逐一思考自己目前在能力雷达图上的 8 个能力上的表现情况。先为每一个能力打分、画点，最外圈为 5 分，最内圈为 1 分。然后用 1 支水彩笔依次将相邻的点用直线相连，形成一个闭环。

七、活动提问

1. 事实

你的最高 / 低分是哪几个能力，分别打了多少分？你是怎么知道的？

2. 感受

你在绘制自己的能力雷达图时，有什么感受？

3. 发现

你的高分能力在过去这些年中，为你带来了哪些积极的影响？

4. 未来

如果你的能力雷达图可以发生变化，你希望发生怎样的变化？

八、教师引导

我们绘制的是自己的能力雷达图，比较的是自己各个能力上的差异，是发现自己的优势，所以不需要去和其他的同学进行比较。

我们每个人都有自己擅长的能力，也有自己的优势，这些优势都为我们带来了很多积极的影响。

你希望哪些能力发生变化，往往意味着你很重视这些能力给你带来的影响，你希望可以在这些方面有更好的发展。

我们每个人都有一张能力雷达图，你擅长的能力和他擅长的能力固然不同，不过你现有的能力不是一成不变的。在未来的每一天中，你将你的时间、精力花费在哪里，哪里就会有成长；能力的不断拓展，将给你的未来带来更多的可能。

希望同学们能够更好地了解自己已经拥有的能力，也能够看到自己拥有无穷的潜能，更加能够对未来的自己充满希望。

九、操作建议

1. 绘制过程中，教师可以自己为例子进行自我剖析，对学生的思考进行引导，同时给予绘图指导。

2. 初中及以上的同学，可以通过“多元能力测试”来进行雷达图的绘制，这样更加客观，也更具备指导性。

3. 低年级的同学，可以通过一些活动来进行体验，增进课堂的趣味性。若采用此建议，本活动的两轮绘制可以拆分为 2 节课来完成。

撰稿：上海市静安实验小学　秦秋艳

我的能力三叶草

一、活动目标

1. 通过能力卡牌探索活动，对自己的能力有更清晰的认识。

2. 在了解自己的基础上，接纳自己能力上的独特性。

二、活动对象

小学生、初中生

三、活动时间

约 35 分钟

四、活动场地

室内

五、活动准备

能力卡牌，笔，三叶草图。

六、活动过程

1. 组成小组

（1）每张桌上都有一个信封，同学们每人从信封中抽取一张卡片，根据卡片颜色加入相应的小组。

（2）教师和学生交流卡片上的内容，并引出活动主题——探索能力。

2. 探索自己的能力

（1）小组讨论

小组 5 人打牌，以摸牌、丢牌的方式找到 3 项自己认为的现有能力优势。

（2）班级讨论

学生就自己挑选的某一张牌，分享一个典型事例。

教师引导学生讨论刚才第一轮活动过程中的感受。

3. 发现更全面的自己

（1）小组讨论

每个人给小组内的其他同学分别送一张卡牌，并告诉他们送这张卡牌的依据是什么。

（2）班级分享

学生分享在这一轮活动过程中自己收到哪些卡牌，有什么样的感受。

4. 整理我的能力

教师引导学生：观察自己留在手上的卡牌，并分类整理。分类的标准是：自己很确定具备的能力，并不太确定是否具备的能力，期待在未来能够拥有的能力。同时，把卡牌放到对应的位置上。

七、活动提问

1. 事实

（1）第一轮活动中，你选择了哪3张卡牌？

（2）第二轮活动中，你收到了哪些卡牌？

2. 感受

（1）在刚才寻找自己能力的过程中同学们有什么感受吗？这个过程容易吗，还是有点纠结？

（2）收到同学的卡牌，你有什么感受？

（3）刚才梳理的过程中，你有什么感受吗？

3. 发现

（1）通过刚才第二轮活动，对你自己的能力有什么新的发现吗？

（2）通过刚才的梳理环节，对你自己的能力有什么发现吗？

4. 未来

（1）在以后的成长过程中，你还期待自己拥有哪些能力？

（2）在以后的成长过程中，你觉得该如何培养自己的这些能力？

八、教师引导

可能有的人能力在某方面很突出，而有的人很均衡，各类能力都有一点，其实这没有好坏之分，每个人都有一片独一无二的三叶草，每个人都是独特的存在。如果你对自己哪些方面不满意或者还有一些期待，那就朝着自己理想中的样子去努力吧。

九、操作建议

1. 在第一轮活动前，需要明确游戏要求，确保小朋友都理解了。

2. 在第二轮活动，互赠卡牌的环节，要注意引导学生不要乱送，要有理有据。

3. 小朋友可能会注意到卡牌颜色是集中还是分散，讨论到关于能力类型。这时要注意引导大家，让大家知道这些区别并没有好坏之分，每个人都是独特的个体，要接纳与欣赏自己的独特性。

十、课堂反馈

师：通过第二轮活动，大家有什么发现或者感受吗？

生：我在第一轮活动中没有挑选过粉色的组织领导能力类的卡牌，因为我觉得我这方面能力一般，但是刚才好几个人都送了我粉色卡牌，他们说我虽然只是小队长，但是我组织的小队活动很有意思，他们很喜欢参与我组织的活动。

师：你听到他们的反馈有什么感受吗？

生：我听了很开心。

师：是啊，很多时候我们未必能全面地认识自己，所以才需要通过他人的视角来了解更真实的自己。

附：能力卡

实际型能力	1. 灵巧地使用手工工具 2. 很快地削水果 3. 弹乐器时手指的灵活程度良好 4. 在体操、广播操一类活动中身体协调能力良好 5. 擅长动手做一件小手工作品 6. 能看懂拼装玩具说明书或建筑设计图 7. 能够修理简单的电器 8. 能修理简单家具 9. 能够使用手电钻、磨床或缝纫机 10. 很容易学会开车或操纵机械
艺术型能力	1. 能演奏乐器 2. 能写一手好文章 3. 会跳舞 4. 扮演剧中角色 5. 能绘画、素描或书法 6. 独唱或独奏 7. 能创作简单的乐曲 8. 能雕刻、剪纸或泥塑 9. 能设计板报、服装或家具 10. 能参加二部或四部合唱
调研型能力	1. 美术素描画的水平良好 2. 能够列举三种蛋白质多的食品 3. 画三维度的立体图形 4. 学习时细心，善于找出作业中的微小错误 5. 能注意到多数人忽视的物体或图形细节 6. 擅长玩拼板（图）游戏 7. 能想象盒子展开后的平面形状 8. 会使用显微镜 9. 能理解人造卫星为什么不落地 10. 能用计算尺、计算器、对数表

社会型能力	1. 善于表达自己的观点 2. 善于体察人心和帮助他人 3. 善于与人友好交往，并协同工作 4. 善于与年长者相处 5. 会邀请人、招待人 6. 善于在新场所结交新朋友 7. 能安排会议等活动顺序 8. 对文章中的字、词、段落和篇章的理解、分析和综合的能力良好 9. 擅长做别人的思想工作 10. 擅长安排社团组织的各种事务
事业型能力	1. 担任过学生干部并且干得不错 2. 在集体活动或学习中，时常关心他人的情况 3. 善于协调并帮助解决同学之间的矛盾 4. 在参与过的小组活动中，体现出了自己优秀的组织管理能力 5. 善于组织班级的集体活动 6. 在日常生活中能经常动脑筋，想出别人想不到的好点子 7. 善于向领导提出建议或意见 8. 冷静果断处理突然发生的事情 9. 做事充满活力和热情 10. 有效利用自身的做法调动他人力量
常规型能力	1. 快而准确地抄写资料 2. 阅读中发现错误的字 3. 能坚持较长时间做抄写工作 4. 善于整理保管文件和资料 5. 能在图书馆很快查找编码卡片 6. 能做出精确的测量（如：测长、宽、高等） 7. 能在短时间内分类和处理大量文件 8. 使用计算工具（如使用 excel、高级计算器）的计算能力良好 9. 能有条不紊地处理烦琐的事务 10. 善于为自己或集体作出计划或预算安排

备注：每种类型中前 6 项适用于小学阶段，后 4 项适用于中学阶段

撰稿：上海市静安区第一中心小学　汪珮琪

兴趣“万花筒”

一、活动目标

1. 梳理自己的兴趣，强化兴趣给自己带来的积极情绪体验。

2. 懂得培养兴趣需要持之以恒，才能收获成功。

二、活动对象

小学生

三、活动时间

15—20 分钟

四、活动场地

可分组教室（6—8 人一组）

五、活动准备

制作课件；印制学生活动单。

六、活动过程

1. 聊聊“我的兴趣”

（1）老师：我们每个人都有很多兴趣。同学们有哪些兴趣呢？兴趣属于运动类的同学有吗？

屏幕依次显示各类兴趣：

运动类：跑步、游泳、羽毛球、乒乓球、篮球、足球、拳击、皮划艇、自行车、击剑、体操、棒球、跆拳道、网球、射击、射箭、帆船、排球、滑板、滑雪、攀爬等。

声乐类：演奏各种乐器、唱歌、听音乐等。

益智类：积木拼装。

动手类：拼搭积木、折纸、剪纸、茶艺、烹饪。

文艺类：画画、陶泥、彩泥、跳舞、诗歌、阅读、写作。

棋牌类：围棋、象棋、军棋、国际象棋、争上游、算 24 点。

其他：领养动物、看电影、收藏、游戏、聊天、发呆、编程。

（2）学生根据屏幕显示的兴趣类别，举手表示自身的兴趣爱好。

（3）老师点评：同学们的学习兴趣和爱好真广泛，这些学习兴趣又为大家带来了哪些乐趣呢？

2. 兴趣带来的乐趣——游戏：击鼓传花

（1）游戏要求：音乐停，花在谁的手上，谁就来介绍一下自己的兴趣，并说说兴趣给自己带来哪些乐趣和积极影响。

（2）学生交流

（3）老师总结：同学们的兴趣带给大家的乐趣还真不少，让我们的生活变得有滋有味，精彩纷呈！

3. 兴趣“万花筒”

（1）完成兴趣“万花筒”：__________ 的兴趣

（2）学生交流：兴趣的产生、兴趣的内容、兴趣的未来、兴趣的“帮手”、兴趣的“敌人”。

（3）老师总结：不经意间，我们拥有了自己热衷的兴趣，这些兴趣也许在未来会影响我们的职业发展。当然在培养兴趣的同时，我们也面对着各种困难，有些同学已经找到适合自己的“帮手”，帮助培养、发展自己的兴趣。

七、活动提问

1. 事实

（1）你有哪些兴趣？

（2）你何时发现自己有这个兴趣的？

2. 感受

（1）了解了同学的兴趣后，你有什么感受？

（2）在参与你感兴趣的活动时，你有哪些感受？

3. 发现

（1）兴趣给你带来了哪些积极的影响？

（2）哪些因素帮助你培养自己的兴趣？

（3）哪些因素阻碍了你发展兴趣？

4. 未来

现在的兴趣会对你将来的工作产生哪些可能的影响？

八、教师引导

每位学生都拥有多种兴趣。广泛的兴趣爱好，让我们的生活变得更加多姿多彩，精彩纷呈。

兴趣带给我们很多乐趣，是我们学习生活的“甜味剂”。

有些兴趣也许在未来能够帮助我们找到自己感兴趣的工作，影响着我们的职业生涯发展。

我们可以通过多种途径，培养、发展自己的兴趣。

每个人都会遇到兴趣发展之路上的“拦路虎”，我们可以不懈地努力，想办法克服困难，让兴趣成为我们成功的动力。

九、操作建议

1. 该活动可以帮助学生思考自己的兴趣有哪些（不止一个兴趣）。在这些兴趣中，引导学生挑选自己最感兴趣的兴趣，参与兴趣“万花筒”课堂讨论。

2. 在介绍自己兴趣的“敌人”时，很多学生会感叹家长不配合自己发展兴趣，因为家长认为这些兴趣“无用”。老师可以适时引导学生，感受兴趣带来的积极、愉快的体验，从而有利于学生身心健康。

十、课堂反馈

学生作品：兴趣“万花筒”

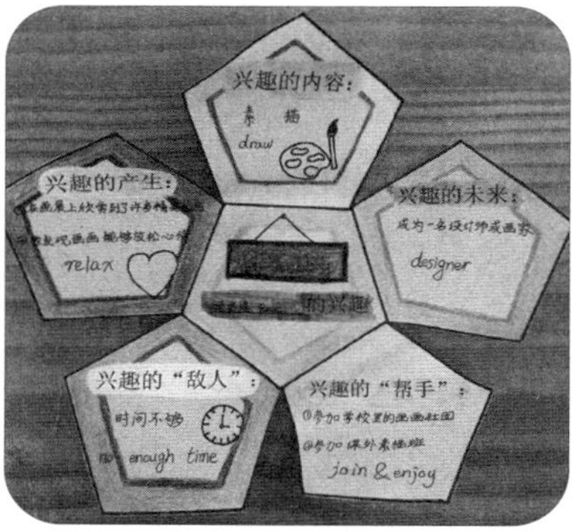

附：学习活动单——兴趣“万花筒”

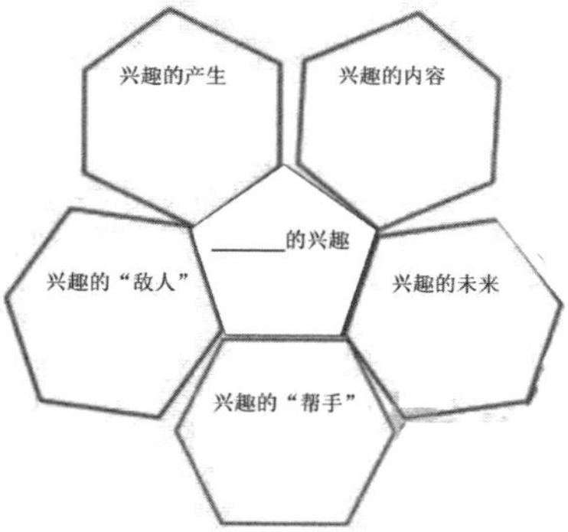

撰稿：上海市静安区闸北实验小学　李晟文

兴趣星空

一、活动目标

1. 学生通过活动发现和梳理自己感兴趣的事情。

2. 学生能对自己的兴趣有持续热爱，能自觉并努力找到资源，坚持做自己感兴趣的事。

二、活动对象

初中生

三、活动时间

约 30 分钟

四、活动场地

室内为宜

五、活动准备

1.“兴趣星空”活动单。

2. 可以事先让学生准备一些与自己兴趣相关的作品，或参加兴趣活动时的照片，在活动前或活动尾声的时候都可以滚动播放一下。

六、活动过程

1. 列兴趣：学生先列出自己感兴趣的事情，做过、没做过都可以，只要能想到，同时觉得感兴趣的都可以写下来。

2. 填兴趣：学生将列出来的感兴趣的事情填写到兴趣星空图的星星之中，兴趣强烈一点的填在大星星中，兴趣稍弱一些的填在小一点的星星之中。可以填满所有的星星，也可以留白。如果兴趣实在太多，星空图无法完全容纳，需要忍痛割爱，舍掉几个强度最弱的兴趣。

3. 圈兴趣：

感官兴趣：所谓感官就是我们常常所说的眼睛、嘴巴、鼻子、耳朵，喜欢用眼睛看书看电视、用嘴巴吃东西、用耳朵听音乐，这些兴趣若没有加入自己主动的思考和研究，没有发展为自己的能力，就只能带来一时的感官上的愉悦。比如大部分人喜欢读小说，读时觉得有趣，读完不久也就忘记了。

学生对照自己的兴趣星空图，思考在这些兴趣当中，哪些是曾经体验过，能一直保持的，哪些是没有尝试过，但觉得自己对此还是兴趣蛮大的，把这些兴趣画上一个圈，表示你有感官兴趣。

自觉兴趣：自觉比感官兴趣更持久一点，其关键是自己会积极主动地去研究去学习。比如喜欢看科幻小说的同学，掌握了很多知识，他渐渐地把自己的兴趣发展成自己的能力，显然更持久。

请再思考一下，哪些兴趣是你有强烈求知欲，并开始深入学习，或者曾经进行过系统学习的？请在这些星星旁边画上第二个圈，代表这些星星升级为你的自觉兴趣！

志趣：最后请思考，哪些是你非常自觉地投入，让你获得过外界或自己内心很大满足感的兴趣，或者哪些是你认为值得全身心投入很长一段时间的兴趣？请在这些星星旁边再画上一个圈。

志趣是兴趣的最高层级。若从事和文字相关的工作，把读书和自己的事业结合起来，你就可能成为一名科幻作家。志趣不仅仅把兴趣变成了能力，最重要的是通过能力获得了价值，因此会非常强烈且持久，很可能持续一生。比如从小就喜欢吃且写过多部美食鉴赏的美食鉴赏家，就把兴趣发展成了事业，通过兴趣创造出了价值。

4. 交流互动。

七、活动提问

1. 事实

（1）看看你的兴趣列表以及你的兴趣星空图，你觉得自己在兴趣爱好上是一个怎样的人？

（2）说说和你兴趣有关的故事（开始这个兴趣的时间，坚持的时长，获得的收获或困难等）。

2. 感受

（1）你的兴趣给你的生活带来了什么样的感受？

（2）当你有机会利用兴趣去展示时，你的心情如何？

3. 发现

（1）你在兴趣的选择上有没有发生过改变？或者对兴趣喜好的程度曾经发生过变化？周围的人有没有对你的兴趣产生过一些积极或消极的影响？

（2）对自己的兴趣类型进行梳理之后，你对自己的兴趣培养和发展有什么发现？

4. 未来

（1）未来你会找到哪些资源来帮助自己，持续或提高这个兴趣能力？（比如相同兴趣的伙伴）

（2）你的这些兴趣爱好，对你未来的生活可能会有什么影响？

八、教师引导

我们每天都在学习各种知识和本领，总会对一些科目感兴趣，也总会对一些科目不感兴趣。对不感兴趣的科目，我们可以多一些尝试和了解，说不定会点亮你的兴趣新星哦！

你的兴趣星空，也许有些会变得更亮更大，有些会变暗变小，这些变化很正常。

兴趣对一个人的未来发展影响很大。如果我们的学习、活动以及将来选择的工作都能符合自己的兴趣，我们就会全心全意地投入进去，哪怕遇到困难也会勇往直前。为了实现自己的理想，你需要现在就培养你的兴趣哦！

人们找到真正属于自己的志趣通常会很晚，可能到成年之后才会开始慢慢形成。只要你从现在开始有意识地慢慢培养你的兴趣，经常尝试展现自己的兴趣，就一定会发展出真正属于你的志趣！

九、操作建议

1. 可以分小组开展活动，也可以不分组进行，但要保证尽量多的学生能参加交流，并能完成两两相对的交流。

2. 重点是对自己的兴趣进行觉察和梳理。关于兴趣的三个层次，如果学生理解上有困难，可以一笔带过，等以后再深入探索。

十、课堂反馈

关于兴趣，学生的情况非常不同。有的学生兴趣非常广泛，有的学生兴趣非常少。甚至有学生把同一个兴趣写满了自己的星空，如打游戏，对于这部分学生需要很好地引导。

有不少学生的感官兴趣非常多，也有不少学生自觉兴趣很多。参加兴趣班学习的学生非常多。

活动中还发现有一些学生混淆了兴趣与愿望，如想要一个弟弟、想考试满分等，需要得到老师的澄清和解释。

有的学生兴趣非常多，但关于志趣，似乎选择困难，老师应接纳孩子的留白；有的孩子对于自己的志趣已经非常坚定和明确，可以多让他分享一些关于他的兴趣故事。

还有一些孩子的兴趣一直在发生变化，每一个不同的阶段都会有新鲜的事情吸引他的注意力，这也需要老师帮助他认识到这一点，但无须评判对错。

撰稿：上海市静安区市西小学　郁海霞；华灵学校　洪湧

职业兴趣探索

一、活动目标

1. 初步了解自身职业兴趣类型，思考职业兴趣与职业选择的关联。

2. 以职业兴趣测试结果作为参考，初步尝试职业规划探索。

二、活动对象

高中生

三、活动时间

约 30 分钟

四、活动场地

室内

五、活动准备

划分不同兴趣岛屿区域，霍兰德职业兴趣测验题目单。

六、活动过程

1. 寻找兴趣岛

带领者请学生从已知的 6 个各具特色的岛屿中挑选一个作为自己要生活一辈子的地方，并移动到代表相应岛屿的位置区域。

2. 霍兰德职业兴趣测验

带领者请学生依据自己的真实情况完成 90 道测验题，只要在与自己情况相符在题目前打“√”，最后在汇总表中分别计算出 6 种职业类型下打“√”题目的总数。数量多的即为可能适合自己的职业类型。

3. 对比活动

对比测验结果与最终选择的兴趣岛屿是否一致，思考讨论如何看待和理解自身的职业兴趣及其对自身未来职业规划与选择的启发。

七、活动提问

1. 事实

（1）你选择居住的岛屿最吸引你的是什么？

（2）你最初选择居住的岛屿和你通过测验得到的结果类型一致吗？

2. 感受

当你自己选择的岛屿和测验结果一致 / 不一致的时候，你感觉如何？

3. 发现

（1）对照两个活动的结果，这让你对自己的职业兴趣有什么新的发现？

（2）你认为你测得的职业兴趣类型与你本身对自己的预期相符吗？

4. 未来

（1）你测得的职业兴趣类型对你接下来的职业规划与选择有什么启发吗？

（2）你会为未来能够从事比较适合你的这些职业做什么样的准备呢？

八、教师引导

随着年龄的增长，我们会在社会生活与实践中不断发现一些令我们感到好奇、有趣的职业，同时很多同学也会常常困惑于自己究竟适合从事怎么样的工作。今天我们就通过一个小测验，一起探索一下我们每个人可能适合的职业及类型。测试结果没有好坏对错之分，只需要根据自己的真实情况作答即可。

霍兰德职业兴趣测验可以在一定程度上预测我们适合的职业类型，为我们在进行职业规划时提供必要的参考。当我们对某个职业产生一定的兴趣时，先不要盲目投入，而是冷静地思考一下自己的性格特质是否真的适合从事这一类职业，以及对于自己感兴趣的职业可以提前做好哪些准备工作。

九、操作建议

1. 为使学生认真选择岛屿登陆，带领者可以设置两轮选择，第一轮是选择一个岛屿游玩一周，第二轮是选择一个岛屿居住一辈子。同时鼓励学生移动起来，到不同岛屿的区域去感受，最终做出选择。

2. 在职业兴趣测验开始前，带领者务必要对测验的用途加以说明，降低学生对测验结果的担心，说明测验仅用于参考，提醒学生根据真实情况作答。

3. 带领者在讨论环节可以把重点放在探索目前通过测验而知的职业兴趣对未来职业规划有何启示方面，增加职业兴趣探索和职业规划与选择的关联性，从而更好地认识自我。

撰稿：上海市久隆模范中学　朱晓雨

职业价值排序

一、活动目标

1. 思考自己选择职业时看重的东西是什么，梳理并说明自己的职业价值观。

2. 思考自身职业价值观对于未来职业选择与规划的影响。

二、活动对象

初中生、高中生

三、活动时间

约 30 分钟

四、活动场地

室内

五、活动准备

彩色卡纸若干。

六、活动过程

1. 职业价值判断题

请同学以拍手的方式表示对以下几个和职业有关的句子的认可与否。认同的同学拍手，不认同的同学不拍手，中立的同学双手合十。请持有不同观点的同学说明自己的看法。

句 1：医生是很劳累且高危的职业，不应该轻易选择。

句 2：公务员是“铁饭碗”，升到一定级别会有很大的权力和很高的威望。

句 3：娱乐圈明星收入很高，还有光鲜的外表，很多人挤破头都想成为明星。

……（教师或活动带领者也可以根据职业价值观创造出更多诸如此类的职业价值判断题）

2. 职业价值观排序

（1）请同学说一说他自己选择一份职业时最看重的是什么。

（2）呈现职业价值观表格

（3）排序取舍

每人先挑选出自己认为最重要的 8 条职业价值观并分别写在 8 张卡纸上；慎重选择要放弃的 3 条，将卡纸撕碎；再撕碎 2 条，最终保留 3 条（可以记录一下整个删减过程的顺序），依据对自己的重要程度排序。最后对自己保留下来的 3 条职业价值观，用简短的一句话描述其对于自己的意义。

七、活动提问

1. 事实

（1）经过逐步删减，你最终保留下来的 3 条最重要的职业价值观是什么？排序是怎样的？

（2）用一句话概括一下，当你想到未来的职业生涯时，你选择的这条职业价值观对你的意义。

2. 感受

（1）在排序取舍过程中不得不放弃并撕碎一些你看重的职业价值时，你有何感受？

（2）剩下哪几条价值观让你继续删减时你觉得最纠结？为什么？

3. 发现

（1）通过价值排序的活动，你对于职业选择与规划是否有一些新的发现？

（2）你最终保留下来的职业价值观是你自己看重的还是受到身边他人影响而选择的？

（3）你保留下来的职业价值观中有没有在一定程度上相互冲突的？你会如何对待这种冲突？

4. 未来

（1）你认为你最看重的这几条职业价值观可能会对你未来的工作和生活有何影响？

（2）你认为你目前看重的职业价值是否会有改变？为什么？

八、教师引导

价值观是我们内心对于各种价值物的重要程度的排序。正因为我们每个人的生命、资源都是有限的，我们需要了解自己内心认为什么是重要的，什么是更重要的，从而做出选择。一个人的职业与其生活密不可分，因此更早地去探索、思考自己的职业价值观是非常重要的。

有时我们看重追求的价值有很多，但又不得不做出取舍，这会令我们纠结和抓狂，但同时这个取舍的过程也能使你有机会觉察到自己更看重的是什么及其背后的原因。当我们把自己置于职业选择的环境下再去对一些与职业有关的价值进行取舍排序时，我们可以更明确地澄清自己的职业价值观以及思考其对自身未来职业选择与规划的影响作用。

九、操作建议

1. 在价值取舍的过程中要求学生撕碎一些记录要放弃的职业价值观的卡纸，增加丧失的体验感，以放大学生在活动过程中的感受、感悟。但是，教师要提醒学生对逐步删减的职业价值观顺序做好记录。

2. 价值取舍中要注意关注学生的删减情况，对于个别选择困难的学生给予鼓励，完成不断删减的要求。

3. 提问的重点放在感受、发现与未来上，询问学生为什么会在某几条职业价值观的取舍上格外纠结，进而生成对于职业选择与规划的新发现以及对未来职业规划的启发和感悟。

附：活动单

职业价值观 （请选出你以后最理想的工作及生活状态）	
工作保障	工作有美感
薪金优厚	生活方式
威望	个人发展
独立工作	涉及体能运动
有创意	工作性质多样化
归属感	工作环境
权力	冒险
文化身份认同	有意义
成就感	非凡的体力
可发挥个人才能和知识	团队工作
良好的晋升机会	与同事有良好的工作关系
有工余时间给亲友	

1. 请按照你认为的重要程度写下最后保留的三条职业价值观。

__________ __________ __________

2. 分别用一句话描述每一条职业价值观对自己未来工作及生活的意义。

____

____

____

撰稿：上海市久隆模范中学　朱晓雨

我的选择风格

一、活动目标

1. 学生意识到生活中充满选择，认同学会选择的意义。

2. 学生梳理曾经的选择经历，探索发现自我选择风格。

二、活动对象

高中生

三、活动时间

约 40 分钟

四、活动场地

室内

五、活动准备

双色纸、活动表单。

六、活动过程

1. 情境导入，你的选择

教师在教室里走动，并随机把几页两面颜色不同的纸片放置在若干同学的桌上，最后返回至讲台处。引导：面对同一个情境，有些人选择默默关注，有些人选择左顾右盼，有些人选择对质询问……

2. 桃园摘桃，各有不同

教师设置一个情境：路边有一片桃园，假如你可以进入桃园摘桃，但只许前进不许后退，而且只能摘一次。要摘一个最大的，你会怎么办？

方法 A：凭感觉，我感觉这个大，就摘这个。（直觉型）

方法 B：去问桃园或身边的人，让他告诉我什么样的桃子最大。（依赖型）

方法 C：桃子太多了，没办法确定哪个最大，再走走，看看再说。（回避型）

方法 D：对视野内的桃子进行比较，形成一个大概的标准，再根据这个标准去选择最大的桃子。（理智型）

方法E：稍微比较一下，迅速摘一个。（自发型）

请同学们说明自己选择某一种方法的想法与理由。

3. 生活故事，自我觉察

小组分享：回顾自己的成长历程，分享几个有关做决定的故事。例如：自己印象最深刻的一次决定；自己觉得最满意和成功的一次决定；自己觉得现在回想起来仍有些遗憾和后悔的一次决定；自己觉得最难做决定的时刻；做决定的时候最常见的情绪；做决定的时候最常有的想法……

结合自己做选择、做决定的经历，你觉得自己在做选择、做决定的时候有什么特点，如果用3个关键词来说明，会是什么？如果用比较简单抽象的图形呈现，会是怎样的？

4. 心理测评，如何选择

学生依据教师所呈现的描述，根据自己的情况对情境进行选择（如果符合，请举起手中纸片的粉色面；如果不符合，请举起手中纸片的蓝色面）。教师对班级选择进行简单统计。

理智型：

做决定前，我会仔细考虑做了决定后会有什么后果。做事情前，我通常会先列出一个大概的计划。我通常会很系统地考虑事情的利弊得失，然后才做决定。我会仔细检查所有的资料，以确定所做的决定是否正确。我学习一门功课或技术，会考虑它和我的未来有什么关联。

直觉型：

我宁愿凭自己的直觉决定要做什么事，也不要他人告诉我该怎么做。只要感觉满意，我就会去做，不会考虑太多。通常我做了决定后，却不知道为什么做这个决定。遇到关键抉择时刻，我的感觉比我的脑子灵光。凡事根据当时的情况做决定，不必想太多。

依赖型：

遇到关键抉择，我总希望有人可以指引我。除非有家人朋友支持我，否则我不太有信心一个人做决定。遇到做决定的时候，我经常犹豫不决、束手无策。我认为未来发展最主要的是靠运气。每当抉择的时候，我都非常需要他人给我支持和鼓励。

教师总结并简单介绍生涯决策风格；学生讨论每一种决策风格的优劣。

总结：逐渐长大，意味着从依赖他人变得更为独立，也意味着开始遇见越来越多的选择。让我们从认识自我决策风格开始，在每一次需要做选择的历练中，逐渐丰富拓展自己做决策的方式，不断发展完善自己。

七、活动提问

1. 事实

（1）你刚才有多少次选“是”，多少次选“否”？

（2）你能记起的一件关于做决策的印象深刻的事情是什么？

2. 感受

（1）大家的反应不同，对此，你的感受是什么？

（2）根据情境描述，做选择的时候，你有什么感受？

（3）你曾经的那次做决策的经历，你身处其中的感受是什么？

3. 发现

（1）在你看来，每一种选择的风格有什么不同吗？各有什么利弊吗？

（2）你发现自己做决定时有什么特点？属于什么风格？

（3）如果希望做一个尽量理性的选择，你觉得可以怎么做？

4. 未来

认识自己的选择风格对你之后的选择可能会有什么影响？

八、教师引导

面对同一个情境，不同的人会有不同的反应，不同的人会有不同的选择。

每一个人都会有相对比较稳定的决策风格。每一种决策风格都有不同的特点，也都各有利弊。每个同学都要认识、觉察自己的决策风格，看见、接纳自己决策风格的优势与弊端。

理性的选择固然重要，我们可以尽力追求完美与最优的选择，但看见、接纳，并在此基础上完善自己的决策风格，也是很重要的。

每一次选择都有机会让我们离自己想成为的那个理想自我更近一步，尽力做好自己的每一次选择。

九、操作建议

1. 导入环节可以根据实际情况有所变化，可以结合生活中的真实事件、学生感兴趣的热点话题等设置情境，让学生进行选择。不同的人反应不一样，是因为面对同一个情境，每个人的选择可能不一样。

2. 自我觉察的部分有关选择风格，目前是用相对比较简单的“直觉型”“理智型”“依赖型”三种类型，形式是教师描述、学生选择。教师可以根据实际情况选择不同的决策风格理论，如美国职业生涯专家斯科特和布鲁斯在1995年提出将决策风格分为五种类型，即理智型、直觉型、依赖型、回避型和自发型。

3. 关于自我生活故事的梳理与觉察，可以设定为先自我梳理，完成关键词、图形所呈现的任务，然后再请成员在小组内进行分享，讲述自己印象深刻的一个做决策的故事。

撰稿：静安区中小学生心理健康教育发展中心 / 上海市第一中学　刘诗薇

思维风格大揭秘

一、活动目标

1. 了解并掌握各种思维风格的基本特点。

2. 尝试学习应用不同的思维风格到实际学习生活中去。

二、活动对象

初中生

三、活动时间

约 30 分钟

四、活动场地

室内

五、活动准备

小纸张、两个盒子、大画纸、颜色笔。

六、活动过程

1. 教师邀请部分学生完成情景剧演绎（附件 1）。

2. 通过刚才的情景剧演绎，学生分析三位同学的思维特点（附件 2），教师引出三种思维风格类型：王华——发明家型；李文——行政人员型；杨然——侦探型。

3. 每组发放小组工作纸（附件 3）。

4. 教师发布游戏规则：请学生就刚才所介绍的不同思维风格的特点进行小组讨论，探讨工作纸中呈现的职业所需的思维风格，并简述理由。只要解释合理，便可得 1 分，取得最高分的小组获胜。

5. 学生分享。

七、活动提问

1. 事实

你选择评估哪一个角色？评估的理由是什么？

2. 感受

你最想评估的是什么角色？为什么？

3. 发现

通过评估他的思维风格这一活动，你有哪些新的发现？

4. 未来

展望未来，请思考自己的理想职业是什么。这些职业特别需要哪些思维风格？

八、教师引导

斯滕伯格（Sternberg）运用心理自控理论对思维风格进行解释，该理论形象地将内在的思维比喻成一个政府机构，具有功能、形式、范围、水平和倾向方面不同的特点。从功能维度来看，思维风格可以分为立法型、行政型（也叫执行型）和司法型（也叫审判型）：

（1）立法型风格的人喜欢创造和提出计划，按自己的思想和观点行事。

（2）行政型风格的人喜欢按照给定的结构、程序和规则行事。

（3）司法型风格的人喜欢判断和评价已有的事物和方法。

简报中所提及的“发明家型”“行政人员型”和“侦探型”三种思维风格依次为“立法型”“行政型”和“司法型”，这是众多思维风格中的三种，“立法型”是引发创意思考的最佳思维方式。

情景剧中三位主角的特点，如王华有很多自己的意见和提议，较有创意；李文多以别人的意见为办事基础，喜欢遵从明确的规则或指示；而杨然则比较多地对事情及别人的意见做出分析和评价。

每个人都同时拥有多种思维风格，有些思维风格较强，有些可能较弱。了解自己经常运用的思维风格以及其他思维风格，可增加自己处理事情的灵活性，而不是只会运用自己最强的那种思维风格。

思维风格是可以学习和培养的，它也可随着个人的阅历及经验的增长而改变。

九、操作建议

1. 活动初期，学生在估计所需思维风格时可能会遇到困难，教师应鼓励学生多加思考，大胆尝试，并鼓励他们平时可多尝试运用不同的思维风格，使他们在处理学习和生活上的事情时，思维能够更具有弹性。

2. 教师可以根据课堂时间的长短而自行增减职业的例子，若时间许可，在这节课结束前，教师可以请学生思考自己的理想职业是什么，以及哪些职业特别需要某些思维风格。鼓励学生平时多培养不同的思维风格，为自己的未来作好准备。

十、课堂反馈

学生反馈 1：我喜欢记者这一角色，我认为这是侦探型的思维风格，因为记者需要思维缜密，他的工作性质要求分析、批评、发表意见，整理出重要信息，然后提问。

学生反馈2：通过思维风格大揭秘活动，我发现每一份职业都不是固定的某一种思维风格，只是需要具备不同比重的思维风格，所以有时候一个人的思维风格不是单一的，可能是混合型的，在不同职业面前，比重略有不同而已。

附件1：情景演绎剧本

元旦即将来临，同学们推举王华、李文和杨然担任元旦联欢会的总策划。他们正在商讨怎样筹备这次元旦联欢会。

李文：过两个星期就是元旦了，你觉得应该怎样办好呢？

王华：年年都开Party，不如今年换一种形式吧！

杨然：换形式？什么意思啊？

王华：年年都是交换礼物、聚餐、天才表演，提起来都闷！不如今年布置迎新的氛围，挂上彩带，布置一棵迎新树，将教室布置成红色，请同学自制礼物进行交换，交换的同时播放歌曲，大家跳跳舞，唱唱歌，这样多有气氛呀，是不是？

李文：你的建议既好又好像不太好！老师说可以用喷发胶代替雪。

王华：这有什么意思啊！假得很！

杨然：哦，但我想问一下，在教室中摆棵树是不是太大了，而且太浪费了，过完节以后，这树又怎么搬走？

王华：唉，但要是没有迎新树就没有气氛了！

李文：那我们要把这些细节问题讨论清楚！

王华：我们就三个人，究竟要怎么办，那也只有咱三个出主意啊！

李文：……其实我也没什么意见。要不再问问其他同学？

王华：既然是这样，那就交给你了。问好了，下次开个会讨论一下。

杨然：不过，王华，你说的交换礼物好像有困难啊！我们还有好多作业要做，离元旦只有两周的时间了，怕来不及做礼物了！

李文：同意。虽然交换礼物是个好主意，但让我自己来做，还是很有难度的。

王华：唉，就你俩意见多！那怎么办？

杨然：喂，每个人都有不同的想法，我们也要听听别人的嘛。

王华：是啊……

李文：好吧，好吧，那我们和其他同学再商量一下。

杨然：哦，好啊！

王华：……

附件2：三位主角的思维风格

发明家型

1. 喜欢自己设计行事方法并制定规则
2. 喜欢自行寻求处事和解决问题的方法
3. 较愿意处理非预先设定的问题
4. 喜欢从事创造性的工作
5. 喜欢计划、写文章
6. 不喜欢背诵、做选择题

行政人员型

1. 喜欢守规则、按照明确指示处理事情
2. 较愿意处理预先设定的问题
3. 喜欢利用公式解决问题
4. 以别人的意见为办事基础
5. 喜欢做选择题，喜欢需要背诵的科目

侦探型

1. 喜欢分析、批评、发表意见
2. 喜欢评估规则与程序
3. 较愿意处理可供分析的问题
4. 喜欢写评论文章
5. 较不喜欢做选择题和填充题

附件3：“评估他的性格”——小组工作纸

职业	发明家型	行政人员型	侦探型
作家			
建筑师			
记者			
警察			
教师			
家庭主妇			
法官			
小贩			
时事评论员			
发型师			
电话推销员			
化妆师			

撰稿：上海田家炳中学　裴美婷

生涯幻游

一、活动目标

1. 进行生涯幻游，学生自我畅想未来。

2. 描绘幻游场景，澄清对未来的期待。

二、活动对象

高中生

三、活动时间

约 40 分钟

四、活动场地

室内

五、活动准备

活动表单、冥想音乐、放松幻游指导语。

六、活动过程

1. 导入

你能否想象自己 N 年后的模样？未来的生活会是怎样？现在让我们一起乘坐最先进的时光隧道机，到未来世界去旅行！

2. 放松幻游

接下来我们要做个放松幻游活动，先请大家选择一个自认为最舒服、最放松的姿势坐好，随后请跟随指导语进行放松幻游。我们将一起搭乘时光隧道机，去看看 15 年后的自己（先确定自己多大年龄）过着怎样的生活。

有以下几点说明请大家注意：（1）请保持安静，跟随老师的指导语进行放松和想象；（2）有的同学可能比较难进入状态，没关系，只要你始终尽力跟随指导语尝试进行放松和想象即可。

3. 绘画呈现

请大家把刚才在幻游活动中看到的印象比较深刻、比较有感觉的某个场景或情境，用绘画的方式在活动表单上进行呈现。

大家在小组内分享自己的作品，交流一下自己在幻游活动中看到的关于自己的未来是怎样的，有什么画面，或什么场景。

4. 结束

我们在今天的幻游活动中遇见了那个未来的自己，现在请他送给现在的你一句话，你觉得他可能会说什么？

七、活动提问

1. 事实

（1）幻游时有无困难？哪里有困难？能进入状态吗？是何时、怎样进入状态的？

（2）幻游时，你看到什么场景或画面？有哪些人物出现？他们是谁？做了什么？

2. 感受

（1）整个幻游过程中，你的总体心情怎样？感觉如何？

（2）当你幻游的时候，你有什么特别的情绪感受吗？

（3）当你看到 15 年后工作或生活的情境，你的心情如何？

3. 发现

（1）通过幻游，你对自己有哪些新发现？例如，你喜欢什么样的工作内容、工作环境或生活方式？

（2）幻游的内容能否反映你的内心期待？与你内心的价值需求是否一致？

（3）你对自己幻想的 15 年后的自己是否满意？满意在于什么？不满意的地方是什么？

4. 未来

（1）你觉得按照现在的轨迹发展，未来是否真的可以变成自己幻想的模样？

（2）你觉得现在应该做些什么，从而帮助自己更好地成为自己幻想的模样？

八、教师引导

幻游就是给我们自己一个机会，一个与自己独处对话的机会，一个好好聆听自己声音的机会，一个可以更深入地明晰自己内心的机会。

未来可期，美好未来值得我们去畅想、去期待。未来有我们想要过的生活，有自己更美好的模样，也有自己最珍视的梦想。

既要抬头看星，也要低头行路。心怀远方的梦想，投入踏实的努力，走向属于我们自己、独一无二的未来。

九、操作建议

1. 进行放松幻游活动前，尽量做比较充足的准备，帮助学生更好地投入。如，应选择安静而不易被打扰的地方；控制室内光线，可以把教室内的灯关上，或者窗帘拉上等。另外，教师也要引导学生尽量按照指导语进行尝试，试着让自己进入状态，如果暂时无法进入也不要紧，但是不要发出声音，以免影响其他同学。

2. 需要先做比较充分的放松，让当事人的身心状态进入一种安适、平静、放松的境地，如此才能让潜意识更好地流动，才有可能对自我有更深的探索与发现。接下来再进行幻游，幻游可以天马行空，不受时空的限制。幻游的过程中，如果感到不适，也可以随时停止，不会失控，也不会有危险。

3. 将幻游的内容呈现出来。本课例用的是绘画的形式，但不限于该方式，还可以尝试其他有创意的形式。比如，可以尝试剪贴画，用杂志页面中的各种画面图案进行剪贴，完成作品；或者用沙盘，请学生在沙盘上摆放沙具呈现自己的幻游内容，视时间和便利性而定。

十、课堂反馈

学生反馈 1：最开始的放松活动，我不太进入状态，但后来跟随老师的指导语，就慢慢地安静下来了。整个活动做下来，感觉非常舒服和放松。

学生反馈 2：我整个活动都很投入，觉得很神奇，在幻游过程中，我眼前真的浮现出我在工作的情境。我是在广告公司工作，当时我正在和团队成员一起讨论一个创意项目，感觉自己很有想法，做着自己喜欢的事情，也很开心。

学生反馈 3：生涯幻游中，我感受到自己在创业，应该是工作了几年后，打算自己创业，因为这个阶段已经积累了一些相关工作经验和资源。我发现，职业生涯有时候是一个连续且充满变化的过程，我们需要不断地追求提升自己的能力。

撰稿：静安区中小学生心理健康教育发展中心 / 上海市第一中学　刘诗薇

学会学习篇

记忆“小达人”

一、活动目标

1. 认识到记忆力的重要性，激发提高记忆力的兴趣与信心。
2. 了解基本记忆规律，培养更高效的记忆习惯。
3. 学习并掌握几种简便易行的记忆方法和策略。

二、活动对象

小学生

三、活动时间

约 20 分钟

四、活动场地

室内

五、活动准备

纸、笔、多媒体课件。

六、活动过程

1. 动物公共汽车——明确目标

老师宣布规则：请同学们记住老师读的每一句话，然后回答问题。

老师第一遍读题：一辆动物货车从始发站开出时只有 1 头大象、2 只麋鹿和 3 只小羊。第一站：下 1 只小羊，上 1 匹斑马。第二站：下 1 只麋鹿，上 1 只豹。第三站：下 1 匹斑马、1 头大象，上 3 头野牛。第四站：下 1 只小羊，上 1 只狼和 5 只鸡。第五站：下 1 只豹，上 1 只黑天鹅。第六站：下 2 头野牛，上 2 条蟒蛇。

老师提问：汽车一共经过几站？第一站下车的是哪种动物？第三站上了什么动物？第四站上了什么动物？第五站下了什么动物？

老师第二遍读题：一辆动物货车从始发站开出时只有 1 头大象、2 只麋鹿和 3 只小羊。第一站：下 1 只小羊，上 1 匹斑马。第二站：下 1 只麋鹿，上 1 只豹。第三站：下 1 匹斑马、1 头大象，上 3 头野牛。第四站：下 1 只小羊，上 1 只狼和 5 只鸡。

第五站：下 1 只豹，上 1 只黑天鹅。第六站：下 2 头野牛，上 2 条蟒蛇。

老师提问：汽车一共经过几站？（6 站）第一站下车的是哪种动物？（1 只小羊）第三站上了什么动物？（3 头野牛）第四站上了什么动物？（1 只狼、5 只鸡）第五站下了什么动物？（1 只豹）

2. 无意义数字记忆——记忆规律

（1）老师宣布规则：请同学们在半分钟的时间内记住多媒体课件上的数字，越多越好。

（2）课件出示需要记忆的数字：24、5、34、75、54、13、47、96、85、8、3、64

（3）学生反馈自己的记忆结果，将记住的数字写在活动单上。

（4）观察并思考：比较自己的记忆结果与正确的数字。

七、活动提问

1. 事实

（1）活动一中，老师第一轮提问时，你能回答出几个问题？

（2）活动一中，老师第二轮提问时，你能回答出几个问题？

2. 感受

（1）活动一中，在听老师读题的时候，你有什么感受？

（2）活动二中，当你将自己的记忆结果与正确的数字比较时，你的感受如何？

3. 发现

（1）活动一中，两轮结果的差异，你觉得是由哪些因素造成的？

（2）活动二中，你发现了什么记忆规律？

（3）平时你还有哪些一直在使用的记忆“小妙招”？

4. 未来

在今后的学习过程中，你会运用哪些记忆“小妙招”？

八、教师引导

目标明确、注意力集中是记忆的第一步。目标不明确，注意力不集中，我们的记忆效率会如何？比如，一边看电视一边背课文。要有明确的目的和任务，要明白自己想要记住的是什么，树立信心。

一般而言，处在中间的材料不易记住，我们对于最前面或最后面的内容会记忆深刻，这也就是首因效应和近因效应。所以，我们平时要把重要的知识放在最前面或者最后面进行记忆。

好的记忆“小妙招”有：认真听讲、仔细观察、记忆目标明确、对记忆内容感兴趣、及时复习、运用巧妙的记忆方法等。低效的记忆方式有：一心两用、坐姿不正确、采用死记硬背等。

要综合运用我们的记忆方法。修炼记忆术是一个漫长的过程，如果我们运用得好，就可以把信息牢牢地记在我们的小脑袋中，起到事半功倍的作用。

九、操作建议

1. 在听题并记忆的过程中，提醒学生只能靠大脑记忆，不能用纸笔记忆。

2. 在游戏开始前，提醒学生在记忆时保持安静，不要影响他人。

3. 在活动二材料记忆时，需要按照位置记忆材料，不能随意更改数字的位置。

十、课堂反馈

学生反馈 1：在活动一中，第二轮记忆后，对于内容的记忆更深刻了，就是多接触识记内容，印象会更加深刻。差异是重复记忆造成的。

学生反馈 2：在活动一中，第二轮记忆时，我心里想着问题，再去看记忆内容，因此记忆深刻。

学生反馈 3：我在活动二的过程中，通过将数字和班级同学的学号对应，来帮助我记忆这些数字。这是我刚才的记忆“小妙招”。

学生反馈 4：在活动二记忆数字时，我盯着屏幕看的时候，这些数字就像一幅地图，我就是靠着这个“地图”，把这些数字记忆在我脑海里面的。

学生反馈 5：在活动二记忆数字时，相近的数字特别容易混淆，差异越大的数字，越容易记忆。开头的数字“24”特别容易记忆。

撰稿：上海市静安区闸北实验小学　李晟文

边听边做

一、活动目标

1. 在游戏活动中体验学习过程中专注的重要性。

2. 感受注意力的分配等影响注意力的因素。

二、活动对象

初中生

三、活动时间

20 分钟

四、活动场地

室内

五、活动准备

计算材料、听力材料。

六、活动过程

1. 教师宣布进行限时计算比赛，介绍规则：比一比谁在规定时间内，完成得又快又正确。在大家做题时，老师要讲一件事，边听边计算，等老师把事情讲完，立即停笔计算。

2. 下发计算材料。

78+3×5−24=	（105−15）+5×4−15=
（68−19）−65÷5+15=	（36×3−10）+57÷3=
（29+15）×2=	44949+1=
7.598+199=	8.394−78+193=

3. 教师讲述事情。

小王和小李是一对好朋友。一个星期天的下午，小王约了小李去逛商场。可是小王在商场门口等了小李有半个小时，也始终不见小李出现。于是小王独自来到商场的服饰专卖店，买了一条牛仔裤。小李在商场的电梯旁等了小王很久，也没看见小王的影子，打了好几次小王的手机都无法接通。小王回家时很不高兴地想：还是好朋友呢，怎么能轻易失约，也不来个电话，下次我一定要好好敲他一顿竹杠。

4. 核对答案之前，请每个同学独立思考并完成若干道是非题，并将答案写在计算题下方的横线上，用“是”和“否”进行回答。

（1）小王约了小李在电梯门口见面。（2）小李的失约让小王很生气。

（3）小李只买了一条牛仔裤就回家了。（4）小王和小李约好星期天上午逛街。

（5）最后小王被小李敲了顿竹杠。（6）小李的手机始终无法接通。

5. 核对答案：一起来看看正确答案。（6 个问题逐一问学生，再做解释）6 道题，你答对了多少题？（请学生举手，了解答对情况）再来看看计算题的情况。（一起回答）

七、活动提问

1. 事实

在刚才的活动中你计算题答对了几题？是非题又答对了几题？

2. 感受

刚才边听边做时你有什么感受？你觉得题目难吗？

3. 发现

（1）计算题完成得不错，但之前的 6 道是非题几乎没有同学能全部答对，其实这些题目也是非常简单的。那为什么会出现这种情况呢？

（2）如果允许你改变刚才的游戏规则，怎样改变，我们才可以完成得更好？（学生可能的回答：先算后听，事情一件一件做；和同伴分工合作一人听一人算；老师先告知要进行材料的提问或者先把题目发下来，听的时候才能有针对性地听。）

（3）通过刚才的活动，你能得到什么感悟和体会呢？哪些因素会影响我们的注意力？

4. 未来

在今后的学习中，你准备如何来提升自己的专注力呢？

八、教师引导

注意力是心灵的大门，凡是从外界进入心灵的东西，都要经过它。专注出效率，专注出成绩。

当我们一心二用同时做两件事时，特别是其中一件事我们不太熟悉时，我们的注意力就不能很好地同时分配给两件事，注意力容易分散，往往两件事情都做不好。事先明确目标，可以帮我们更好地专注于事情本身，减少分心。

希望每位同学都能关注你的注意力，有意识地培养自己良好的注意品质，持之以恒地做下去，形成良好的习惯。

九、操作建议

1. 在完成是非题时提醒学生不要直接说出答案，而是将答案写在答题纸上，避免互相干扰。

2. 在分享环节，学生很容易说出不能一心二用这样的认识。如何将这种认识转化为更深刻的感受或者是行动，除了活动效果的体验之外，教师在提问引导环节可以根据学生的反馈，更加深入地做一些探讨。可以举一些和学生息息相关的例子，比如做英语听力和语文阅读之前可以先浏览一下题目；在课前做好预习工作，明确难点，能够让自己更专注地听课；等等。让学生切实感受到这些因素是如何影响自己的注意力的。

十、课堂反馈

师：大家的计算题完成得不错，但6道是非题几乎没有同学能全部答对，其实这些题目也是非常简单的。那为什么会出现这种情况呢？

生1：老师说是进行计算比赛，注意力全在计算上，根本顾不上听。

师：当我们同时做两件事时，特别是其中一件事我们不太熟悉时，我们的注意力就不能很好地同时分配给两件事。

生2：老师只是说让我们听一下所讲的这件事，但是不知道老师会问跟事情有关的问题，所以也就没去注意听。如果老师事先说要根据听的材料问问题，我想我会听得更仔细一点。

生3：我猜到老师可能会问与事情有关的问题，但是计算的时候根本顾不上听无关的材料，也不知道老师会提哪些问题，随便一听，根本抓不住重点……

师：也就是说，如果我们不事先明确要求，不清楚我们到底要干什么，这也会影响到我们的注意力。

撰稿：上海市五四中学　唐晓岚

我会记笔记

一、活动目标

1. 认识到学会记笔记在学习过程中的重要性。

2. 了解记笔记的基本要求，能够主动尝试用不同的形式记笔记。

二、活动对象

初中生

三、活动时间

30 分钟

四、活动场地

室内

五、活动准备

不同课堂笔记的样例图片、任务单。

六、活动过程

1. 案例展示

刚升入中学的小 Z 同学头脑灵活，反应敏捷，每次上课的时候总是积极回应老师，给 W 老师留下了深刻的印象。一段时间过去了，W 老师很纳闷，小 Z 的作业质量并不高，考试成绩也和平时课堂表现不太相称。有一天上课时，W 老师走过小 Z 的身边，他看了看小 Z 打开着的课本，顿时恍然大悟……

2. 案例提问

（1）你觉得 W 老师发现了什么呢？

（2）经过课后的询问，小 Z 说出了自己不记笔记的原因，他觉得反正教材上什么都有，只要自己上课认真听讲就可以了，没有必要做笔记。对此，同学们怎么看呢？

3. 笔记样例展示

（1）通过课件或投影展示课前教师收集的一些课堂笔记样例。

（2）小组通过比较、讨论、总结这些笔记中的优点以及记录技巧，分享自己在记笔记过程中关于记什么、怎么记的经验、窍门、注意事项，分享自己在记笔记时遇到过的困难，以及又是如何克服的。

（3）同时下发笔记任务单，请学生在聆听分享的过程中，将大家所谈到的各种记笔记的要点和技巧，通过记笔记的形式记录下来，现场完成一份关于如何记笔记的笔记。

（4）展示除样例外更多类型的笔记图片，给予学生更多启发。

4. 效果反馈

请学生展示自己当场完成的这份笔记，教师给予评价和鼓励。

七、活动提问

1. 事实

你最满意的部分是什么？这样记的好处是什么？

2. 感受

你观察到这份别人的笔记中，它的优点是什么，有哪些好的方法是你觉得不错的？

3. 发现

（1）你在自己记笔记的过程中有什么样的经验、窍门或注意事项可以跟大家分享？

（2）你在记笔记的过程中遇到过什么困难吗，又是如何克服的？

4. 未来

说说你今天有哪些收获，可以运用到今后的学习中去？

八、教师引导

课堂学习不仅要善听，更要善思、善记。通过选择适合自己学习特点的笔记形式，让“耳、眼、手”等多感觉通道联合工作，克服分心，提高课堂学习效率。

笔记不是简单地在纸上被动记录的过程，而是通过思考对信息分析、整理的过程。

通过实践不断去摸索适合自己、自己喜欢的笔记方式。也可以借鉴他山之石，不断完善自己记笔记的方法。

九、操作建议

1. 本活动需要教师在课前做好笔记样例的收集准备，尽可能收集不同类型的笔记。通过样例的展示，传达一种理念，好的笔记没有统一的格式和模板。鼓励学生在借鉴和学习的基础上去探索自己喜欢，适合自己学习风格的笔记形式，鼓励学生根据不同学科的特点灵活地选择不同形式的笔记。

2. 如果时间允许，可以再增设一个活动，让学生对笔记如何提升自己的学习、复习的效率有更加深刻的体验或认识，从而促使学生能够更自觉地把这些认识渗透到平时的听课习惯中，转化为实际的行动。

十、课堂反馈

学生反馈 1：做笔记也是要学习的。会做笔记了，才能提高听课效率，否则手忙脚乱，记着笔记顾不上听课也不行。

学生反馈 2：我以前记笔记就是把老师在黑板上写的东西记在书上，非常简单，我想反正书上都有。我现在知道了笔记不仅是记录内容，还可以运用各种符号、线条以及不同的颜色，把关键的知识标注出来，方便复习。

学生反馈 3：听了同学们分享的方法，我很有收获。我明白了笔记不能死抄，一定要自己把老师说过的话进行提炼和整理，再记下来。我以前就是尽量把原话记下来，不是来不及记，就是记了太多，密密麻麻根本不想去看。

撰稿：上海市五四中学　唐晓岚

习惯大检阅

一、活动目标

1. 感受建立良好学习习惯的重要性。

2. 尝试了解自己有哪些好的学习习惯。

3. 尝试培养更多良好的学习习惯，能制订相应的计划并付诸实践。

二、活动对象

初中生

三、活动时间

30 分钟

四、活动场地

室内

五、活动准备

好习惯资源单，好习惯计划表。

六、活动过程

1. 课前下发好习惯资源单，资源单中有好习惯备选单，请学生在课前选择一个自己感到最满意的学习好习惯，做好交流分享的准备。备选单中的好习惯供学生参考，也可以选择备选单以外的好习惯进行分享。

2. 请学生就自己的一个好习惯进行全班的交流分享，教师负责板书记录好习惯。

可供参考的分享提纲：

这个学习好习惯是什么时候养成的？

能具体说说它是如何渐渐养成的吗？

在养成这个好习惯的过程中，你遇到过什么困难吗？最后是如何克服的？

在养成这个好习惯的过程中，谁起到了关键的作用？是自己的坚持？是父母的督促？是老师的帮助？还是……

这个好习惯给你带来了哪些益处，或是让你备受赞赏，或是帮你取得小小的成功，可以说说其中的故事吗？

3. 请同学们将其他同学分享的且好习惯备选单中没有的好习惯，补充在资源单中。

4. 课后拓展活动：对照完成的好习惯资源单，请在资源单中选出自己特别想要拥有的一个习惯，并用星号标注出来。

七、活动提问

1. 事实

在你搜罗到的这份好习惯资源单中，你拥有的好习惯多吗？

2. 感受

（1）听到同学们分享的这些好习惯，看着自己搜集到的这份资源单，你有怎样的感受？

（2）哪个同学分享的好习惯，让你最有感触 / 最感兴趣？

3. 发现

（1）在听了同学们分享的好习惯背后的那些故事，你有什么发现？

（2）对照完成的好习惯资源单，有没有哪一个学习好习惯是你特别想要拥有的？

4. 未来

（1）想象一下如果拥有了这个好习惯，可能会给你带来哪些变化？

（2）为了拥有这个好习惯，你准备做一些什么？

八、教师引导

习惯的养成非一朝一夕，这个过程中可能有困难，需要我们有克服困难的心理准备，有时候还需要依靠他人的支持和帮助。

好习惯一旦养成则能让我们终身受益，想一想它会给你带来哪些良好的变化，越是具体，越有助于你坚持养成。

九、活动拓展

结合你所标注的最想养成的好习惯，完成以下好习惯培养作战计划。

我最想拥有的好习惯是：

我可以采取的具体行动或方法是：

奖励措施是：

时间期限：

监督者是：

我打算和__________一起养成这个好习惯。

十、操作建议

1. 学生结合自身学习经历所分享的好习惯具有鲜明的个性，交流的内容可能有启发，也可能没有启发。学习习惯也是因人而异，没有最好，只有适不适合你。这个习惯对这位同学来说颇有益处，但对另一位同学来说可能没有帮助。教师应鼓励学生耐心聆听别人的分享，不评价、不批判。

2. 学习习惯也有好坏之分，对于明显有争议的学习习惯，教师应做一定的引导，或通过引发讨论来进行澄清。

3. 活动拓展部分是对本次活动的一个延伸，推动学生真正把知道转化为行动，感受学习习惯培养的过程，学习自我激励和管理的方法。如果有时间，建议安排在课后实施。

十一、课堂反馈

学生反馈 1：我对刚才几位同学分享的好习惯比较感兴趣，我觉得也很有用，可以给我带来帮助，我想先试着培养一下这几个习惯。

学生反馈 2：我有时候很羡慕那些成绩好的同学，今天听了他们的分享，我想他们取得好成绩与他们拥有好的学习习惯是分不开的。如果我要有所进步，应该学习他们的那些好习惯。

学生反馈 3：好习惯不是生来就有的，是要自己努力去培养的。培养的过程中也会遇到困难，谁能坚持到最后，好习惯就会给他回馈。

附：学习好习惯资源单

好习惯备选单：提前预习、专心听讲、及时复习；及时改错、不懂敢问；翻查工具书，查询参考资料；审题认真，圈画出关键词；书写端正，字迹清晰；今日事今日毕、作业不拖拉、爱惜并常常整理学习用品；善记笔记，多摘多记；看书阅读……

在和同学的分享中，我还搜集到了这样一些好习惯：

____

撰稿：上海市五四中学　唐晓岚

思维有导图

一、活动目标

1. 了解绘制思维导图是一种有效的学习技能。
2. 感受思维导图的直观形象、图文并重、风格多样等特点。
3. 初步尝试绘制思维导图，并能有意识地运用于日常学习。

二、活动对象

初中生

三、活动时间

40 分钟

四、活动场地

室内

五、活动准备

空白 A4 纸、彩笔。

六、活动过程

1. 出示几张不同学科的思维导图图例，适当讲解，请学生仔细观察思维导图的基本要素或特点。（主题或中心词，不同级别的分支等）

2. 教师根据学生的回答，在黑板上绘制出思维导图特点和用途的思维导图，请学生观察老师是怎么绘制思维导图的。结合学生的回答，总结思维导图的绘制步骤。

（1）从一张白纸的中心开始绘制，周围留出空白。

（2）用一幅图像或画面来表示中心思想。（要注意清晰及有强烈的视觉效果）

（3）在绘制中使用颜色。

（4）通过联想或想象，从中心图像开始画出分支，然后把主要分支和二级分支连接起来，依此类推。

（5）让思维导图的分支自然弯曲而不是呈直线。

（6）每条线上使用一个关键词。（不要使用完整的句子，多用关键的单词和名词）

（7）自始至终使用图形。

3. 指导学生画一张思维导图。可以是任何一门学科某一课或某一知识点整理，也可以是一份关于介绍自己或是某种事物的思维导图。

七、活动提问

1. 事实

请说一说思维导图和一般的笔记有什么不同？

2. 感受

（1）在看了这些思维导图样例之后，你有什么不清楚或感到好奇的地方吗？

（2）在尝试自己绘制时，你有什么感受？

3. 发现

（1）一张思维导图具有哪些基本的要素或特点？

（2）在老师绘制了简单的思维导图之后，你能说一说老师刚才是怎么绘制思维导图的吗？

（3）在绘制的过程中你遇到什么困难吗？

4. 未来

思维导图除了用来帮助记忆以外，你还能想到有哪些用途可以运用在自己的学习和生活中？（笔记、计划、复习、总结、创造、提纲、展示、头脑风暴）

八、教师引导

思维导图是一种以图像为基础的结构化扩散思考模式，调动全脑来表达和记录思想的工具和技术。思维导图顺应神经元的结构，将你大脑思考的内容按照一定的规则画成图像（包括利用色彩、符号、线条，等等）。

思维导图作为一种规划、组织的工具，能够帮助我们有效地工作、学习。善于使用工具可以让我们走得更快、更远。我们可以开动脑筋，发挥创意，利用思维导图帮助我们做更多的事。

九、操作建议

1. 教师在根据学生回答进行板书时，采用思维导图的形式，为如何绘制思维导图做出示范，呈现绘制步骤，提醒学生做好观察，为最后总结绘制步骤做好铺垫。

2. 学生在绘制思维导图时，教师注意在各个小组内巡视，对绘制过程中存在疑惑或困难的学生给予指导。

3. 如果可以，在学生绘制完毕后，在下一节课安排一个分享展示的环节，彼此讨论优点，提出改进意见。或在教室内进行张贴，供学生们互相交流学习，进一步感受思维导图的优越性。

十、课堂反馈

学生反馈 1：我感觉思维导图看着就很清晰，一点也不枯燥，把整段的文字变成图形，感觉记忆起来心理压力小了很多。

学生反馈 2：虽然画思维导图要花费一些时间，但是画的过程中我们经过了思考和整理，等画完差不多已经记住了不少内容，所以它还是很有用的一种方法。

学生反馈 3：我不是很擅长画图，也没有别的同学画的好看，我用比较丰富的色彩来画，好像效果也不错。

附：不同学科的思维导图样例（图片来自网络）

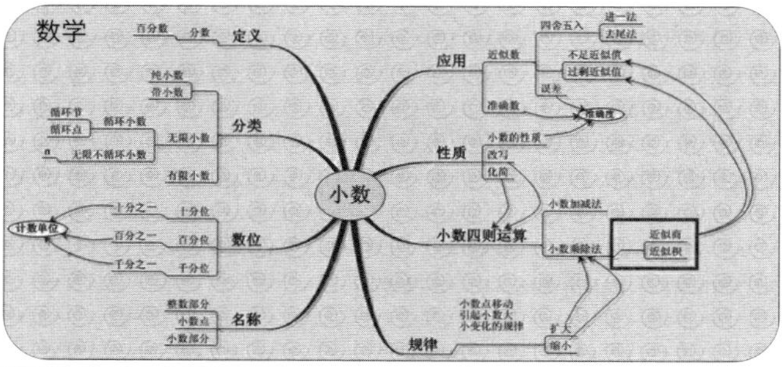

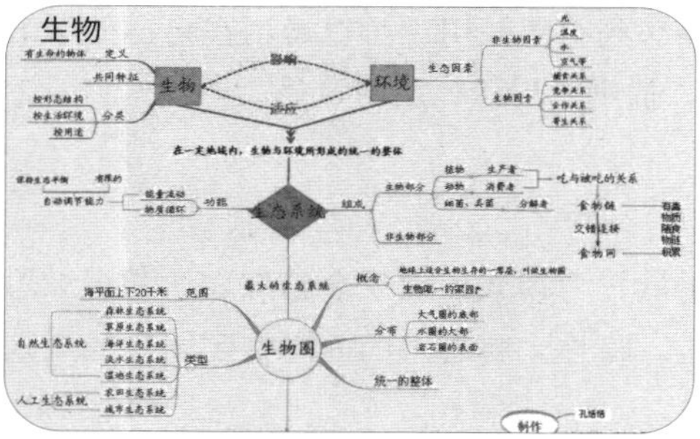

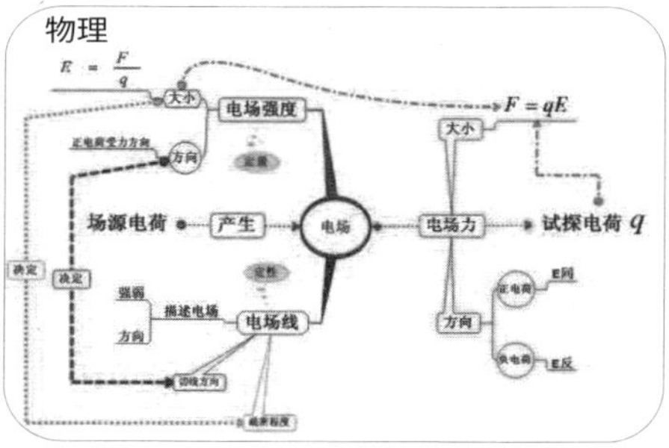

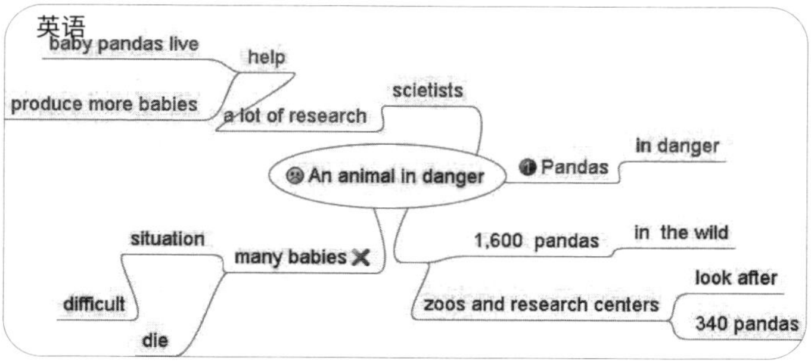

撰稿：上海市五四中学　唐晓岚

气球的用处

一、活动目标

1. 学生通过头脑风暴的活动，体验发散性思维和聚合思维。
2. 学习使用思维导图来构建思维。

二、活动对象

小学生、初中生

三、活动时间

约 30 分钟

四、活动场地

室内

五、活动准备

小组落座，小纸条（彩色）。

六、活动过程

1. 第一轮

（1）头脑风暴：想一想，气球可以用来做什么呢？

活动要求：同学将自己小组的想法，写在纸条上，1 张纸条写 1 个用处。

活动时间：5 分钟。

教师将所有不重复的小纸条收集整理到黑板上。

（2）找规律。

黑板上的这些用处，有没有什么共同点？

教师将“共同点”贴在黑板上，并进行板书的整理（有弹性、密封、色彩艳丽）

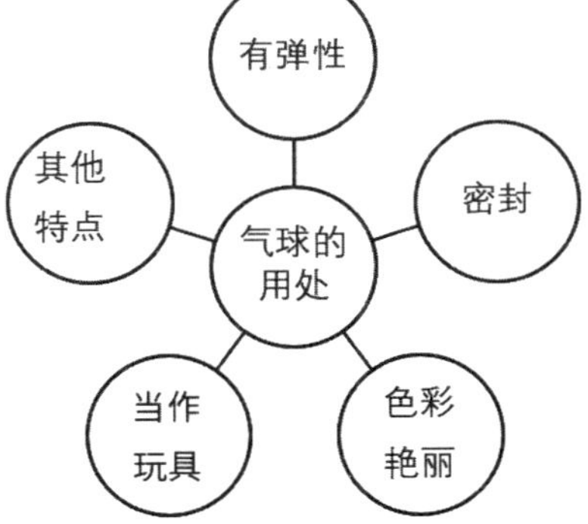

2. 第二轮

（1）头脑风暴：气球还可以用来做什么呢？

提供思维导图：让学生二次创作。

活动时间：5 分钟。

（2）展示及讨论。

七、活动提问

第一轮：

1. 事实

（问小组）你们想到了多少个气球的用处？

2. 感受

在头脑风暴的时候，什么时候感觉最困难，什么时候又会突然灵感爆发？

3. 发现

黑板上的这些用处，有没有什么共同点？

4. 未来

如果我们再进行一次头脑风暴，你们准备怎么做呢？

第二轮：

1. 事实

（问小组）这次又想到多少额外的用处？

2. 感受

这一次头脑风暴的时候，感觉如何？

3. 发现

看着黑板上的思维导图，你有什么发现吗？

4. 未来

今天课堂上学习的方法，以后可以如何使用呢？

八、教师引导

玩是气球的用途之一，但不是气球的特性。我们这么会玩气球，这些玩法都运用了气球的一些特点：

气球可以飞起来，是因为它很轻、里面是气体……

气球可以用来吓人、做水弹，是因为薄膜很容易破……

在思维导图的第二圈，是气球的这些用处的共同点，也可以是气球的“特点”“特性”，然后从这些“特点”出发，再次向外，进行第二次头脑风暴。

在这个活动中，我们先通过头脑风暴，发散地联想了很多气球的用处，然后再总结这些用处的共同点，最后，从这些共同点出发，再次进行发散思维。类似的思维方式可以用在生活中的很多方面。比如知识点的整理，对房间进行整理，等等。

九、操作建议

1. 可以通过视频，帮助学生拓展思维，网络搜索“气球的妙用”会出现很多内容。

2. 小学生容易列举出很多和“玩”有关的气球的用处，这很贴合他们的生活实际。教师要引导出这些“玩”的背后，是气球的什么特性所决定的。

3. 当同学说出特性之后，老师可以将板书的整理汇总工作交给学生，用不同颜色的纸条代表“用处”“特点”，让学生上台进行整理。这个整理可以是表格式的（小学生较容易掌握），也可以是思维导图式的。从表格式到思维导图式的拓展，具备一定的台阶，学生更容易掌握。

十、课堂反馈

学生反馈 1：我们小组一开始怎么也想不到。不过当一位同学说出可以玩之后，我们就想出了很多很多气球的玩法。

学生反馈 2：在第二次头脑风暴的时候，感觉时间实在是太短了。如果给我们时间多一点，我们一定可以想出更多的用处。

附：气球的用处

材质：橡胶			外观：轻薄			
有弹性	密封	摩擦起电	颜色	形状	轻	易破
手机壳	装水	吸尘器	装饰	模具	氢气球	水弹
保护罩	装气体		变色器		拍气球	吓人
杯套	做降落伞		做盲盒			
保鲜膜						
解压球						

撰稿：上海市静安实验小学　秦秋艳

钉子游戏

一、活动目标

1. 学生通过活动培养试错的能力。

2. 学生在试错的过程中学会分析，拓宽思路。

二、活动对象

小学高年级学生

三、活动时间

约 15 分钟

四、活动场地

室内

五、活动准备

钉子若干，盒子若干。

六、活动过程

1. 活动规则说明

4—6 人一组，每组领取 13 个 10 厘米左右长的钉子和一个盒子。先把一根钉子用尖的那头插在盒子的孔上，使钉子直立。然后把其他 12 根钉子在不借助任何外力的情况下，放在直立的那根钉子上。时限为 4 分钟。

2. 分小组尝试

3. 交流分享

方法介绍：

先把一根钉子用尖的那头插在盒子的孔上，使钉子直立。

把两根钉子平行拿着，留一根钉子宽度的缝隙。

把其他 10 根钉子一根一根插入缝隙中，只要两个两个一对，并且两个钉子的帽子要勾住，形成 5 对，用力均匀地轻放在直立的那根钉子上。

4. 二次尝试

5. 再次交流体会

七、活动提问

1. 事实

（1）在尝试的过程中，你们用了哪些办法？

（2）你在活动中，主要的任务是什么？

（3）在进行任务时，你们遇到的困难是什么？

（4）在失败后，你们小组的成员都说了些什么？或做了些什么？

2. 感受

（1）（问失败者）没能完成任务，你的感受是怎样的？

（2）（问失败者）你对你的小组团队有什么感受或想法？

（3）（问成功者）成功完成任务后，你们此刻的感受如何？

3. 发现

（1）在进行游戏的过程中，你觉得是什么力量让你们坚持一次次不放弃？

（2）在每次失败后，你会有什么收获？

4. 未来

（1）如果你一个人在完成任务时遇到今天这样的困难，你是否还会坚持？如果会，那是为什么？

（2）你觉得你们小组还有哪些可以改善的地方？

八、教师引导

当我们遇到困难时，放弃是容易的，但要一直坚持下去却不那么容易。学习中也会遇到许多难题，要学会转换思考的角度，用不同的方法去尝试。

我们不仅仅要知道如何去获得成功，在失败中我们也能够积极寻找好的地方，积累宝贵的经验。

九、操作建议

1. 关注学生在试错后的体验与分析，引导学生发现问题并尝试解决问题。

2. 在进行任务时，提醒学生各自的分工要明确，让每个学生都参与其中。

3. 在进行任务过程中，教师要关注学生活动时的安全，以免被钉子弄伤。

撰稿：上海棋院实验小学　周敏捷

目标九宫格

一、活动目标

1. 认识并了解制定目标的基本要素。

2. 掌握制定和实现目标过程中的注意点，积极采取行动。

二、活动对象

初中生

三、活动时间

约 20 分钟

四、活动场地

室内

五、活动准备

目标九宫格工作纸。

六、活动过程

1. 开启九宫格探索第 1 格：当下的学业目标（短期目标、中期目标、长期目标）。

2. 完成第 2、3 格：实现目标的期望指数（0—10）以及实现时间。

3. 完成第 4 格：思考实现目标的相关因素。

4. 完成第 5、6 格：填写已拥有的资源以及实现目标还需要的资源。

5. 思考第 7 格：获取资源的途径。

6. 完成第 8 格：实现目标可能遇到的困境。

7. 完成第 9 格：解决困境的途径。

七、活动提问

1. 事实

哪些格子填起来比较顺畅？哪些格子填起来比较困难？

2. 感受

当填写困难 / 容易的格子时，你想到了什么？

3. 发现

通过目标九宫格的活动，你对于目标制定与实施有哪些新的发现？

4. 未来

这个九宫格的要素对于你人生目标的制定与行动有哪些借鉴意义？

八、教师引导

生涯教育的目标是帮助青少年树立志向、实现志向。然而现状堪忧。在初中生立下目标的道路上，我们经常会看到“从明天开始我每天早上六点起床晨跑”“从明天开始我要每天背 50 个单词”，但现实情况是：晨跑计划，在多睡十分钟的想法里不堪一击；背 50 个单词，在作业繁忙的每一天土崩瓦解。

对于初中生而言，目标易立难守，确定目标时满腔热血，付诸行动时踟蹰不前。初中生似乎成了立 Flag 的熟手，拆 Flag 的能手。为适应快速变化的未来，除了要快速意识、快速反馈，“能够坚持和实现目标”反而成为生涯发展中非常重要却难以养成的能力素养。

当我们明确了目标实施的要素，就要有针对性地一步一步尝试去解决。在结合实施要素的过程中，坚定地执行下去，目标实现的进度条才能越来越快。

九、操作建议

此活动适合放在目标制定这一主题之后再进行。常立志而不立长志，是初中生目前的普遍状态，这不是因为他们不懂目标与时间管理的重要性，而是因为他们缺乏目标与时间管理的方法。目标九宫格的活动探索，或许无法完满解决以上所有问题，但可以成为学生发现目标实施的必要条件、寻找个性化方法的起点。

附：目标九宫格体验单

<table>
<tr><td>4 实现目标的相关因素</td><td>2 实现目标的期望指数（0—10）</td><td>5 已拥有的资源</td></tr>
<tr><td rowspan="4">8 实现目标可能遇到的困境</td><td>1 当下的学业目标</td><td rowspan="4">6 实现目标还需要的资源</td></tr>
<tr><td>短期目标：</td></tr>
<tr><td>中期目标：</td></tr>
<tr><td>长期目标：</td></tr>
<tr><td>9 解决困境的途径</td><td>3 实现时间</td><td>7 获取资源的途径</td></tr>
</table>

撰稿：上海田家炳中学　裴美婷

投球游戏

一、活动目标

经过前后两轮的活动比较，让学生感受目标对行动积极性的影响，尝试通过调整目标的适切性，来激发更大的行动力。

二、活动对象

初中生

三、活动时间

30 分钟

四、活动场地

空间较大的室内或室外

五、活动准备

篮球、眼罩、箩筐。

六、活动过程

1. 第一轮比赛

（1）宣布规则：以小组为单位，每组派出 3 名同学，蒙眼将篮球投入箩筐中，投进得 1 分。选手投球时，旁人不能给予任何语言提示。（首轮比赛，将箩筐放置距投篮点 10 米处）

（2）进行比赛。（因蒙眼，无提示，距离又很远，很难有同学能投进）

2. 第二轮比赛

根据同学们修改规则的建议，调整规则进行第二轮游戏，每次只修改一处。如摘下眼罩，将箩筐的位置进行调整。

七、活动提问

1. 事实

（1）第一轮和第二轮的游戏规则有什么变化？游戏结果有什么变化？

（2）你在哪一轮的游戏中更加积极地参与？你观察到的其他小组成员情况呢？

2. 感受

两轮游戏给你的感受有什么不同？你更喜欢哪一轮游戏？为什么？

3. 发现

如果将这些活动得到的感悟联系到我们的学习生活，对你有什么启发和思考？

4. 未来

在将来，要让我们的学习动力更足，你有什么新的尝试吗？

八、教师引导

当我们有目标的时候，就会更有动力；当目标适切时，动力更强。一个“跳一跳，够得着”的目标最有吸引力，对于这样的目标，人们才会以高度的热情去追求。

我们可以为自己制订一个总的高目标，但一定要为自己制订一个更重要的实施目标的步骤。千万别想着一步登天，要多为自己设定几个篮球架子，然后一个个地去克服和战胜它。

九、操作建议

1. 如果班级人数不多，可以尽可能多地邀请同学参与。如果班级人数多，则邀请部分同学参与，但是两轮游戏应请同一批同学参与，才能获得前后两轮不同的体验。对于没有参与投球体验的同学，可以邀请他们作为活动的协助者或者观察者。在讨论的环节，不要忘记询问他们作为游戏观察者的想法和感受。

2. 课后可以布置拓展活动，思考一个近期最想实现，跳一跳能够得到的目标，或思考之前已有的目标是否适切，是否需要进一步再进行调整。

十、课堂反馈

师：刚才的这两场比赛所带来的不同感受，让你联想到了什么？

学生反馈 1：让我想到了自己打篮球的经历，如果把篮球架做成两层楼那样高，进球可就不那么容易了。反过来，要是篮球架只有一个普通人那么高，进球倒是容易了，但你还会去玩它吗？之所以吸引人，正是因为有一个跳一跳就可能够得着的高度，才使得我们有动力，有兴趣去够它。

学生反馈 2：我想到自己每次开学的时候都想着这个学期要把自己的数学成绩提高多少多少分，可每次考下来都让我感到离目标还很远，感觉自己不可能做得到，有挫败感。我想这个够不到的目标在设置上可能是有问题的，如果这个目标再低一点，会更容易实现，一小步一小步来，也能朝着目标前行的。

撰稿：上海市五四中学　唐晓岚

学习加油站

一、活动目标
学生知道动机影响人的行为，觉察自己的学习动机水平和内容。

二、活动对象
初中生、高中生

三、活动时间
约 20 分钟

四、活动场地
室内

五、活动准备
A4 白纸、水彩笔、轻音乐。

六、活动过程
1. 我的学习之旅

通过放松冥想引导学生回顾学习之旅，学生画下意象并分享过去的学习经历。

指导语：现在，把你的身体调整到最舒服的位置，越舒服越好。请把眼镜摘掉，把眼睛闭起来（灯光暗下来），一闭上眼睛，身体就开始放松了。深深地吸气，慢慢地呼气……从现在开始，你的身体越来越放松，内心越来越平静，接下来你就要回到过去……

你开着一辆车，行驶在学习的道路上。好像你一出生，就会开车似的。小汽车从家里出发。在家里，你学习说话、走路、吃饭……开过了幼儿园。在幼儿园，你学画画、唱歌、跳绳……开进小学，你开始学认字、算数、英语，参加各种兴趣班……进入了初中，你开始学更多的学科、更难的题目……有时候，路况很好、风景优美，你的心情好得要飞起来；有时候，你爬山坡、穿隧道、路面打滑、障碍重重；有时候，你遇到红灯、事故，不得不踩下刹车，或者遇到岔路，不知该何去何从……你开过的，是怎样一条路呢？你驾驶的，又是一辆怎样的车呢？自行车、摩托车，还是跑车、坦克？一路驶来，它的速度、形状有变化吗？

回味这段学习之旅，让这段路、这辆车的形象印在脑海里。倒数5秒，慢慢拉回思绪……5、4、3、2、1……请睁开眼睛，回到教室。（灯光亮起来）

现在，请大家用最简洁的图形画下刚才在想象中你看到的情景。这是一辆怎样的车子？开在怎样的一条路上？不要纠结画得好不好，只要你自己看得懂就好。

学生作画并交流学习历程。

2. 我的加油站

学生把自己学习的理由和动力添画在学习历程图画上。

先小组内交流加油站，然后在全班进行交流。

七、活动提问

1. 事实

（1）这是一辆怎样的车子？开在怎样的一条路上？它的速度、形状有变化吗？

（2）是什么在给你的车子加油？支持你学习的理由和动力是什么？

2. 感受

（1）（问分享者）回望你的学习之旅，你有怎样的感受？

（2）看到了其他同学的学习之旅，你有什么感受吗？

3. 发现

（1）同学们的学习之旅，有哪些共同点？

（2）如果给大家的加油站分类，可以分为哪些类别？

（3）你的加油站，多数是属于哪一类？哪一种类型的加油站会给我们更有力、更持久的动力呢？

4. 未来

（1）在以后的学习之旅中，你希望为自己再建一些怎样的加油站？建在哪里呢？

（2）如果请你为未来的自己设计一张加油卡，你会在上面写些什么呢？

八、教师引导

学习是一条漫长的路。很少有同学的学习之路是一马平川的，在平坦的道路上比较省力省油，道路崎岖或者爬坡的时候就需要耗费更多的油。如果这时候能量得不到补充，就会让我们变得吃力、车速变慢，甚至抛锚。这个时候，就需要为学习加油了。

学习的理由是丰富的，包括对学习本身的兴趣和好奇、来自外界的鼓励和奖励，以及自我成长的追求等。

内部动机能够提供更持久的动力，这也是进入初中后父母、老师越来越强调“学习主动性”的原因；外部动机可以提供更快和有力的动力，在任务开始和遇到困难的时候特别有用；外部动机是可以转换为内部动机的，比如一开始为了奖励，取得成绩后为了成就感。

九、操作建议

1. 在活动之前先做课前调查，能够提高学生对学习动机问题的自我觉察，也能够让老师对班级整体情况有所了解。

2. 在学习之旅和学习动机的表达上，学生的隐喻会非常丰富，教师最好对各种车子的特点有所了解，能够更好地回应承接学生的隐喻。

3. 对于外部动机和内部动机，教师需要秉持价值中立的态度，引导学生认识到不同动机在不同情境下都可以发挥作用，没有绝对的好坏。

十、课堂反馈

1. 学生作品

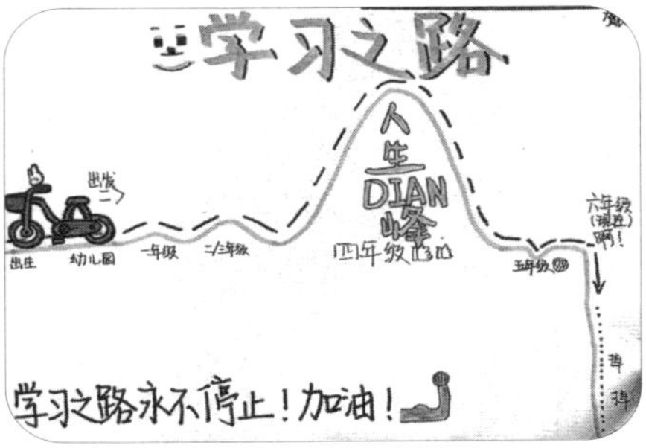

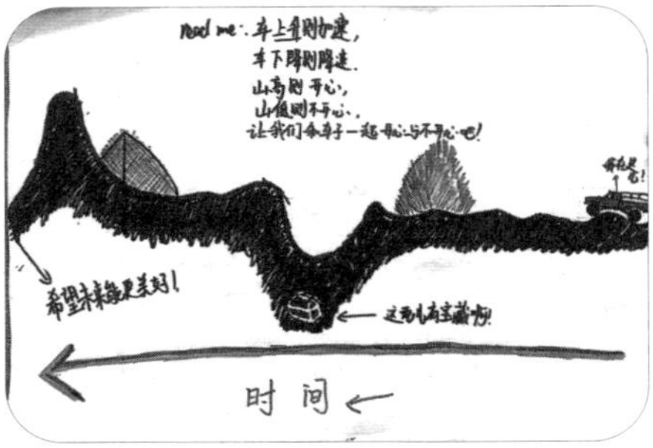

2. 课堂实录

师：如果把你的学习历程比作车子行驶在路上，是怎样的情景？

生 1：很抱歉，我一直开拖拉机，后面的车子不停按喇叭我也开不快，它们就从我身边超过去还回头笑我。我怀疑我是开错了道。

生 2：一开始是一辆看起来很不错的玛莎拉蒂，但是一年级的时候就掉到坑里跑飞了轮子；后来我就把它改装成了坦克，碾压了路上的所有障碍，却也因此吃了很多罚单；进了中学我改开飞机了，但是却撞了鸟。

生 3：幼儿园的时候是骑着自行车，风景很好；进了小学改骑小电驴了，速度上去了，却不再有很多时间看风景；现在我升级成跑车了，速度更快，但是路很难开，很多转弯，稍不留神就会碰到栏杆；我还看到了前面有很多岔路。

师：是什么在给这辆车提供动力？

生 4：我有两个油箱：一个是快乐油箱，存着和同学玩、和父母一起出去吃饭带来的快乐；一个是知识油箱，存着辛苦学习获得的对未来有用的知识。

生 5：我这是太阳能供电的，但是电池板性能比较差，存不了很多电。每周回家一次玩玩手机，我的车就充满了电，但过两天就又没电了。

生 6：我是手摇发电的，但是我不太动手，都是妈妈在很辛苦地摇、很辛苦地帮我发电。

附：课前调查——我的学习生活

1. 学习是 ____________________

2. 一想到学习，我感到 ____________________

3. 支持我每天来上学的最重要动力是 ____________________

4. 在我从小到大的学习生涯中，最最开心的一刻是 ____________________

5. 我的课外学习经历（报班或者自学都算上）：

学习项目	起始年龄	学习的理由	持续时间	成效

6. 关于学习，我还想说 ____________________

撰稿：上海市时代中学　朱雅勤

我为学科来代言

一、活动目标

1. 了解不同学科学习的意义，认识到每门学科都有其独特的价值。

2. 理解学科学习与未来生活的关系，从而激发学习的内驱力。

二、活动对象

小学生、初中生

三、活动时间

约 30 分钟

四、活动场地

室内

五、活动准备

笔、便条纸和海报纸。

六、活动过程

1. 活动引入

（1）师：同学们，在现在这个阶段，你最喜欢哪一门学科呢？请每位同学选择一门特别感兴趣的学科，请你来想一想，这门学科和我们的日常生活有什么联系呢？在你的经历中，有没有哪一刻，你把自己所学习到的学科知识灵活运用了呢？请你为你最喜爱的这门学科代言。

（2）分组要求：接下来，就请同学们按最喜爱的学科进行分组，小组讨论，并制作小组代言海报。分组注意事项：每门学科的课代表就是这个学科的小组长；每一组不能超过 8 人，如果某一学科组员太多，可以选择其他你喜欢的学科。

2. 小组活动

（1）讨论海报名称：__________ 的语文 / 数学 / 英语 / 美术 / 音乐 / 体育 / 心理 / 道法 / 劳技 / 信息……（横线上填入可以形容该学科特色的形容词）

（2）完成海报

（3）每个小组推选一位同学作为该组的学科代言人，交流发言。

七、活动提问

1. 事实

（1）不同学科之间有什么不同之处？

（2）不同学科之间又有什么共同之处？

2. 感受

听了大家的介绍，你有哪些感想呢？

3. 发现

（1）大家介绍的学科学习技巧，有哪些是你已经掌握并运用的？

（2）大家介绍的内容和你原先对于该学科的认识有何不一样？

4. 未来

（1）大家介绍的学科学习技巧，有哪些是你听了以后觉得很感兴趣，想在将来的学习过程中尝试一下的？

（2）听了其他学科代言人的发言，你有没有对哪一门学科产生更多的兴趣？为什么？

八、教师引导

每一门学科都有其独特的价值，每一门学科都是我们知识系统中缺一不可的一部分。

学习不同学科，可以帮助我们掌握必备的技能，例如阅读、计算、表达，等等，这些都是我们成长必备的实力。

让老师知道了每门学科都从那么多方面来提升我们的能力。

学科的知识内容来源于生活，与我们的生活息息相关，又高于生活。掌握学科相关知识和技能，能够帮助我们更好地适应生活。

九、操作建议

1. 第二部分“培养了我这些能力”，具体指的是各种抽象能力，而不是该学科的分类技能。

2. 第五部分“我学习这门学科时，使用的学习小方法”，具体指学习时，学生使用的更好掌握该门学科的学习方法，而不是特指该学科的学习技能。

3. 邀请“倾听者”谈感受时要选择有代表性的，如画得较准确的或特别离谱的，这样便于分析出造成不同结果的多种因素，从而找到改进的主要方向。

撰稿：上海市静安区闸北实验小学　李晟文

学科－职业连连看

一、活动目标

1. 认识到不同学科学习的价值。

2. 体验到不同的学科知识为不同领域的职业就业提供了支持。

二、活动对象

小学生

三、活动时间

约 25 分钟

四、活动场地

室内

五、活动准备

游戏活动单。

六、活动过程

1. 活动引入：同学们，在现在这个阶段，你最喜欢哪一门学科呢？你为什么喜欢这门学科？你喜欢的学科为你的生活带来了哪些帮助呢？

2. 小组活动

（1）完成活动单“学科－职业连连看”：将学科与其相对应的职业（职业领域）连线。

（2）小组内讨论游戏结果，并分享交流。

（3）老师提问，并总结。

七、活动提问

1. 事实

（1）你为什么喜欢这门学科？

（2）有哪些职业，同学和你的连线结果不一样？

2. 感受

（1）在活动过程中，你对哪些学科产生了什么新的感受？

（2）你觉得你喜欢的这门学科和社会上的职业有怎样的联系？

3. 发现

（1）在小组交流分享过程中，你有什么新的发现？

（2）在和你喜欢学科相关的职业中，哪些职业是你感兴趣的？

4. 未来

（1）如果将来想从事这个职业，你还需要哪些学科知识的支持？

（2）后续你打算如何开展自己的学科学习？

（3）有没有哪种职业是目前并不存在，但是将来可能存在，并且需要你所喜欢的学科知识作为支持的？

八、教师引导

每一门学科的学科知识，都为不同领域的职业提供了支持。

几乎每一个职业，对于从业者而言所需的职业技能不仅限于一门，而需要多种学科的学科技能，特别是一些基础类学科，例如：语文、数学等。

职业世界的职业随着社会发展在不断地变化，因此，从业者需要学习并掌握一些“新兴”的职业技能，但是有些基础类学科的学习能够帮助从业者具备任何一种职业都需要的职业能力。

九、操作建议

1. 在活动中，不同的学生连接的学科和职业可能会有很大不同，请这些学生说说自己的见解，这有利于学生拓宽自身对于职业世界的认识。

2. 不同职业能力的背后是一些共同的职业能力，可以在其他生涯活动中了解学科和知识技能培养之间的关系。

十、课堂反馈

学生反馈 1：我发现很多职业都需要语文、数学等学科的知识内容，这些学科很重要。

学生反馈 2：我喜欢的职业是乐高设计师，表格上面没有。我觉得乐高设计师需要数学、美术、计算机等学科知识内容。我现在需要培养自己的空间想象能力。

学生反馈 3：我最喜欢的学科是语文。和语文相关的职业有很多，像表格中的编剧、心理咨询师、医生、文案、宣传策划员，等等。虽然我还没有明确想好将来从事什么职业，但是我想从事和语文相关的职业。因为我特别喜欢看书、阅读，对文字特别感兴趣。

附：学科—职业连连看

程序员	数学	编剧	动物研究员	编辑	心理咨询师	行政人员	科学	体育
歌手	信息	音乐老师	文案策划	音乐创作人	心理	医生	指挥家	运动员
动画创作员	护理师	美术教师	运动教练	裁判	药剂师	媒体技术员	生物科技研究人员	美术
驻唱	英语	精算师	电子信息工程师	道法	护士	语文	策划宣传员	作家
心理老师	信息管理员	设计师	翻译	记者	飞行员	国际贸易工作人员	伴唱	证券交易员
财务管理	演奏家	通信工程师	画家	医药代表	统计分析师	音乐	银行职员	公务员

结果参考：

语文：编辑、文学评论、记者、作家、编剧、宣传策划员

数学：精算师、统计分析师、财务管理、银行职员、证券交易员、国际贸易工作人员

英语：翻译、国际贸易工作人员

信息：电子信息工程师、通信工程师、信息管理员、数字媒体技术员、动画创作员、程序员

体育：运动教练、裁判、运动员

美术：画家、设计师、美术教师

心理：飞行员、心理咨询师、心理老师

科学：医药代表、动植物研究人员、药剂师、护理师、医生、护士、生物科技研究人员

道法：行政人员、公务员

音乐：演奏家、音乐老师、指挥家、歌手、伴唱、驻唱、音乐创作人

撰稿：上海市静安区闸北实验小学　李晟文

交往互动篇

我说你画

一、活动目标

1. 学生了解促进人际交往中有效沟通的要素——准确表达、用心聆听、提问与反馈等。

2. 学生理解换位思考和双向沟通对人际互动的影响，提升人际交往能力和生活能力。

二、活动对象

小学生、初中生

三、活动时间

约 30 分钟

四、活动场地

室内

五、活动准备

两张样图，每人一张 16 开白纸或者笔。

六、活动过程

1. 第一轮

请一名志愿者上台担任传达者，其余人员都作为倾听者。传达者依据样图，背对着全体倾听者，下达画图指令。

倾听者们根据传达者的指令，在自己的纸上画出图形，这个过程中倾听者不许提问。

呈现并传阅倾听者的图。

2. 第二轮

换一位志愿者上台，依据样图二，发出画图指令。本轮的传达者面对倾听者们传达画图指令，在这个过程中允许倾听者不断提问。

同学们互相查看这一轮的画图结果。

3. 观察并思考：比较两轮过程与结果的差异

七、活动提问

1. 事实

（1）第一轮的作图结果和第二轮的作图结果，你看到了什么？

（2）（问传达者）在发布指令的过程中，你碰到了什么困难？

（3）（问倾听者）在执行绘画的过程中，你经历了什么过程？

2. 感受

（1）（问倾听者）在作画的过程中，你的感受如何？

（2）（问传达者）在发布指令过程中，你的感受如何？

（3）当看到了大家的作图结果之后，你的感受如何？

3. 发现

（1）两轮画图结果的差异，是由哪些因素造成的？

（2）在与人交往的过程中，有没有和今天活动类似的场景或事件经历？这让你联想到了什么？

4. 未来

（1）在以后的人际交往过程中，如果遇到类似场景或经历，你会如何处理？

（2）今天的活动收获，有哪些是可以在将来的人际互动中加以运用的？

八、教师引导

沟通是人与人之间传递思想与感情，并进行反馈的过程。

在人际沟通中，单向沟通与双向沟通各有利弊：在时间上，双向沟通比单向沟通需要更多时间，容易受无关信息的干扰；在双向沟通中，接收者和信息发送者在信息理解上的准确程度比较高，接收者的个人情感也容易被照顾到。

在沟通中，提问可以帮助我们了解更多信息，更可以澄清信息；专注地倾听可以帮助我们获取信息，也可以帮助我们创造更愉快的交流氛围。

无论采用何种沟通方式，沟通之前，要做好表达的准备；沟通过程中，倾听和反馈都让沟通更加有效。

九、操作建议

1. 第一轮与第二轮两张样图的基本构成图形一致，但位置关系有所区别。

2. 两轮中的传达者可以为同一人，也可以为不同的人。

3. 邀请倾听者谈感受时要选择有代表性的，如画得较准确的或特别离谱的，这样便于分析造成不同结果的多种因素，从而找到改进的主要方向。

4. 学生讨论沟通影响要素对沟通效果的影响时，教师要引导学生联系生活实际，提炼引导沟通中倾听、提问和反馈对接收信息、传达情感的作用。

撰稿：上海市市西初级中学　何菊美

最佳配图

一、活动目标

1. 学生了解生活中人们对事物的理解是多元的，不同的人对同一事件的思考角度各有不同。

2. 学生学习接受人与人之间的差异，在生活中练习关注和理解不同的观点，完善自我，提升人际交往能力和生活能力。

二、活动对象

全学段学生

三、活动时间

约 20 分钟

四、活动场地

室内

五、活动准备

印发“最佳配图”，每人 1 张。（10 幅图，两行，上下两两相对）

六、活动过程

1. 将“最佳配图”资料发给大家，每人 1 张。
2. 请学生根据自己的理解，在 2 分钟内把 10 个图案作两两配对。
3. 全班交流“最佳配图”，并说出各自的理由。
4. 活动感想交流。

七、活动提问

1. 事实

（1）从大家的配图结果中，你看到了什么？

（2）哪些人的配图结果让你意外？

（3）你对谁的配图印象深刻？

2. 感受

（1）在自己的配图过程中，你的感受如何？

（2）在班级配图结果分享过程中，你的感受如何？

（3）当看到了所有人的配图结果之后，你的感受如何？

3. 发现

（1）大家配图结果的差异，是由哪些因素造成的？

（2）在活动过程中，你对大家有什么新的发现？

（3）在与人交往的过程中，有没有和今天活动类似的场景或事件经历？这让你联想到了什么？

4. 未来

（1）今天的配图活动，对你现实中的人际交往会有什么启发或提醒？

（2）今天的活动收获，有哪些是可以在将来的生活中加以运用的？

八、教师引导

在生活中，由于观察和思考角度的不同，不同的人对同一事物的理解各有差异。

生活中的很多时候，不同的人表达的不同观点，往往没有对错之分，呈现的是世界丰富性。

在人际交往过程中，我们要了解世界的“多元”本质，允许并接纳人与人之间的差异，以更包容的心境参与人际互动。

在人际交往过程中，我们要认真倾听不同的意见或观点，完善自我。

九、操作建议

1. 学生在拿到配图资料之后，不允许讨论，独立完成自己的配图作业。

2. 配图结果分享可以分成两步：先小组内分享，再班级分享。

3. 配图结果分享过程中，强调“没有对错”，允许学生充分表达自己的想法。

4. 在班级大组进行分享的学生代表，重点分享自己与周边同学不同的配图理由。

5. 在活动总结的分享环节，老师要重点引导学生联系生活实际，关注该活动给学生带来的实际生活启示。

十、课堂反馈

学生反馈 1：今天的配图活动，我原以为是一项非常简单的任务，没想到最后我竟然看到了那么多奇奇怪怪的结果，真是让我脑洞大开……

学生反馈 2：在和身边的大人相处的时候，我总觉得大人不能理解我们。今天看起来，我们小孩之间也不一定能互相理解，大家太不同了……

学生反馈 3：今天再一次让我感觉到，很多想法是没有对错的，我们平时可以多听听那些不同的观点，挺有趣的……

附：配图

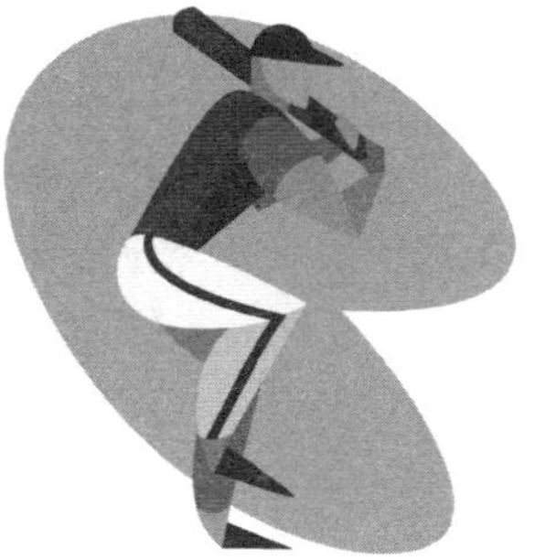

撰稿：上海市市西初级中学　何菊美

倾听技能大爆炸

一、活动目标

1. 通过情境练习，让学生体会交谈的过程，觉察在倾听中存在的问题。

2. 通过活动，培养学生善于倾听的技巧，增强人际交往的能力。

二、活动对象

初中生、高中生

三、活动时间

40 分钟

四、活动场地

室内

五、活动准备

4—7 张情境纸条，将全班学生分成 4—7 个小组。（实际操作根据班级人数确定）

六、活动过程

1. 介绍倾诉情境

以下有 7 个倾诉情境，每个小组抽取一个，请同学们根据纸条里的语句，自由创设情境对话。

（1）这周末，我们一起去公园，好不好？

（2）我有点难过。

（3）妈妈，我是考清华大学好还是考交通大学好？

（4）上完两节语文课，我头都发胀了。

（5）国庆节，你都干些什么？

（6）我的字写得怎么样，有进步吗？

（7）这次考试听说是很难的，我怕考不出。

2. 倾听演绎，多元倾听回应（20 分钟）

（1）抽纸条：每个小组选择一名代表，随机抽取 1 张纸条。

（2）倾听风暴：根据纸条里的提示，小组里一人作为倾诉者，其他同学轮流扮演回应者，根据自身经验和日常生活观察，每位回应者要尽可能展示不同的倾听回应。

（3）班级演绎

请一个小组针对本组的情境，进行班级展示。表演结束后，倾听者、回应者分别做反馈。观众点评在这场谈话中，回应者做得好的地方，以及存在的问题。

3. 小组讨论：做一个合格的倾听者（15 分钟）

（1）小组交流：小组成员充分交流，在刚刚的组内情境演绎中，在面对不同回应时，倾诉者以及回应者的感受和想法，以及大家觉得作为一个合格的倾听者的要求都有什么。

（2）自我剖析——我平时在倾听方面存在的问题

如，自己听别人说话时爱打岔；

最好别人都能听自己讲话；

对不感兴趣的话题就会开小差；

……

七、教师提问

1. 事实

（1）在小组倾听风暴中，作为体验者，你看到了什么？

（2）当你作为观察者，看别人进行对话时，你看到了什么？

2. 感受

（1）作为回应者或者倾诉者，对话中，你印象最深刻的地方是什么？

（2）作为回应者或者倾诉者，对话中，你有什么感受？

3. 发现

（1）当你别人给出和你不一样的回应时，和你自己平时的生活经验有什么相似或不同的地方吗？

（2）当你作为倾诉者，体验和不同的回应者交流，你有什么启发吗？

4. 未来

（1）为了做一个更好的倾听者，这次活动中，你收获了什么经验？

（2）这次活动有什么经验可以用到你未来和他人的交往中吗？

八、教师引导（5分钟）

人际交往的一个秘诀就是首先要做一名忠实的听众，这是赢得良好人际关系的一个重要条件。所谓倾听，不仅仅是听听而已，还要借助言语的引导，真正听出与你说话的人所讲述的事实、所体验的情感、所持有的观念等。

倾听中，有一些技巧可以帮助我们达到较好的倾听效果。包括：

（1）关注对方，想办法对对方的话题感兴趣，抛开自己先入为主的想法，不旨在展示自己。

（2）善用身体语言，如保持目光接触、身体前倾、点头、面部表情等。

（3）沉默，耐心地听，不随意插话，以推动说话者表达，给予其冷静的时间，同时允许倾听者考虑接下来的反应。

（4）澄清，试图复述对方的信息（如“你的意思是说……”）、在前面或后面用一个封闭性问题（如“我理解得对吗”）。

（5）情感反应，对对方所说内容背后的情绪情感反应（如“我感觉你有点伤心和难过”）。

（6）总结，对刚刚谈话中涉及的几个话题的简短总结，并提炼对方表达的重点。

九、操作建议

1. 教师事先要收集一些日常生活中交谈的情境（家庭、学校，尤其是学生和学生之间）。在学生讨论引导中，教师指导学生多观察身边那些大家十分乐意与之交往的同学，并回顾自己谈话出现僵局的一些场面，从而理解倾听的重要性。在此基础上，鼓励学生重新设计自己与人交往中的表现形象。

2. 本活动中贯穿了咨询心理学的理论和技巧，但不要出现这些理论。我们不是要培养学生去做心理咨询员，而是重在让学生去感受、实践和体验与人交往中倾听的重要性，并落实到平时交往的过程中。

3. 教师要注意树立自身善于倾听的形象，要相信每个学生都能成为很好的倾听者，并让学生感受到教师对其的鼓励与尊重。

十、学生反馈

学生反馈 1：在和朋友交往中，我会忍不住说很多话，特别害怕冷场而尴尬。但今天这次倾听练习活动让我认识到，其实我不需要说那么多，倾听也是可以的。而且今天我也体验了做倾诉者，有一个倾听者说了很多，我就觉得心里不舒服，很多想说的话都没法说，最后就放弃了。上帝给了我们一个嘴巴，两只耳朵，就是告诉我们要少说，多听。对我来说，需要学会倾听，对对方来说也需要被倾听。

学生反馈 2：做倾听者是一件很难的事。平时和家长、同学交流中，周围人都在表达自己，很少愿意听别人说。我的父母总是在表达自己的意见、看法，希望我按照他们想的去做。实际上，我更想的是他们也听听我的想法。今天我做了回应者，发现做倾听者好难，要放下自我的想法，去关注对方。一方面，我能理解周围同学和家人的想法，倾听本来就挺难的。另一方面，正是因为这样，大家都更需要被倾听、被理解。所以，倾听是我们每个人都应该去学习的。

本活动参考《心理健康教育课程设计》（吴增强、蒋薇美著，中国轻工业出版社 2007 年 5 月版）

撰稿：上海市市北初级中学　侯晴晴

读懂身体语言

一、活动目标

1. 了解人际交往中的体态语言及其对人际交往的影响。

2. 梳理生活中不合适的身体语言，并学习促进交流的良好身体语言。

二、活动对象

初中生、高中生

三、活动时间

40 分钟

四、活动场地

室内、室外

五、活动准备

10 个身体动作要求的小纸条。

六、活动过程

1. 教师介绍身体语言的含义

身体语言（body language）沟通是通过动态无声的目光、表情、手势语言等身体动作形式来实现沟通。身体语言比口头语言能够表达更多的信息，通过观察别人的身体语言，可以帮助我们更好地了解对方的真实情绪和想法。与此同时，我们自身的身体语言也在传达我们对待对方的态度和想法。

2. 身体语言猜猜猜

（1）教师准备 10 个身体动作，每个小组随机抽到 2 个身体动作。小组在组内 2—3 人自由组合，根据动作创设 1 分钟迷你小情境，其中，A 角是倾诉者，B 角是倾听者，B 角演绎规定动作和语言。

（2）班级演绎：请每个小组代表展示小情境和相应的身体动作，其他同学猜测和解读 B 角言语和行为背后的含义。

（3）参考动作及解读

①整个人都坐在椅子里，身体后仰，头仰靠在椅背上。

解密："听你说话好累哟！"

②身子不停地转来转去或不停地变换站立的姿势。

解密："你什么时候可以结束啊？"

③双手交叉抱在胸前，脚无节奏地敲着地面。

解密："我不想再听你说下去了。"双手抱在胸前的姿势是防卫性的，常常带有戒备或不太乐意的意味。

④两脚交叉或腿跷起来，并不时地抖腿。

解密：抖动的腿脚会分散说话者的注意力，没专心听他说话。

⑤不停地看表或开始收拾桌上的东西。

解密：这是最明显的哑语逐客令——"你是不是该结束了？"

⑥打呵欠，皱眉，叹气，伸懒腰。

解密："我对你说的东西没什么兴趣。"（怪不得说："杀死相声家不需刀刃，只需打三个呵欠即可。"）

⑦做自己的事。

解密：这是人们比较容易忽视的，比如有的老师或公务员在对方说话时往往喜欢批作业、看公文、处理事务。这会给对方一个感觉，认为你没听他讲，他会有一种被冷淡、索然无味的感受，以至于无心再说下去。

⑧手指不停地敲打桌面或椅子扶手。

解密：是不是有种催促的味道？

⑨眼睛左顾右盼，张望窗外。

解密："你可不可以不要再说了？"

⑩双方谈话的姿势不对应：一站一坐或是一站一躺。

解密：姿势的不对应会造成交流的不和谐，所以往往我们会向对方发出姿势对应的邀请——"坐下吧，老站着怪别扭的。"

3. 演绎 2.0

（1）教师说明要求：从同学们列举的情境中选择一个（可由同学投票表决），以恰当的身体姿势，包括语言重新进行演绎。

（2）小组内重新演绎。

（3）演绎 1.0：选择一个小组班级演绎。

（4）我有建议：请其他同学对刚刚的演绎进行点评，并给出建议。

（5）演绎 2.0：根据同学点评给出的建议，另选择小组重新演绎 2.0 版本。

参考情境：小星的期中数学成绩不理想，放学回家路上，小星把心中的不快向小文倾诉（倾听）。但小文一边听小星说话，一边玩手机。

4. 教师总结

良好的身体语言要素：眼神、面部表情、身体姿态、手势、声音及语气等。在和对方进行交流的时候，我们也要注意关注对方的身体语言，以了解对方对我们谈话过程的反馈。

七、教师提问

1. 事实

在刚才的肢体动作演示中，你观察到了什么？

2. 感受

（1）本次活动的哪个环节或者哪个部分让你感到印象最为深刻？为什么？

（2）当你有这种感受的时候，你是怎么做的？（迅速安静下来，还是抱怨？）

3. 发现

（1）这次身体行为演绎和你平时与人的互动，有什么相似或不同的地方吗？

（2）当你看到别人不合适的身体语言时，你有什么想法？

4. 未来

（1）这次活动，对你在与别人沟通上有什么启发？

（2）有什么经验可以用到你未来和他人的交往中吗？

八、教师引导

良好的沟通离不开倾听。良好的倾听离不开恰当的身体语言。一位好的倾听者，必定是端正的，他坐在椅子边上，双手开放性地放着，身子微微往说话者方向前倾，眼睛看着对方（注意！不是盯着不放，那会让对方紧张不安），在适当的时候向他点头、微笑、做手势或以“嗯”称是，这必定会让对方感觉极好，愿意说出平日不大可能会说的话来。即使遇到说话者的话让你感觉无甚意思，你若没有其他急事，也不妨保持愉快的心情，一字一句耐心听他讲完，避免表现出不耐烦的神情。

沟通是一个双向的过程，除了注意自己的肢体表达之外，我们要留意在交流中对方的身体语言。对方的身体语言反映出其在谈话中的状态和感受，留意其反应，适当地调整自己的谈话内容和谈话方向，甚至是适当地终止谈话。

九、操作建议

1. 教师可根据实际情况，适当地减少身体动作指示。如果时间充足，也可以由学生根据自身的沟通经验，自行创设想要演绎的肢体动作。

2. 演绎 1.0 版本的素材，也可以由教师提供“不合理沟通示范版本”和“良好沟通示范版本”。如，事前寻找学生录制沟通情景小视频，当堂呈现，请学生进行点评，总结发现良好身体语言沟通的要素。

本活动参考《心理游戏》（周隽著，广东教育出版社 2002 年 7 月版）

撰稿：上海市市北初级中学　侯晴晴

空间会说话

一、活动目标

1. 了解在社交中人与人之间存在着一定的空间距离。空间距离的远近和变化无声地在传达着某种信息，由此反映出对应的心理距离。

2. 通过观察空间距离，把握人与人之间交往的尺度与分寸。

二、活动对象

初中生

三、活动时间

30 分钟

四、活动场地

室内

五、活动准备

手机、多媒体、网络搜集的各种人际距离照片。

六、活动过程

1. 活动：空间会说话

（1）教师任意抽 2 位同学的学号，被抽到的同学为一组，到讲台前，不说话，以自己舒适的肢体动作和站位定格。两人一组，抽取 3—5 组同学。

（2）教师拍照记录，请同学猜测两个人的关系，两位当事人进行反馈。

（3）学生讨论：空间距离和人际距离的关系。

2. 教师介绍人际距离

根据人们所处环境和交往对象的不同，个人所需要的个体空间可分为四种：密切空间、私人空间、社交空间和公共空间。

（1）密切空间：人们能够非常容易地亲密接触，距离通常在 45 厘米之内，适合于关系非常好的人之间的拥抱、谈话等情感交流。这个空间只有最亲近的人才允许彼此进入。若是陌生的人进入这个范围，人们本能地就会有不适甚至阻抗的反应。（展示

图片：亲子互动图）

（2）私人空间：这个空间比密切空间要稍大一些，一般是45厘米至120厘米左右，适合于熟人朋友间的一般交谈。其特点是伸手可以握到对方的手，但不易接触到对方的身体。（展示图片：朋友聊天图）

（3）社交空间：这个空间的距离是1.2—3.6米，团体讨论、宴会等比较正式的社交活动中，人们的交往多采用这个距离。当然，根据需要，可近可远。（展示图片：小组讨论图）

（4）公共空间：这是人们在公共场合里所需求的空间，一般在3.6米以上。但是有时人们对空间的需求会受到实际条件的制约和影响。比如说在拥挤的公共汽车、地铁、电梯或商店里，人与人之间常常是相互已进入亲密空间，但很少有人感觉受“侵犯”。而在宽松的环境里，人们就尽量保持着一定的距离。（图片展示：地铁乘客图）

3. 小组练习——我的人际距离之定格瞬间

（1）教师引导：两人空间的距离除了能表明关系的亲疏外，它还能告诉我们很多其他有用的信息。请同学们两两一组，每个人可以选择一个自己生活中的人物，和小伙伴介绍对方的性格及行为特点，最后两人共同用一种距离和动作来定格表示彼此的关系，并体会这种感受；之后再进行轮换。

（2）小组讨论，分享自己在定格关系时的感受和启发。

（3）班级分享。

七、教师提问

1. 事实

（1）在刚才同学们的人际距离演示活动中，你观察到了什么？

（2）你与一般人的人际距离是怎样的？这些距离传达的含义是什么？

2. 感受

（1）活动中，你觉得最有趣、最印象深刻的地方是什么？

（2）当你被邀请和班级中的另外一个同学一组，上台表演时，你的感受是怎样的？距离改变时，心情又有什么变化？

3. 发现

（1）台上各个小组的互动，和你平时有什么相似或不同的地方吗？

（2）反观生活中你和不同的人的互动距离，你有什么启发吗？

4. 未来

（1）有什么经验可以用到你未来和他人的交往中吗？

（2）有没有谁和你的距离是你想调整的？如何调整呢？

八、教师引导

当一个人所处的个体空间大于他所需要的空间时，他会感到寂寞和孤独；而当空间小于他的需要时，他就会觉得烦躁不安。他期望能接近对方，引起他人注意时，他就会和别人保持近距离；不希望引人注意时，他就会和别人保持较大的距离。这种情形我们常常可以在开会、听讲座时看到；有的人喜欢坐在后面或角落里，有的人则喜欢坐在第一排或前排的中间。

当一个人的情绪是比较愉快、开心时，其个体空间就会有较大的开放性，能容纳他人的接近，不易出现反感的反应；如果他正好在发火、独自生闷气，那这时我们最好离他远一点儿，给他一个宽敞的冷静的空间。因为此时他的个体空间会非理性地扩张。

性格内向的人比性格外向的人需要更大的空间距离，而性格外向的人在和别人交往时更容易忽视个体空间。

在性别方面，女性比男性对空间距离的要求要小。心理学家发现，两个谈话的女性比两个谈话的男性靠得更近；男性和女性接触时所需的空间距离较女性与男性接触时要大。

不同文化水平和地位的人对空间距离的要求也不同。一般来说，文化水平越高、职务地位越高的人所需的空间距离也越大。所以我们常常可以看到许多经理、总裁的办公桌都是非常宽大的。当然，有时人们也会有意识地缩短空间距离来向对方表现出亲近、友好、平等，具有亲和力。

九、操作建议

1.“空间会说话”活动中，强调站在台前的两位同学按照两个人相处，以各自舒适的方式，配合以身体动作和一定的距离定格。教师拍照记录定格，可以用于在之后活动中的素材。教师还可以提前搜集，在生活中看到的各种人际距离的图片，来辅助展示不同的空间距离所代表的含义。

2. 课堂中可设计一个小实验，如针对某一个小组同学的演示，先允许两位同学以各自舒适的方式站好。再请两位同学距离渐渐变近和距离渐渐变远，并随时采访两位同学的感受，以此直观呈现空间距离中代表的心理距离。据此实验来探讨，如何把握与人相处的心理距离。

本活动参考《心理游戏》(周隽著，广东教育出版社 2002 年 7 月版)

撰稿：上海市市北初级中学　侯晴晴

我在哪个位置?

一、活动目标

1. 帮助学生了解自己的交友模式。

2. 协助学生学习朋友相处的要诀，认识朋友和友谊。

二、活动对象

初中生

三、活动时间

40 分钟

四、活动场地

室内

五、活动准备

1. 调查学生在交友方面的模式现状、问题和困惑。

2. 准备卡片，上面画好“火柴人”。两两一组，分别代表朋友、父母、老师、异性同学、两个小孩等，以备让学生添画自己的位置。

六、活动过程

1. 老师在黑板上画 2 根火柴棒（II），手中拿着另一根火柴棒（I）。

（1）如果 2 根火柴棒代表 2 个人，你会把自己放在什么位置呢?（可请愿意的学生到黑板上来演示，学生可能会问这两个人是谁，老师可告诉他，是两个一般的人。当然也可以直接让学生自己做。）根据学生的摆放，留下不同的图示。

（2）老师可以用事先准备好的多媒体图示一一展示每一种位置，并解说不同位置的象征意义（但要注意，这只是一种象征游戏，不是真正的测验，但可以从中得到启示）。

老师对不同图示的解释：

H：心胸开阔，人缘好，社交能力强；

N：客气有礼貌，比较坦诚，有点拘谨；

凵：沉稳、内向、严肃、认真，略显消极；

|| |：热情好胜，正义感很强，容易得意忘形；

| ||：不喜欢与人交往，也不喜欢别人干涉，有些孤立；

冂：占有欲、支配欲强，主动积极热情，容易产生自我中心。

请同学们注意，这仅是一个象征性游戏，不是真正的测验，但我们可以从中得到启示。

请你想一想，你从这些图形中，得到的启示 ______________________________

请学生进一步探索：如果这两个人是朋友、是父母、是老师、是异性同学、是两个小孩等，你的位置又在哪里？老师分发准备好的卡片，请每个同学填写，并在小组内分享、比较。

学生思考，并全班分享，用“如果这两人是我的 ___________，我喜欢在 ________________ 位置，因为我……”这样的句式来交流，老师也可统计处于不同位置的人数。

我的位置在哪里？
如果这两个人是我的朋友、父母、老师、异性同学、小孩，我的位置分别在哪里？

我现在的位置：

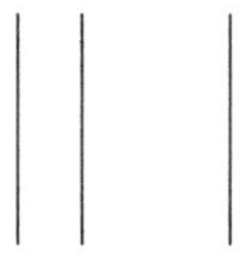

我希望的位置：

七、教师提问

1. 事实

（1）你的图形测试的结果是什么？

（2）你现在的位置和你希望的位置之间有什么差异吗？

2. 感受

（1）当你看到自己的小测试结果时，你有什么感受？

（2）当你面对不同的对象，摆放火柴位置时，你有什么感受？

3. 发现

（1）图形小测验解释，和你平时对自己的观察了解，有什么一致或不同的地方吗？

（2）当你看到面对不同的对象，你摆放的图形形状不同时，你有什么发现吗？

4. 未来

通过这次活动，有什么经验可以用到你未来和他人的交往中吗？

八、教师引导

人与人相处，只要有两个人以上就会产生位置（关系）的问题。当我们面对不同的对象时，我们的位置是不一样的。面对伙伴时，最好的关系是平等的关系，不被他人控制，也不试图去控制他人。彼此平等，相处尊重才是联结现在和更深刻友谊的必经之道。

人与人的关系，具有一定的弹性，在面对不同的对象和不同的情境时会发生变化。当我们面对的是自己父母，小的时候，我们更多的是需要依赖父母，到了青春期，则要学习更多的独立，保证一定的心理空间；当我们面对的是自己的朋友，即使是密不可分的小伙伴，有的时候我们也需要一定的心理距离，给自己独处的空间。有的时候朋友是我们强有力的保护伞，当朋友脆弱的时候，我们也可以为朋友赶走一份阴霾。

九、操作建议

1. 火柴人的形象拟合了人的形象，因此图形测验借用了投射测验的原理。火柴摆放的测试引导中，尽可能让学生根据对关系的感受，自行调整自己的位置，直到感觉符合自己的现实情况为止。

2. 本活动也可聚焦于学生与某一类人群的关系，如同龄群体，探索在不同情境下，个体与同伴之间关系的模式，以此来帮助学生更深刻地了解自己在生活中不同的心理需求。了解同伴相处模式不是刻板、一成不变的，而是灵活的，服务于双方情感需求满足的。

十、学生反馈

学生反馈 1：我摆出来的图形是 I II，并且我发现，不管那两个人代表的是谁，我几乎都倾向于摆成了 I II。图形解释的结果还是蛮准确的。在班级中，我比较喜欢一个人待着，不怎么与人交往，也不喜欢被别人打扰；在家里，除了做作业之外，也只和父母交流一些简单的学校内容。我也会心情不好，可那时候却发现，没有人可以诉说，我觉得很孤独。如果可以的话，我希望自己可以变成 H。

学生反馈 2：我摆出来的图形是冂，虽然对于解释的结果并不完全赞同。我不是一个想控制别人的人，我也很讨厌被别人控制。不过解释中有一点，我觉得是符合的，我这个人很主动、热情，只要在人群中，就从来不容易冷场。但是讨论的时候有朋友和我说，有时候我话太多，以至于别人就不知道可以说什么了。这就是忽略别人的感受，有些自我中心吧，以后我会更加注意别人感受的。

参考《心理健康教育课程设计》（吴增强、蒋薇美著，中国轻工业出版社 2007 年 5 月版）

撰稿：上海市市北初级中学　侯晴晴

给你点赞

一、活动目标

1. 学生在活动中体会到赞赏给人带来的积极感受，发现并总结表达赞赏的恰当方式。

2. 学生在活动过程中练习恰当表达赞赏，提升人际交往能力和生活能力。

二、活动对象

全学段

三、活动时间

约 30 分钟

四、活动场地

室内

五、活动准备

小卡片纸（每人 3 张）。

六、活动过程

1. 点赞接龙

（1）主持人邀请班级一位较熟悉的同学，对该同学说出至少两个优点。句式是："我觉得你……，因为……"

（2）该同学接龙邀请现场的下一位同学，对下一位被邀请的同学说出至少两个优点。

（3）接龙传递赞赏。被邀请人不可以重复。

2. 讨论：我们发现的点赞技巧。

3. 点赞练习：给身边的人点赞。

（1）每位同学分发 3 张小卡片纸。

（2）该同学选择 3 位同学，分别给对方写下至少 1 条优点。

（3）把写好的卡片送给对方。

4. 反馈与总结。

七、活动提问

1. 事实

（1）（问关于接龙活动）你对哪位同学表达的赞赏印象深刻？

（2）（问关于赞赏练习）你选择了哪三位同学送出卡片？你分别写下的内容是什么？

（3）本次活动中，周围同学面对赞赏时最容易出现的情绪是什么？

2. 感受

（1）表达对身边人的赞赏容易吗？

（2）你收到赞赏卡的时候，感受如何？

3. 发现

（1）在活动过程中，更合适的赞赏表达有哪些基本技巧？

（2）今天的活动氛围和以往相比有什么不同？

（3）以往的经历中，有没有和今天活动类似的场景或事件经历？这让你联想到了什么？

4. 未来

（1）今天的点赞活动，对你现实中的人际交往会有什么启发或提醒？

（2）今天的活动收获，有哪些是可以在将来的生活中加以运用的？

八、教师引导

马斯洛的需要层次论介绍：被认可和赞赏，是人们的普遍内心需求。

赞赏他人的内容可以参考外在体态、个性特征、具体行为（一个关怀的眼神、一句温暖的话语、一件帮助过你的小事、一句问候），等等。

欣赏有技巧，如：（1）真诚——态度要真诚；（2）合理——有事实根据；（3）具体——用词要具体，说出他人的优点是什么；（4）及时——有时效性；（5）表达——勇敢地表达出来。

人与人的良好关系，大多是从真诚的互相欣赏开始的。

在人际交往过程中，我们需要真诚表达对他人的赞赏，也可以很坦然地接受他人的赞赏。

九、操作建议

1. 主持人作为点赞接龙的开端，须基于日常的互动事实真诚参与，做出赞赏的示范，并鼓励后续同学积极参与接龙。

2. 点赞接龙过程中，要求同学们真诚参与。如果有开玩笑的个别表现，主持人可以适时委婉提醒。停止不合适的玩笑，以免对同学造成伤害。

3. 点赞练习要求至少选择三位同学表达赞赏，尽量促成更多人的优点被发现。

4. 点赞练习中，提醒学生用心感受平日与他相处的点点滴滴，实事求是，真诚表达，不夸大。

十、课堂反馈

学生反馈 1：没有想到有同学会觉得我口才很好……还有人说我待人很真诚……我有点意外，但是挺开心的。

学生反馈 2：当看到班级的某某收到赞赏卡片的时候，我很为他开心。因为有一段时间他很不开心，说觉得自己在班级存在感很差，没人会注意到。当时我安慰他了，但是并没有用。今天，他应该会感觉好很多吧……

学生反馈 3：生活中，我们热衷于给别人提建议，还说批评使人进步。但是被批评的时候，几乎没有人会高兴。有些人可能会快速接受批评和建议，但是更多的人会因为被赞赏而努力表现得更好吧。

学生反馈 4：今天大家都在练习赞赏。我发现，赞赏并不是简单地对别人说好听的话。更有水平的赞赏表达，应该是真诚、真实、合理的，是恰当时机的表达……

撰稿：上海市市西初级中学　何菊美

言语有温度

一、活动目标

1. 学生了解言语在人际互动中的影响，觉察自己的言语习惯，避免使用负面言语伤害他人。

2. 学生在讨论与分享中学会判断生活中的各种合适或不合适的言语表现，在现场活动中感受正向言语带来的积极影响。

3. 学生学习用言语在人际互动中传递接纳、表达尊重、给予支持，积极完善个体的人际交往状况，提升人际交往的能力，获得更好的成长。

二、活动对象

全学段学生

三、活动时间

约 40 分钟

四、活动场地

室内

五、活动准备

课前调查："生活中，我听过的最不喜欢的一句话"

六、活动过程

1. 课前说明：情绪分数使用规则。

（0—10 分，0 分代表最糟糕的感觉，10 分代表最满意的感觉）

2. 热身活动。

主持人随机选择学生，用不同的言语，表达积极关注，之后询问相关学生的情绪分数。体会言语的影响。

3. 基于课前调查"我不喜欢的话"的主题讨论与分享。

在自己听过的话语后，标注情绪分数。

小组分享：我最不喜欢的话是哪一句？为什么？

大组分享：找出“最不喜欢的话”的共同规律。

4. 文案修改：我们期望对方可以这么说……

5. 学生分享：生活中，让我印象中觉得温暖与欢喜的一句话。

6. 结束。

七、活动提问

1. 事实

（1）针对调查结果，哪些话你也听到过？你最不喜欢的是哪一句？

（2）针对最不喜欢的那句话，你期望对方可以怎么说？

（3）印象中，你觉得温暖与欢喜的话是哪一句？

2. 感受

（1）在被赞赏的时候，你的心情如何？

（2）看到“最不喜欢的话”的调查结果，你的感受如何？

（3）当听到大家分享“我喜欢听到的话”的时候，你的感受如何？

3. 发现

（1）在刚才主持人赞赏部分同学的过程中，你发现了什么？

（2）面对班级“最不喜欢的话”的调查结果，你发现了什么特点？

（3）面对班级“我喜欢听到的话”的分享，你发现了什么规律？

（4）今天的活动中，让你最有感触的部分是什么？为什么？

4. 未来

（1）今天的活动，可以给我们以后的人际对话带来什么样的提醒或启发？

（2）如果可以修正自己原有的一些言语习惯，你打算修正的是什么？

（3）如果可以给自己增加一些言语习惯，你打算增加的是什么？

八、教师引导

言语是人际沟通的重要载体，不同的话语会给听者带来不同的情绪体验，言语是有温度的。

人际交流的过程中，粗话、脏话、侮辱性的话、批评和指责的话，伤害自尊、否定人格、歪曲事实等言语，会给对方带来伤害性、糟糕的感觉，破坏人际关系。

人际交流的过程中，人们更喜欢的言语是表达：接纳、认可、尊重、温暖、支持、赞赏、理解、关心、感谢，等等。这是建构友善人际关系的基础。

在与人交流的过程中，我们需要了解对话的环境，体会对方的心意，恰当表达。

在与人交往的过程中，我们需要体会各种言语带来的不同感受，选择更合适的言语表达方式，不断地练习，促成积极良好的言语习惯。

九、操作建议

1.“我最不喜欢听的话”课前调查要求：无记名，适用本班级，不扩散。

2.“我最不喜欢听的话”调查结果分享，要求只讨论具体的话语内容，不针对言语的相关人物。

3. 情绪指数代表的是个人感觉，没有可比性。

4. 文案修改“我期望对方这么说”环节，结合现场演练，效果更佳。

5.“我觉得温暖与欢喜的话”环节，时间充裕的情况下，可以针对班级同学的互动，发纸条让学生写下“想对本班同学说的温暖的言语”，并送到对方手里。

十、课堂反馈

学生反馈 1：看到“最不喜欢的话”调查汇总表，我们班级很多同学都感受强烈，因为这都是生活中常听到的话，我们太需要学习怎么好好说话了。

学生反馈 2：今天的课，给了我一个非常重要的启发——好好说话很重要。我有时候会和一些同学开玩笑，对方会不高兴，我常常很疑惑，并且不理解对方的反应。今天的畅所欲言，让我知道了更多大家的真实感受。以后在说话之前，我要时时提醒自己：先考虑对方的感受，然后再决定怎么说。

学生反馈 3：课后我收到了一个好朋友给我写的表达感谢的一段话，好朋友说，很喜欢和我一起聊天，还说欣赏我对同学的善良和热情。我很开心。

学生反馈 4：良言一句三冬暖，确实是这样。我们很多时候都希望自己的善意被体会，自己的努力被看见，希望别人可以更理解我们……当有人给我们这类反馈语言的时候，我们会更有信心，我们的行为表现也会更好。所以，我觉得今天的内容值得每个人好好体会和学习，比如父母。

撰稿：上海市市西初级中学　何菊美

说“不”大挑战

一、活动目标

1. 让学生明白在建立和维护良好的人际交往中，我们有权利说“不”，可以说“不”，要敢于说“不”。

2. 通过有趣的游戏，帮助学生学习说“不”的技巧，恰当地拒绝别人，并体会拒绝别人与被人拒绝的感受。

二、活动对象

小学生、初中生

三、活动时间

40 分钟

四、活动场地

室内

五、活动准备

1. 课前调查学生最难以拒绝的 3 件事，根据调查结果，教师选出 3 个最难以拒绝的情境。

2. 班级分成 6 个小组，分别为 1、2、3、4、5、6 组。将 6 个小组配对，成为 3 个大组，分别为 1—2、3—4、5—6 组。

3. 准备 6 个信封，3 个大组里，每对小组随机领到 A、B 信封：

A 信封里写着：“亲爱的伙伴，好朋友就应该答应我的所有请求！”请你们用这句话做借口，想尽办法让对方答应你们的请求。记住，这是比赛，胜利的一组可以得到一份奖品。祝你们成功！

B 信封里写着：“亲爱的朋友，不管对方用什么方法邀请，你们的心里就是不想答应，所以请你们用各种理由、各种方式拒绝他们。告诉他们：‘不可以，因为……’”记住，这是比赛，胜利的一组可以得到一份奖品。祝你们成功！

六、活动过程

1.“不”字好难说出口（5 分钟）

基于课前的调查，老师收集到了一些日常生活中难以拒绝的情境。以下是 3 个难以拒绝的情境题：

（1）同学要抄我的作业。

（2）一个好朋友屡次借我的钱不还。

（3）妈妈常常给我买很土气的衣服，我觉得穿出去很没面子。

（4）和朋友在一起时，总是被使唤做这做那，我心里很不情愿。（备选）

（5）关系很好的朋友向我打听另外一个同学的秘密。（备选）

接下来我们将两两小组配对共同完成一个情境题挑战，其中配对的小组是 1vs2，3vs4，5vs6，请三大组盲抽，抽到的题目即为该大组要挑战的情境题。

2. 说“不”大挑战（20 分钟）

3 个大组依次开始情境挑战，比赛规则如下：

（1）角色分工

小组讨论商定角色担当，每个小组里分别包括表达担当（负责站起来回应，1—2 人）、智慧担当（主要负责出回应语录，2—3 人）、记录担当（负责本组赛得分情况，1 人）。

（2）头脑风暴

各组员头脑风暴，根据情境题，各小组集思广益，收集尽可能多的请求缘由和拒绝理由。

（3）说“不”大挑战小组赛

从情境 1 开始，A 组成员先开始提出请求，B 组成员马上拒绝并说出理由，活动进行中，只能动口，不准动手。

（4）计分与统分

每个小组原始分为 0 分。每一个对话回合中，若对方小组超过 5 秒还没有提出请求（或拒绝），本组得 1 分。若对方组理由不合理，在 5 秒内未更正，同样本组得 1 分。回合数不限，总时长为 6 分钟。结束后记分员统计分数并汇报两组得分情况。

（5）依次开始情境 2 和情境 3。

（6）班级公布所有情境组的挑战结果。

3. 比赛终止，颁发各情境胜利组的奖品。

4. 说“不”技能大揭秘。

小组讨论，说“不”成功的秘密和失败的原因，并在班级中分享。

七、教师提问

1. 事实

（1）拒绝别人时，你说的理由如何？（合理、合情、合法）

（2）被人拒绝时，你所说的理由如何？（合理、合情、有礼貌、命令式）

（3）邀请别人时，你所说的理由如何？（礼貌、合情合理、语气生硬）

2. 感受

（1）拒绝别人时，心情如何？（不好意思、很轻松、犹豫、难为情）

（2）被人拒绝时的心情如何？（失落、生气、无所谓、能理解对方）

（3）当你们小组成功地拒绝了对方小组，你的心情是怎样的？（开心、过瘾、成就）

3. 发现

（1）挑战赛中的拒绝和你平时拒绝别人时，有什么相似或不同的地方吗？

（2）当你看到自己或别人拒绝的表现，你有什么启发吗？

4. 未来

（1）这次活动中，有什么经验可以用到你未来和他人的交往中吗？

（2）如果有机会重新面对你曾经难以拒绝的事情，现在的你会怎样说“不”呢？

八、教师引导

拒绝是需要策略的，拒绝也有一定的风险。

拒绝的优先级：双赢；优良级：不使人难堪；第三级：不伤害人；第四级：必要的付出或失去；最劣级：两败俱伤。

说“不”的原则是尊重、理解和沟通。以正面的态度拒绝别人，不要伤害他人的自尊心；不在大庭广众下大声说“不”，以免给对方难堪。

说“不”时的态度要坚定、平和，不含价值判断。尽管你的评判可能是对的，但这种批评会引发对方的反感。

拒绝时立场要坚定。将自己的意思明确地告诉对方，避免使用让对方感到模棱两可的言辞和语气。

身体姿态也能够起到拒绝对方的作用。将双手交叉于胸前，或两脚相叠，会令对方感到难以开口；交谈中不时改变姿态，就把厌于接受的意思传达给对方了。

你要拒绝的是不合理的要求，而不是拒绝别人。

九、操作建议

1. 教师可视需要只选择一个问题，但增加A、B组的立场互换，让学生体会不同的感受。

2. 奖品可视经费及学生需要，由教师自行决定；如果没有经费，也可以让输的一方为赢的一方表演节目。

3. 教师裁决胜负时，可依团体互动情形决定，互动较好的组为优胜组，或使其平分秋色（精神奖励、奖品都要有）。

本活动参考《中小学心理健康活动手册》（河南省基础教育教学研究室编，文心出版社2007年9月版）

撰稿：上海市市北初级中学　侯晴晴

一起去春游

一、活动目标

1. 理解和认同分工、合作对于完成任务的重要作用。
2. 通过明确分工、责任共担来实现友好合作。

二、活动对象

小学生

三、活动时间

约 30 分钟

四、活动场地

室内

五、活动准备

小组落座，小纸条（彩色）。

六、活动过程

1. 创设情境

一个学期一次的春游即将到来。除了期待我们会去哪里活动以外，每次春游时，我最期待的就是午餐时光啦！我们一个小组的同学坐在一张大大的垫子上，我的给你吃一点，你的给我吃一点，可真高兴呀！

2. 活动任务分配

这一次我们小组有 6 个人，老师给了我们一张午餐任务清单，让我们一起来分配一下任务吧！当然如果还有其他任务没有出现在这张表格上，你们也可以再进行补充。（名字用学号代替）

（1）小组内讨论，填写任务分配清单

任务分工	参与人
带餐垫	
带一次性台布	
带午餐主食	
带可分享的小零食	
铺餐垫	
铺一次性台布	
收垃圾	
扔垃圾	
收拾餐垫	
互动行动：如果有组员没有很好地完成任务，怎么办？	

（2）每个小组汇报分配方案。

（3）大组讨论每个组的分配方案差异，讨论原因。

3. 每个小组再进行调整，形成二次方案

七、活动提问

1. 事实

你们是如何分配小组成员任务的？前后两次有什么改变吗？

2. 感受

你们对这样的分工满意吗？什么地方是最满意的？

3. 发现

要完成一次午餐活动，有什么需要注意的地方？今天分配任务的过程，你有什么收获吗？

4. 未来

小组合作完成任务的经验，在我们的学习生活中，还有什么地方可以用到？你准备怎么运用？

八、教师引导

小学生由于年龄小，经验不足，可能会无法说出分工中的问题，教师可以准备一些情境让孩子进行讨论。比如：有的孩子忘带了垫子；吃完午餐，没有人收拾垃圾，或者收拾垃圾的时候一包垃圾不小心漏掉了；有的同学忘记带主食了；有的组员还有任务没有完成就去玩了，等等。

在引导小组成员完成互助行动时的关键词：

提醒：恰到好处的提醒，是为了解决问题，避免马后炮“我就知道他会……”。

帮忙：完成自己的任务的同时，也关注其他同学的需要并伸出援手，会受到大家的欢迎。

求助与协调：小组分工时，要根据实际需要，有些任务既简单又轻松，有的任务可能持续时间长。如果完成任务有困难，要学会求助哦。小组内成员也要相互协调，相互帮忙。

九、操作建议

1. 需要将小组讨论的东西进行整合。例如：将每个组在这个任务上分配的人数填入下面的表格。

任务	第一组	第二组	第三组	第四组	第五组
带餐垫	1	1	1	1	1
带一次性台布	3	1	1	1	1
带午餐主食	6	3	6	6	5
带可分享的小零食	6	3	6	6	2
铺餐垫	4	2	1	1	2
铺一次性台布	1	1	1	1	1
收垃圾	2	1	1	1	1
扔垃圾	1	1	1	1	1
收拾餐垫	2	2	1	1	2

这样方便学生在讨论差异的时候更加直观。

2. 如果时间充分，可以带上餐垫、台布，让同学们试一试，1 个人、2 个人、4 个人合作中的差异，可以让学生从体验中获得经验。

这个活动也可以结合学校的其他校本活动，比如出黑板报、组织班会活动、小队社会实践活动等在小学阶段开展的合作性活动。

十、课堂反馈

学生反馈 1：我们原本是想除了带食物这件事情之外，其他都是一人一件事，觉得这样很公平。可是通过老师的分析后，我们认为一些事情是需要几个人合作去完成的。当然也不是人越多越好，有些事情还是适合一个人去做的，这样分配会更加合理。除了这些，我们需要做好提醒的工作，以免有些同学忘记做他负责的事情了。

学生反馈 2：我觉得老师上课的时候提供的这个清单非常好，能提醒我们有分工，让把我容易忘记的东西记录下来，这样我不仅能提醒自己，还能提醒别人。

撰稿：上海市静安实验小学　秦秋艳

爱心义卖摊位大准备

一、活动目标

1. 在模拟情境中，运用人际交往的原则和技巧，完成准备工作任务。
2. 尝试运用沟通技巧来避免或化解冲突，促进活动顺利进行。

二、活动对象

初中生

三、活动时间

约 40 分钟

四、活动场地

室内

五、活动准备

6—8 张海报纸，6—8 套彩色笔，iPad 6 台。

六、活动过程

1. 情境创设

教师创设背景并布置讨论任务：①说起集市，你想到什么？②如果要在集市上搭摊位，需要做哪些准备？

学生以临时小组为单位进行讨论，教师总结。

2. 分队策划

（1）学生以小组为单位，自主认领相关主题（如果出现争议，也可以用抽签的方式），分发绘制海报所需材料（海报纸和彩色笔）；

（2）完成投标会准备，过程中可使用 iPad 进行信息检索，限时 10 分钟；

（3）准备内容包括：摊位活动介绍（含标语）、摊位亮点、所需准备、预期成效及简易海报绘制。

3. 小组代表上台展示，每个小组在展示间隙安排互动答疑。

七、活动提问

1. 事实

(1)(问小组组员)在本次活动中,你承担什么角色?

(2)(问小组组长)在组织小组活动中,你碰到了什么困难?你们是如何解决的?

2. 感受

(1)在准备过程中,你经历了哪些心路历程?

(2)在完成小组展示之后,你的感受如何?

3. 发现

在学校生活中,有没有和今天活动类似的场景或事件经历?这给你什么启示?

4. 未来

(1)在以后类似的活动中,如果遇到相似场景或经历,你会如何处理?

(2)今天的活动收获,有哪些是可以在将来职业场景中加以运用的?

八、教师引导

教师创设背景:"一年一度的爱心集市即将到来。为了能更好地发挥同学们的聪明才智,体现主体性,本次爱心义卖采取分组策划、通过竞标的方式最终决定爱心店铺团队。"之所以要进行竞标选择,是为了增加模拟情境的真实性、竞赛性,让学生更加投入。

爱心集市义卖定义:是指以慈善为目的的买卖活动,所获收益将捐赠给社会公益事业。

教师分组指导:"为了更好地管理本次爱心集市,摊位主题主要涉及四个板块:创意作品类、手工点心类、游戏互动类、演艺表演类。每个板块最多两个小组,每个小组成员最多 5 人。"

九、操作建议

1. 由于活动内容较多,很有可能会出现时间来不及的情况,教师需提前告知结束时间,到时能完成多少是多少。

2. 小组之间进度的差异可以成为生成性问题的参考之一。

3. 爱心义卖这一活动形式也可以替换成学校其他的校本活动。

4. 注意活动内容与实际生活的链接程度。

十、课堂反馈

该活动结束后可安排一个后续活动,即公布投标会结果(8 选 4,每个板块选择一个小组)后,颁发摊位签约书,其他未成组的学生作为应聘者体验"招聘"过程。

撰稿:上海市静安区教育学院附属学校 王文娟

我听见……

一、活动目标

1. 学生学习站在别人的角度体会对方的想法和感受。

2. 尝试用对方期待的方式进行互动，提升人际交往能力。

二、活动对象

小学生、初中生

三、活动时间

约 15 分钟

四、活动场地

室内

五、活动准备

白纸若干、记号笔、胶带、椅子。

六、活动过程

出示个案：美术课快开始了，小明找遍了自己的书包，还是没有找到画笔。他看到同桌小美的桌上有一大盒画笔，就拿了几支放在自己桌上。小美回来后很生气，指责小明。小明也很生气，和小美大吵起来。

1. 请两位同学分别扮演小明和小美，演绎场景。

2. 同学们分析争吵的原因。

3. 在两把椅子上分别贴上小明和小美的名字，邀请同学坐在椅子上，说说小明或小美心里的想法和感受。

4. 理解对方。问小美的扮演者："你听到了小明的哪些想法？有什么感受？"问小明的扮演者："你听到了小美的哪些想法？有什么感受？"

5. 调整自己的行为。请小明和小美再次演绎。

6. 学生说说两次表演的不同，有什么发现，小明和小美是如何达成和解的。

7. 联系实际，学生回忆自己在人际交往中遇到的冲突，说说可以怎样改善自己的交往行为。其他同学也可以提出建议。

七、活动提问

1. 事实

（1）小明和小美为什么会发生争吵？

（2）（问小明）你听到了小美的哪些烦恼？

（3）（问小美）你听到了小明的哪些烦恼？

2. 感受

（1）（问小明）听完小美的烦恼后，你的感受如何？

（2）（问小美）听完小明的烦恼后，你的感受如何？

3. 发现

（1）小明和小美两次表现的不同之处在哪儿？

（2）在与人交往过程中，你可以怎样改善自己的交往行为？

4. 未来

（1）在以后的人际交往过程中，如果遇到类似场景或经历，你会如何处理？

（2）今天的活动收获，有哪些是可以在将来的人际互动中加以运用的？

八、教师引导

每个人在遇到冲突时，总会先想到自己的烦恼和委屈。冷静之后，我们也能听到其他人内心的声音。

换位思考能让我们站在他人的角度想问题，理解对方。

小明能理解小美生气的情绪，主动道歉，说明自己的难处，争取获得小美的谅解；小美也理解小明着急的情绪，站在他的角度想问题。

在和他人交往时，我们可以尝试用对方期待的方式进行互动。

九、操作建议

1. 可以事先安排好小明和小美的表演者，以取得良好的表演效果。

2. 在同学们表达小明和小美的内心独白时，老师要积极回应，引导学生明确自己的感受和想法。

3. 在分享过程中，如果有学生提到自己的生活经历，可以顺势让他说说对方的想法和感受，今后再遇到此类事件时如何改善自己的交往行为。

4. 根据课前调查，安排一些拓展练习。

课前调查（例）：

学生发生冲突的事件和对象

（1）最近和谁发生了不开心的事？

A. 爸爸妈妈　B. 老师　C. 同学　D. 其他

（2）你们之间发生了一件什么事？（请简要写一写）

____

场景（例）：

（1）午休时间，同学们在教室里聊天、玩耍。这时，老师进来布置作业。

（2）放学了，小丽回到家，躺在沙发上，拿起了手机。这时，妈妈回来看见了，让她写作业。

（3）爸爸给小天报了许多周末课外辅导班。

（4）哥哥来到小华家，总是抢他的玩具玩。

十、课堂反馈

学生反馈1：我印象最深的是老师布置作业。我听见老师的想法是：布置作业，同学们肯定会不开心，但是不布置，学生学习后没有练习就没有效果，成绩就要落后了。我现在能够理解老师的想法。

学生反馈2：周末，我和小婷相约一起去公园玩，但是小婷还带了一个朋友。那天小婷就一直和她的朋友说话，没怎么理我。我感觉有点生气，他们把我忽视了。我和他们说话的时候，他们也不搭理我。现在想想，他们当时应该是有些事情要讨论，所以没有和我说话。我可以试着理解他们。

撰稿：上海市静安区临汾路小学　乔伊敏

换把椅子坐一坐

一、活动目标

通过角色互换，深入理解自己的问题和他人的感受，练习同感的表达。

二、活动对象

初中生

三、活动时间

40 分钟

四、活动场地

室内

五、活动准备

纸、笔、两把椅子。

六、活动过程

1. 教师引导冥想：回想一个让自己与他人发生冲突的场景，那天具体是什么天气？在哪里？在场有哪些人？事情的经过怎样？自己说了什么，做了什么？（背景音乐：Brian Crain 演唱的 Sunrise）结果呢？

2. 教师解释空椅子技术和学生角色扮演的具体做法。准备两把椅子，一把当事人坐，一把空着，作为冲突的角色，由主角自己坐在不同的位置，来回体验；另一个人作为导演进行引导，引导时注意让主角在所在的角色上充分体验当下的感受并引导表达出来，再进行角色替换。如此反复多次进行角色交换，最终达成充分的对话和情感的表达。

3. 教师示范：征集一位志愿者，简单介绍自己的情境冲突。由教师作为导演，进行引导示范。

4. 分组练习：小组里 2 人一组，相互介绍自己的情境故事，选择一个故事进行空椅子演绎。其中一人做导演引导，一人做主角，在主角对面摆放一张空椅子，进行充分的空椅子练习。一轮结束以后，另一名组员轮换为主角。

5. 讨论

（1）主角在角色体验过程中的感受和心情。

（2）以自己的问题为核心，从对方的角度谈谈他们的期望和看法。

（3）探讨问题出现的原因和解决问题的有效方法。

6. 班级同学自由分享感受和体会。

七、教师提问

1. 事实

在角色体验中，你有哪些观察？

2. 感受

当你在体验两种不同角色的内心活动时，你有什么感受？

3. 发现

（1）这次互动沟通和你平时与人的互动，有什么相似或不同的地方吗？

（2）当你看到主角坐在另外一个位置时的不同表现，对你有什么启发吗？

4. 未来

这次空椅子演绎，有什么经验可以用到你未来和他人的交往中吗？

八、教师引导

每个人都会遇到各种各样的情绪问题，也都十分清楚自己的内心感受，但是很少有人能从对方的角度考虑问题，如果缺乏有效的沟通，就会造成情绪困扰。空椅子技术使我们能够感同身受他人的问题，学会从对方的角度考虑问题，学会理解他人，增进人与人之间的理解与沟通，摆脱情绪困扰。

九、操作建议

1. 课前，教师收集学生常出现的问题和矛盾，以备课堂上使用。课堂上讨论的问题都是学生常常遇到的问题。问题情境内容：亲子冲突、同学交往中的问题、师生关系矛盾、个人情绪问题等。

2. 教师熟悉角色扮演、空椅子技术的理论知识和技术。

3. 创设一个安全的氛围至关重要，以便学生可以安全且充分地表达自己的情绪。处理学生的情绪困扰，如果一节课不够，可以多安排几次。通过深入探讨问题的形成及解决方法，真正让学生领悟面对冲突的处理技巧。

本活动参考《中小学心理健康活动手册》（河南省基础教育教学研究室编，文心出版社 2007 年 9 月版）

撰稿：上海市市北初级中学　侯晴晴

心灵电波

一、活动目标

1. 学生在人际“电波”传递活动过程中，体会人际指令传递的丰富历程。

2. 学生练习等待和静心聆听的能力，共同参与并完成指令传递。

3. 学生在人际互动中，理解并包容差异，学会等待，提升人际交往能力。

二、活动对象

全学段学生

三、活动时间

约 30 分钟

四、活动场地

室内

五、活动准备

场地准备：桌椅靠边放置，中间留出足够全体学生席地而坐的空地。清洁场地。

六、活动过程

1. 所有学生围圈而坐，左手手心朝上，右手手心朝下并搭在右侧相邻者左手的手心。

2. 闭上眼睛，静静地等待左侧相邻者发出的信息——在手心轻轻点击，收到信息后立即传给右侧相邻者。

3. 参与者体会每一次信息传来时的速度、强度和感受。

4.“电波”传递活动至少进行两轮。

5. 每一轮指令传递完成后，指令发起者比较并确认初始信息和回收信息（指令的速度、强度和频率等）。

6. 分享与交流个体参与“心灵电波”传递的情况。

7. 总结和反馈。

七、活动提问

1. 事实

（1）在参与过程中，你收到了哪些“电波”，传出了哪些“电波”？

（2）在等不到“电波”的时候，你做了什么？

（3）“电波”传递过程中，你印象最深刻的部分是什么？

2. 感受

（1）在参与第一轮和第二轮“电波”传递的过程中，你的感受分别是怎样的？

（2）在久等“电波”不至的时候，你的感受如何？

（3）在传递出“电波”指令的时候，你的感受如何？

3. 发现

（1）“电波”传递过程，受到哪些因素的干扰？

（2）第一轮和第二轮“电波”传递的过程，有哪些不同？

（3）在生活中，有没有和今天活动类似的场景或经历？这让你联想到了什么？

4. 未来

（1）在人际互动中，如何面对和自己原先预期中有明显出入的状况？

（2）在面对不确定的情况时，如何帮助自己保持耐心？

（3）今天的活动，给你带来了哪些生活上的启发？

八、教师引导

生活中，团队仅靠默契去完成一件简单的任务，也是一件不容易的事。

团队中的不同人，对事物的理解和处理有不同的方式，充满差异性，这是我们人际互动的基础常识。

在人际互动过程中，我们需要保持耐心，充分了解并确认信息，从而帮助我们更真实地理解他人，有助于沟通畅通。

九、操作建议

1. 选择安静的环境，避免噪声干扰。

2. 在游戏开始前要做好准备工作。保证场地清洁。活动开始前，主持人先带领大家做一些静心的体验（如深呼吸放松）更佳。

3. “电波”传递过程中，参与者保持安静，不能离开座位。

4. 主持人要求参与者按照收到的指令的力度、频率等原样传递给下一位。

5. 在活动过程中，如果出现短波、多波不用马上中止，正常进行。

6. 活动后的分享环节，主持人引导学生关注“面对意外的电波时，如何理解，如何处理”。

7. 学生分享环节，主持人强调“无关对错”，引导学生关注人与人之间的差异，引导学生对人际交往中的不确定状况保持耐心，学会等待。

撰稿：上海市市西初级中学　何菊美

快乐小“扑满”

一、活动目标

1. 获得良好人际关系需求的向往，增强人际交往动机。

2. 学会利用小“扑满”记录人际交往的点滴。

3. 体验积极正向的人际交往情感，形成良好人格品质。

二、活动对象

小学生、初中生

三、活动时间

约 20 分钟

四、活动场地

室内

五、活动准备

闲置塑料瓶、剪刀、彩笔、白纸以及胶水。

六、活动过程

1. 介绍小“扑满”用途

老师介绍扑满的功能用途：在古代扑满是用来存钱的瓦器，形状像个小酒坛。老师布置今天课堂上制作小“扑满”的任务。请同学们猜测一下：今天的“扑满”可以有什么用途呢？（在同学猜测之后，老师可以介绍今天的扑满用途为记录与人交往的点滴。）

2. 定制专属小“扑满”

请同学利用闲置的塑料瓶和剪刀制作各自的“扑满”。各个“扑满”的形状大小根据学生平日的喜好而专属定制，老师不做限定。

在完成小“扑满”主体制作的基础上，学生通过彩笔和纸装饰自己的小“扑满”。在装饰过程中，老师鼓励学生将自己的快乐与喜爱等积极情感表达出来，并给小“扑满”取名（在创造过程中教师可以鼓励学生回忆曾经在交往中获得的快乐，带着这份快乐制作自己的小“扑满”）。

3. 交流自己定制“扑满”的灵感。

请同学用自己的语言简单介绍“扑满”制作灵感，帮助学生觉察自己在制作时的情感。

4. 交流分享自己未来将如何利用自己手上的这个专属小“扑满”，准备储存什么样的故事或者情感。

七、活动提问

1. 事实

（1）你给你的小“扑满”取名叫什么？

（2）请介绍一下你的小“扑满”，例如，它为什么是这个形状的？你为什么会这样装饰它？你的设计灵感是什么？

（3）你准备将来如何利用自己制作的专属小“扑满”?

2. 感受

（1）在装饰你的小“扑满”时，你的感受如何？

（2）在完成了整个小“扑满”的制作后，你的感受又如何？

3. 发现

（1）在制作你的专属小“扑满”时，你有没有回忆起什么？

（2）在人际交往中，有没有和刚才同学有着相似的经历或感受呢？

4. 未来

请猜测一下以后在你的小“扑满”中还会存入和谁的故事，表达了你和她 / 他之间什么样的情感呢？

八、教师引导

交往是人的基本需要，也是维持身心健康的必要条件。

人与人之间积极正向的情感滋养着你我的心灵，让我们微笑面对每一天。通过人际交往而建立起来的良好社会关系，可以使个体在温馨怡人的环境中愉快地学习与生活。

我们生活在这个世界里，与他人相处是我们的必修课，今后用心和身边的人相处，扩展我们的视野，在我们的快乐小“扑满”中每天存入一个交往的果实吧。

九、操作建议

1. 在请同学介绍自己小“扑满”的时候，可以请有代表性的，形状各异的作品制作者上台介绍。

2. 在同学分享未来自己“扑满”的功能时，可以就同学打算存储的内容进行提问，询问其他同学有无相似的经历或相似的情感可以储存，然后让同学简单介绍一下自己的故事，以帮助彼此获得心灵上的支持。

3. 在学生交流分享自己“扑满”中的故事的时候，一般语言会具体化，教师需要精练这些故事，并与学生共同总结出为什么会在这些人际交往中获得快乐，从而获得人际交往的小技巧，感悟到人际交往的真谛。

4. 最后，在请同学们猜测“扑满”中还会存入和谁的故事时，可以深挖学生希望存入“扑满”但一直没有存入的与交往对象发生的故事，以启发学生思考是否因自己在与他 / 她的交往中存在着误会与矛盾，能否改善，以及如何改善等问题，以升华主题。

十、课堂反馈

学生反馈 1：

我想介绍一下我设计“扑满”的灵感。在“扑满”外面我画了妈妈的一只耳朵，因为妈妈以前对我学习上的要求很高，一旦没有考好，妈妈对我的态度就会很冷淡，还会说“让你补习这么多怎么会考这么差”。其实，我很想和妈妈说我也很难过，对于成绩我也很自责，希望妈妈能给我的是支持而非责骂。我想以后在我的“扑满”中记录我和妈妈的点滴，包括记录我想对妈妈说的话。于是，我刚刚在“扑满”中写了一封信。我想告诉她我理解她的一番用心和平时不敢和她说的话。

学生反馈 2：

我在装饰我的“扑满”的时候是在外围画了很多小猫咪，因为我平时喜欢毛茸茸的东西，尤其是喜欢撸猫。我制作“扑满”时，想到了我曾经与好朋友去猫咪咖啡馆一边撸猫一边喝饮料，当时我心情是很愉悦的，感觉很舒服惬意的。我和好朋友都是五年级学生，我们平时都是在做作业，难得可以这样休闲，所以觉得非常开心。我们马上要毕业了，我很珍惜好朋友在一起的时光，想把这份友情保存下来，存入“扑满”中，未来我想把和好朋友在一起的美好时光都记录下来。

学生反馈 3：

我是用笑脸来装扮我的小“扑满”的，因为我想我的“扑满”里记录的就是我以后觉得开心的时刻。我今天制作我的“扑满”的灵感是来自我与陌生人的故事。有一次，我在过马路的时候，车辆停下来让我先过，然后我朝司机叔叔鞠了一躬，当时我为我的行为感到自豪，司机叔叔也向我摆摆手。我觉得生活中有时温暖是来自陌生人的，他们会让你觉得社会还是很美好的。以后我会在“扑满”中记录每一天令人感动的时刻。

撰稿：上海市静安区闸北实验小学明德校　彭蓓倩

我的支持系统

一、活动目标

学生能够觉察支持系统对自己的帮助和意义，在遇到困境时有主动求助的意识和渠道，形成主动巩固、拓展、完善自己支持系统的意识。

二、活动对象

初中生、高中生

三、活动时间

约 30 分钟

四、活动场地

室内

五、活动准备

A4 白纸、水彩笔。

六、活动过程

1. 想一想：你在开心的时候想要与谁分享？你在难过的时候想要找谁倾诉？你在遇到麻烦、困难的时候，可以向谁呼救？在你陷入危机的时候，谁会出手相助？他们，构成了你的支持系统。

2. 写一写：他们的名字

拿出一张纸，在纸的最中间写下自己的名字，然后画几个同心圆。在同心圆内写下所有可能为你提供帮助的人。由近及远地写，越亲近的人写在距离圆心越近的地方。具体到每一个人的名字，越多越好。

3. 说一说：我们的故事

他们是如何帮助你的？这里有一些可能遇到的困难，如：考试失利、被嘲笑、在某次在意的选拔中落选、被老师错怪、父母吵架闹离婚、失去宠物或者亲人……请你说一说，如果这种情况发生，你会选择向谁求助？他会如何回应你？当然，你也可以说说自己曾经遇到过的其他情况。

4. 画一画：他们的样子

这份名单上的每一个人带给你的感觉像什么？你可以用一种物品、一种颜色、形状或者符号来形容这种感觉。感受一下置身于支持网络的中央，你的感受是怎样的？请把你的支持系统中的每一个人带给你的感觉用图像符号表达出来，并为你的支持系统命名。

七、活动提问

1. 事实

（1）你的支持系统中都有谁？他们分别会给你怎样的支持？

（2）你和支持系统之间发生过怎样的故事？

2. 感受

（1）支持系统中的“他”，带给你怎样的感觉？

（2）置身于支持系统的中央，你有什么感受吗？

3. 发现

（1）你支持系统中的人，可以分类吗？

（2）和其他同学相比较，哪一类比较多？哪一类比较少？

4. 未来

如果你有魔法棒，你希望你的支持系统发生怎样的变化？怎么做可以让这样的变化发生呢？

八、教师引导

支持系统就像我们的超能陆战队。在我们身边，也许没有像大白那样完美的保护者，但是，就像在小宏身边，除了大白，还有哥哥、阿姨、朋友，他们在我们需要的时候提供支持和帮助，他们构成了我们的支持系统。

支持系统中的人会用自己独特的方式给我们以支持。当我们拥有属于自己的支持系统，就会感觉温暖而强大，不再孤单和害怕。这个系统在平日里能给我们温暖，而在危机中，它更像是一张大网，在我们失足下坠的时候能把我们托住，在我们陷入泥沼的时候能拉我们一把，这是一张安全网，也是一张生命网。

如果我们的支持系统更大一些、组成人员更丰富一些、联系更加紧密一些，就能够给我们更加及时和有力的支持。但是支持系统并不是在我们陷入困境时从天而降的，它需要我们平时用心编织。一份关心的问候、真诚的感谢、主动的求助都可以建立起情感的连线，很多条情感的线交织在一起，才能成为一个系统。这就是支持系统的秘密——人和人之间是互相支持、互相支撑的，只有一个点成不了一条线，只有一条线成不了一张网。你很幸运拥有他人的支持，相信也有很多人，会因为你的存在而感到幸福。

九、操作建议

1.“支持系统”对学生而言是一个比较抽象的概念，为了让学生能够理解并且应用，教师可以多举一些例子，做一些比喻。比如，借用电影《超能陆战队》里的“大白”“超能陆战队”促进学生对“支持系统”的理解，借助“蜘蛛织网”的比喻表现出人与人之间的情感流动和互相支撑。

2. 本活动具有筛查功能。通过学生作品反馈，可以帮助心理老师了解、筛查支持系统薄弱的学生，在课后给予个别关注，有助于预防学生心理危机，从而架起学校心理健康教育工作中团体心理辅导与个别心理辅导之间的桥梁。

十、课堂反馈

1. 学生作品

图 1

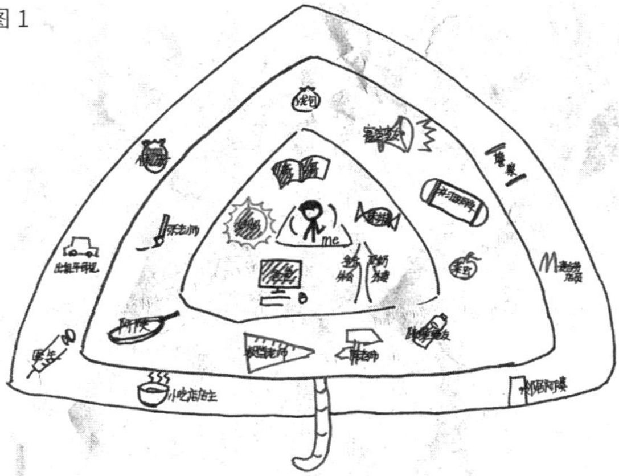

图 2

2. 课堂实录

片段 1：

师：你的支持系统是如何帮助你的？如果遇到生活中的麻烦和困难，你会选择向支持系统中的谁求助？他会如何回应你？

学生反馈 1：我考试考得不好的时候，我会和我爸爸说。一般他都不会批评我，而是会鼓励我，帮我一起分析原因。

学生反馈 2：如果我考得不好，我可不敢主动和爸妈说。我会跟好朋友说。因为他和我成绩差不多，最能够理解我的感受。我们会一起“吐槽”题目、“吐槽”爸妈，他还会讲笑话逗我开心。

学生反馈 3：我爸妈有一阵子吵架很厉害，我心情非常烦躁。我把心情写在了周记里，班主任老师主动找我谈心。她耐心地听我讲，告诉我如何看待父母之间的关系。后来我知道，她还和我父母做了沟通。我很感谢老师在我心情最低落的时候帮助我。

学生反馈 4：我有一次没带钥匙，又没带手机进不了家门，就只能在楼道里等。隔壁邻居奶奶邀请我去她家，而且请我吃点心，让我觉得很温暖。所以我觉得，除了亲朋好友，邻居甚至有时候陌生人都有可能成为我们的大白。

片段 2：

学生反馈 1（图 1）：我的支持系统是一把厚厚的“保护伞”，一共有四层，中间是我，第二层是我的亲人：爸爸是博学的电脑，妈妈是温暖的太阳，妹妹是糖果逗我开心，爷爷奶奶像大树给我依靠；第三层是我的同学、朋友和老师，他们用不同的方式帮助我；第四层是偶尔遇到的小卖店店主、医生、警察，等等，虽然只是一面之缘，但是他们也帮助过我，在有危机情况的时候，有他们在，就会感觉很安心。

学生反馈 2（图 2）：我把这幅图叫作生命花园。以我为中心，旁边是我的妈妈（太阳）和爸爸（大熊）。妈妈总是会细心呵护我，像极了阳光养育万物一般，爸爸总是给我依靠与安全感，所以爸爸在我心中是一只大熊的形象。我的爷爷是每天辛勤照看花园的农夫，他总是不辞辛劳地为家人付出。我的同学们都是花园里的小动物和花朵，为我的花园增添了生机，在我无助或者有困难的时候他们就会出现。

撰稿：上海市时代中学　朱雅勤

健康生活篇

我做“家庭时光”策划师

一、活动目标

1. 学生为自己的家庭策划一次周末或假期的家庭活动，营造美好的家庭氛围。

2. 学生了解所有家庭成员的需求，练习活动策划和实施，锻炼咨询与服务能力。

二、活动对象

小学生、初中生

三、活动时间

约 30 分钟

四、活动场地

室内

五、活动准备

学习活动单。

六、活动过程

1. 导入

节假日或平时周末，你家会安排一个特别的家庭时光吗？你们一家人会在一起做些什么呢？

在记忆中，有哪一次的家庭时光是让你觉得特别快乐 / 温馨 / 难忘的？

有哪些地方你觉得还不够满意？

学生交流分享。

今天就请你来做一次活动策划师，策划一次家庭时光吧！

2. 头脑风暴

在策划活动时，需要考虑哪些方面呢？

有哪些活动适合家庭在节假日或平时周末进行？

3. 策划家庭时光

请根据你对家庭和家人的了解，策划一次家庭时光。

要求：尽量满足不同家庭成员的需求；安排在合适的时间；预算控制在合理范围内；活动内容受欢迎；考虑好需要提前准备的事情及相关人选。

学生在学习活动单上完成活动策划。

学生在小组内交流自己的活动策划，听听组员的建议，修改不妥当、不合理之处。

七、活动提问

1. 事实

（1）你为家人策划了一次怎样的家庭时光？请你为大家介绍一下。

（2）在策划过程中，你遇到了什么困难？

2. 感受

在策划家庭时光的过程中，你有什么感受？

3. 发现

（1）在策划活动时，你觉得最需要考虑的是哪些方面？

（2）有哪些地方你需要提醒大家注意？

4. 未来

（1）如果你把这次活动策划拿给家人看，你觉得他们会有什么反应？

（2）哪些想法会得到家人的支持？哪些想法家人可能会提出不同建议？

（3）想象一下家人的这些反应，会给你的活动策划带来什么帮助和改变？

八、教师引导

特别的家庭时光对于一个家庭来说是非常重要的，可以增强家人之间的情感联结，改善家人之间的关系。

进入青春期的学生，更愿意与同伴在一起，和父母、家人在一起的时间会越来越少。邀请学生担任家庭活动策划师，能增强他们的自主意识，提高他们对家庭活动的参与度。

在策划活动时，需要考虑多方面的因素：有哪些成员参加？每个成员的意愿和需求是什么？活动安排在什么时间比较合适？这次活动大概需要花费多少钱？这个费用合理吗？要安排哪些活动内容？家庭成员喜欢这些内容吗？为了进行好这次活动，需要提前准备哪些事情？这些事情由谁来做？

适合家庭在节假日或平时周末进行的活动有这些，可以供学生参考：家庭外出聚餐，在家一起准备一餐饭，看电影，到 KTV 唱歌，打电动，玩游戏，“抓娃娃”，骑行，市内游，近郊游，野餐……

在策划家庭活动时，要考虑每个家庭成员的需求，尽量让每个人都能参与进来，感受到家庭时光的快乐和温馨。我们可以把自己的计划拿给家人看看，听听家人的反馈和建议，这能帮助我们改进计划。

九、操作建议

1. 学生可能会提道：平时家庭活动都是父母来安排的，自己没有决定权。这里可以先共情学生的情绪，然后再引导他们先尝试策划，在参与中感受到自己的价值，增强活动的吸引力，从而激发学生更多投入家庭的自主意识。

2. 学生策划的家庭活动可能会有一些不合理或难以实施的地方，这时可以邀请学生把自己的策划讲给同学，听听大家的建议；教师也可以提出自己的反馈，试试这样说：“如果我是你的妈妈，我可能会觉得……我希望这次活动……”

3. 该活动的时间安排在节假日前或寒暑假开始前比较好。活动形式可以是生涯教育课、社团活动、班队会课等，也可以家校互动活动的形式开展。可以邀请学生在课后将自己的活动策划方案带给家人，了解家人的实际反馈，并做出相应调整。如有条件，可在家庭中实际开展，并在后续交流开展情况。为了保护学生的自主性与投入度，可在活动开展前向家长做一介绍说明，希望家长能以鼓励、包容的态度对待孩子对家庭活动的投入和参与。

十、课堂反馈

学生反馈 1：策划一次家庭活动并不容易，要考虑很多方面，不能只想着自己去哪里玩，要更多考虑家人，希望这次活动每个人都能开开心心的。

学生反馈 2：我们家每年都要出去旅行，我想到我妈妈为了旅行，提早很久就要做准备，上网查资料、做攻略、找美食，还要订酒店、订机票。为了让我们能玩得开心，我妈妈真的很辛苦。以后我可以帮妈妈分担，和她一起策划家庭旅行。

附：学习活动单

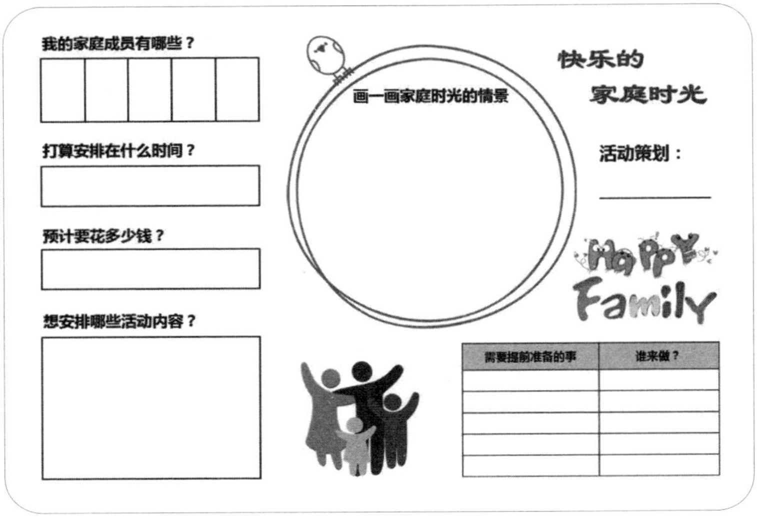

撰稿：上海市第一师范学校附属小学　曹琳珠

家务一箩筐

一、活动目标

1. 列出家庭中家务的类别与分工，经由关于家务分工的讨论，理解每个家庭成员的角色不同，分工不同。

2. 思考自己对未来家庭生活分工的倾向和价值观。

二、活动对象

初中生

三、活动时间

约 40 分钟

四、活动场地

室内

五、活动准备

学生准备：课前小调查即家务预估时间表，每人准备三本书、一个环保袋。

教师准备：贴纸、记号笔、N 次贴、家庭成员的手偶。

六、活动过程

1.“齐聚”同色心

每个同学在台板里收到一颗彩色的心（共 8 色）。

去寻找和你拥有同款彩色心的人，按 PPT 的指示图入组，完成不同结构家庭的分组。

2.“可乐”一家门

每个小组成员人数不同，形成不同结构的家庭。

根据不同人数，拿到不同的剧本。

小组成员根据剧本来分配家庭角色，请把分配好的角色写在爱心上，如“爸爸”“女儿”，贴在胸前。

3.“家务”一箩筐

选：根据组成的临时家庭情况，参考课前小调查的数据，选出10件这个家庭需要做的家务。

贴：把选出的家务名称写在便签纸上，每张写一项，贴在相应的书本上，用书本来代表家务。

分：每个家庭商量如何来分配家务，把分配给自己的家务放进环保袋体验下重量，也和其他成员交换体验。

展：最后把每个成员分配好的家务堆放在一起，把身上的角色贴纸撕下来再贴上去，表明是由谁来承担这些家务的。

4.“走访”别家门

观：每个家庭成员带上10枚圆点标签，去参观其他家庭，看看他们是如何分工合作的。

赞：可以把圆点贴在让你印象深刻的家庭成员的爱心上。（每个家庭至少一个成员）

七、活动提问

邀请得赞数最多的成员和家庭接受采访。（带着装着“家务”的环保袋，手拿家庭成员的手偶上台分享）

1. 事实

今天在家庭中担任什么角色？分配到哪些家务？你们是如何分工的？

2. 感受

对临时家庭的分工还满意吗？你们是怎么分工的？

3. 发现

你们对家务分工、对家庭成员的角色与责任有什么新的发现和思考？

4. 未来

（1）你自己的家庭和今天游戏体验的家庭在家务承担上有何不同？

（2）你可以在家庭生活中做些怎样的调整，让从事这样家务的人省时省力一些？

八、教师引导

家务，不仅是劳动，还是家庭成员的链接。

家务，运动的是身体，流淌的是情感。

每个人对家务的承担，都承载着对自己角色的理解和承担。每个家庭对家务劳动的分配，也呈现出家庭成员的关系以及对家庭成员角色的理解。

比起感动更重要的是行动，做家务的过程也是投入生活的过程，希望你们从劳作的辛苦中品出家的幸福。

每周例行家务	预估每周所花的时间
范例：做晚饭	（每次1—2小时）约10小时

九、操作建议

1. 学生带的书本大小、厚度可以有所区别。

2. 讨论的10件家务可参照课前调查表的情况。找比较有共性的答案。

3. 点赞环节可有更多的互动，比如你把点投给了谁？你的理由是什么？当你获得这么多赞，有什么体会想要和大家分享吗？

十、课堂反馈

学生反馈1：当我在活动中体验全职妈妈的角色时，大家都默认家务活应该是我做的。我有些委屈，尤其是最后我那包代表家务活的袋子特别沉的时候。不过在最后一个点赞环节，看到那么多人把赞给我了，我感到被大家看到了我的辛苦。让我想到自己的家人当中也总有做很多的活，会有抱怨的时候，我好像更理解她了。还有，就是全职妈妈也很忙的！

学生反馈2：今天的课堂有很多惊喜，抽到粉色的爱心，被安排做了爸爸，我们组的同学在选择家务时有很多的共鸣，很快能写出来。分家务就有点困难了。一起上台带着手偶分享，真的感觉我们是一家人。这样可以走来走去一直和同伴讨论的课堂，感觉时间过得太快了！

附：课前小调查——例行家务预估时间表

一个家要顺利运作，须完成哪些家务才能满足家庭成员的各项需求？请通过自己观察、访谈家庭成员等方式，列出自己家里每周的例行家务（至少10项），并预估所花的时间，填入下表中。

1.	
2.	
3.	
4.	
5.	
6.	
7.	
8.	
9.	
10.	
总计花费时间	

撰稿：同济大学附属七一中学　金小燕

零用钱我来管

一、活动目标

1. 学生了解可以将零用钱按照储蓄、消费和爱心助人三个类别进行分配管理。

2. 学生锻炼合理分配和使用零用钱的能力。

3. 学生初步培养理财意识，逐步养成理财习惯。

二、活动对象

小学高年级学生、初中生

三、活动时间

约 1 小时

四、活动场地

室内

五、活动准备

给每位学生准备一些代币：圆形塑料代币或纸质卡片代币。

给每位学生准备三个小盒子（也可在一张纸上画出三个方格，代表三个小盒子）。

六、活动过程与提问

1. 零用钱小调查

平时父母和家人会给你零用钱吗？每周给你多少钱？

这些零用钱你会怎么用？是全部花掉，还是会存起来一部分？是全部给自己用，还是会给别人用一些？

2. 零用钱这样分

师：现在我们已经长大了，而且随着年龄的增长，零用钱也会变多。我们需要学习如何更好地管理自己的零用钱，这个本领对于我们现在和以后的生活都非常重要。

（1）教师介绍零用钱的三分法

我们可以把零用钱分成三份，分别放在三个盒子里：第一个盒子是“储蓄盒”，这里的钱要存起来；第二个盒子是“消费盒”，这里的钱可以买东西花掉；第三个盒子是“爱心盒”，用来向家人、朋友表达爱心，以及帮助别人。

（2）学生尝试零用钱三分法

对于你的零用钱，你拥有分配权。假设你每周有 100 元零用钱，你会如何分到三个盒子里呢？请你试着分一分。

学生根据自己的想法，把 100 元代币分别放在三个盒子里。

（3）学生交流讨论

提问（事实）：你的 100 元零用钱是怎么分的？每个盒子里分别有多少钱？

请多位学生发言交流。

提问（感受）：听了同学们的发言后，你有什么感受？

提问（发现）：你觉得自己之前的分法，有什么需要调整的吗？

学生调整金额分配，并交流。

3. 储蓄盒这样用

过了一段时间后，储蓄盒里可能会攒下很多钱，这时我们可以把钱存到银行里。

教学对象为小学高年级学生时：学习银行储蓄与利息的概念。

教学对象为初中生时：学习不同的理财配置。

（1）介绍常见的理财方式——银行储蓄、理财产品、基金（货币基金、股票基金、混合基金）、股票、债券、黄金……

（2）介绍不同理财方式的收益与风险关系。

低收益、低风险（银行储蓄、理财产品）

中收益、中风险（基金）

高收益、高风险（股票）

（3）介绍理财原则：不要将所有的鸡蛋放到一个篮子里。通过组合投资，相互弥补各自的缺点，避免全军覆没的危险。

（4）学生尝试把储蓄盒里的钱进行理财配置。

4. 消费盒与爱心盒

使用消费盒里的钱，注意区分“我需要”和“我想要”，避免过多购买不需要的东西能减少开支。你有什么“我需要”，有什么“我想要”？

使用爱心盒里的钱，可以给家人、朋友购买礼物，表达爱意，也可以用它帮助其他人（捐款、公益活动等）。你的爱心盒会如何使用？

5. 情境应用

假设你想参加一个夏令营活动，需要 800 元的费用，爸爸妈妈说这次你需要自己来付这笔钱。但每周你只有 100 元零用钱，距离夏令营开始只有 1 个月时间了，你会怎么办？

请你结合三个盒子的使用，说说你的想法。

6. 总结回顾

提问（事实）：

经过刚才的学习和讨论，你会对自己的三个盒子做什么调整吗？

提问（感受）：
看着自己的储蓄盒、消费盒和爱心盒，你有什么感受？
你最喜欢哪个盒子？
提问（发现）：
通过今天的学习，你对如何分配自己的零用钱有了什么新的收获和思考？
提问（未来）：
在以后的生活中，你打算如何管理和分配自己的零用钱？
畅想一下，今天的学习收获会对你以后的生活产生什么样的影响？

七、教师引导

把零用钱分成三份分别放在储蓄盒、消费盒和爱心盒中，表示金钱管理分配的方式，即金钱用于储蓄、消费和爱心助人。这里并没有明确的分配比例，可以根据自己的需求进行分配。在不同的阶段，分配比例也会发生变化。

储蓄盒里的钱可以存进银行，银行存款不仅安全，而且可以获得利息。除了银行储蓄存款之外，还有理财产品、基金、股票、债券、黄金等多种理财方式。不同理财方式的收益和风险不同，要通过组合投资，合理配置。

财商绝对不是压抑自己什么都不买，而是要学会区分“我需要”和“我想要”。“我需要”是需求，是我们一定需要的东西，没有它们也许我们就无法生存；“我想要”是欲望，是那些有了会挺好，但不是必需的东西。照顾好自己“需求”之后再满足自己的“欲望”，这才是真正的自由。

我们要做金钱的主人，而不是金钱的奴隶。在满足了自己的需求和欲望后，可以用自己的钱来向别人传达爱意、帮助其他人，这是很幸福的一件事。

八、操作建议

1.《富爸爸穷爸爸》的作者罗伯特·清崎曾说过：“财商，是一个人与金钱打交道的能力，是理财的智慧。如果你不教孩子金钱的知识，将来有其他人取代你教训孩子。这个人是谁？也许是债主，也许是奸商，也许是警方，也许是骗子。”理财教育并不只是教孩子认识金钱，管理金钱，更多的是教给孩子形成正确的人生观、价值观，以及健康的人格。因此，在开展本活动的过程中，教师除了组织开展学习活动之外，还应注重对学生理财观念的引导，注重培养学生正确的金钱观和价值观。

2. 对于储蓄盒、消费盒和爱心盒并没有明确的分配比例，学生可根据自己的实际情况进行尝试，并阐述理由。学生在分配时可能有某些不合理之处，教师不能将自己的金钱观强加给学生，更不必追求“标准答案”，可引导其多听听其他同学的做法和想法，思考自己现有分配方式可能带来的影响，鼓励学生自己做出改变和调整。

撰稿：上海市第一师范学校附属小学　曹琳珠

时间四象限

一、活动目标

1. 提高对于时间管理的兴趣。

2. 练习四象限法则的使用。

二、活动对象

全学段学生

三、活动时间

约 30 分钟

四、活动场地

室内

五、活动准备

活动单（1 张 / 人）。

六、活动过程

1. 讨论周末计划

学生一起分享自己平时周末会做的事情。

2. 完成计划清单

学生将本周末要做的事情填写到计划清单中（包括完成每件事需要的时间）。

3. 绘制四象限

（1）画出横坐标和纵坐标；

（2）确定第一、二、三、四象限，并分别对应重要且紧急、重要且不紧急、不重要且不紧急、不重要且紧急。

（3）将计划清单里的事情放入对应的象限里去。

（4）以小组形式分享讨论自己的四象限。

七、活动提问

1. 事实

在将计划清单里的事情放入四象限中时，是否有哪件事让你不知道该如何分类？

2. 感受

（1）在将事情按照四象限来分类时，你的感受如何？

（2）看到别人分享的四象限时，你的感受怎么？

3. 发现

（1）在大家讨论自己平时周末会做的事情时，你发现了什么？

（2）在完成四象限时，你有何发现？

（3）别人分享的四象限，你赞同吗？

4. 未来

（1）当你以后感到有很多事情要做、一团乱麻时，你会如何处理？

（2）今天的活动，你有什么收获？

八、教师引导

右上角是第一象限，按照逆时针的顺序，它们分别是第二、第三和第四象限。第一象限对应的是重要且紧急的任务。第二象限对应的是重要但不紧急的任务。第三和第四象限分别对应不重要且不紧急与紧急但不重要的任务。将学习任务按照轻重缓急的标准来区分，然后放入象限里去。

你们思考一下，要先完成哪个象限里的任务？肯定是第一和第二象限。有时候会感觉到焦头烂额，是因为你们会把所有的事情都拖到最后一天、最后一分钟去做，就会感觉事情好多，根本忙不完。这是硬生生把第二象限的事情给拖到第三象限去了。第二象限里都是重要但不紧急的事情。就因为不紧急，有些同学就非要好几件事情都拖到最后一天才着急地去做，结果时间不够用，然后就囫囵吞枣地做。

有的同学会先处理第四象限里的事情，因为觉得紧急就要立刻处理。但是这些事情并不重要，也就是说即使没有当下立即完成它，也并不会造成十分严重的后果。比如正做着作业，同学在微信上呼唤你。然后你一句我一句地聊起来，时间一转眼就没了。等到意识到浪费了时间，就更焦虑了。紧急的事情，如果不重要，是不是可以交给别人去做呢？或者尽可能用最短的时间处理掉。

九、操作建议

1. 关于第四象限里事情的处理，要重点讨论。学生会好奇：事情很紧急，难道不需要立刻处理吗？笔者认为可以立刻处理，但不是重点处理。因为它不重要，所以可以花较少的精力和时间来做。可以让学生分享他们第四象限里的事情，大家一起讨论如何妥当处理它们。

2. 教师可以在这里点明：今天学会了四象限法则并不表示自己就拥有了自主管理

的能力，时间管理能力是要培养的。除了会用四象限法则之外，还要保证自己能够按照计划完成所有的任务。所以，教师可以组织学生讨论如何强化四象限法则的使用，或者如何保证自己能按照四象限的分类顺利完成所有的任务。

十、课堂反馈

学生反馈 1：家长一直都会提醒我们，抓紧时间，提高效率。说实话，有时候有些烦。我们现在往往没有太多的时间去自我管理，有时间了就想好好休息。

学生反馈 2：把事情一分类，就好像没有那么着急了，也没有那么感觉一团糟了。这是个好办法，可以决定什么事情先做，什么事情后做。

学生反馈 3：我们在讨论的时候发现，对于重要性的认识，每个人都是不一样的。看来，有时候我们和家长沟通时间管理，要注意这个点。

附：

撰稿：上海市静安区风华初级中学西校　陈爽

我的拖延小虫

一、活动目标

1. 学生将拖延具象化，借助表达感受，了解拖延对自己生活和学习的影响。

2. 学生借助讨论的方式，发现和分享化解拖延的方法。

二、活动对象

初中生

三、活动时间

约 30 分钟

四、活动场地

室内

五、活动准备

活动单（1 张 / 人）、画笔（1 套 / 组）。

六、活动过程

1. 引导语：你在什么时候容易拖延呢？如果说拖延是一条小虫，当它出现时，它是什么样子的？什么颜色？什么形状？体积有多大？请将它的样子画在活动单上。

2. 学生作画。

3. 为自己的拖延小虫起个名字。

4. 组内相互传阅。

七、活动提问

1. 事实

（问作画者）它叫什么？为什么是这个形象？当它出现时，你的感受如何？

2. 感受

（1）（问作画者）在作画的过程中，你的感受如何？当它出现时，你的感受如何？

（2）谁的拖延小虫让你印象深刻？

3. 发现

引导语：当拖延小虫出现时，有的同学会感觉烦躁、讨厌，有的同学感觉开心，因为可以让我们暂时放松娱乐一会儿。真是一条让人又爱又恨的小虫子。

请大家思考一下，当拖延小虫出现时，你会做些什么让它变得听话一点？

4. 未来

同学们分享的方法中，哪一条是你希望在今后多多使用的？如果下次拖延小虫又出现，你会怎么处理？

八、教师引导

拖延这件事听上去有点糟糕，它让我们有可能在规定时间里完不成任务。但值得安慰的是，有调查结果显示，约有 95% 的人承认自己常常会拖延。可以说，人人都会拖延。

拖延最大的好处就是当我们感到焦虑时，它能让我们暂时与焦虑感分离开。

于是一条叫“拖延”的小虫就钻进了你的生活中，让事情变慢。

九、操作建议

1. 引导学生画出拖延小虫的样子，而非拖延时自己的感受和身体状态。

2. 如果有条件，可以挑选几个学生的画呈现到大屏幕上，请同学为大家介绍拖延小虫。

3. 活动不是要让学生站在拖延的对立面，而是在同时看到拖延对自己正负面影响的基础上，去思考如何缓解拖延。因此，当学生把拖延小虫画得很可爱，或者表达了对它的喜欢时，这些表达都应该被接纳。

十、课堂反馈

学生作画、分享。

“我的拖延小虫是一只蜗牛，它每次出现，都让我的时钟走得很慢。”

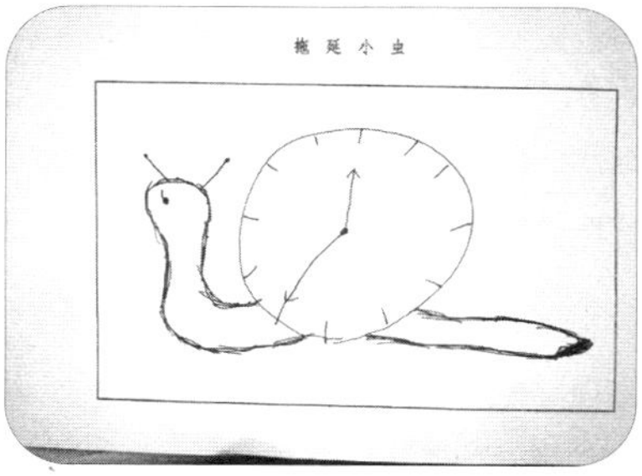

“它像一个恐怖的魔鬼，张着大口，把我给吞噬了。”

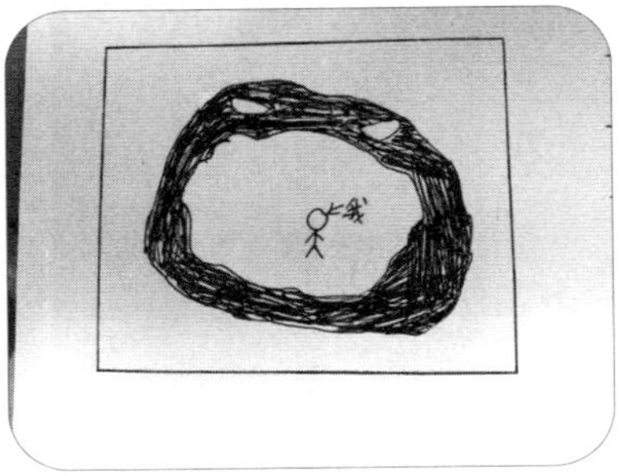

“当我想拖延的时候，我会听歌，这样我就不用刷手机了。”

“一开始，它像一只美丽的蝴蝶。但是等我意识到耽误了很多作业的时候，拖延小虫便露出了它的獠牙，它变得邪恶了。”

附：

“拖延小虫”

如何解决？

撰稿：上海市静安区风华初级中学西校　陈爽

番茄工作法

一、活动目标

1. 提高学生对于时间管理的兴趣。

2. 学生初步了解和练习番茄工作法的使用步骤。

二、活动对象

全学段学生

三、活动时间

约 30 分钟

四、活动场地

室内

五、活动准备

活动单（1 张 / 人）。

六、活动过程

1. 讨论周末计划

学生一起分享自己平时在周末会做的事情。

2. 完成计划清单

学生将本周末要做的事情填写到计划清单中（包括完成每件事需要的时间）。

要求：只需填写任务和对应的时长。

3. 完成番茄清单

（1）介绍番茄工作法

发明这个方法的人是弗朗西斯科 · 西洛里。当初他看了这个厨房定时器，才称这个方法为番茄工作法的。他把每个小番茄设定为 25 分钟，根据完成任务所需时长，将任务划分为若干个小番茄。每完成一个小番茄，就休息 5 分钟。

（2）要求

设定一个小番茄对应的时间，计算每件任务要分解成几个小番茄。

（3）需要注意的问题

若某项任务分解的小番茄数量达到七八个，说明任务复杂，需要将任务进行拆分。

若某项任务用不了25分钟，对应的小番茄数量就设为1。

每个人分配给一个小番茄的时间未必相同，大家可以根据自己的情况设定番茄时长。

4. 5分钟内如何休息

当同学们完成了番茄清单时，你就已经顺利地种出了自己的第一个小番茄。现在，我们来讨论一下：在5分钟的休息时间里可以做些什么来放松自己？

七、活动提问

1. 事实

在填写番茄清单的过程中，你遇到了哪些问题或困惑？

2. 感受

（1）在填写番茄清单的过程中，你的感受如何？

（2）当你填写完番茄清单，成功种出了你的这个小番茄的时候，你的感受如何？

（3）成功种出第一个小番茄的时候，你有什么感觉？

3. 发现

（1）在大家讨论自己平时周末会做的事情时，你发现了什么？

（2）在填写计划清单或番茄清单时，你又有何发现？

（3）在讨论5分钟里如何放松自己时，你又想到了什么？

4. 未来

（1）当你以后意识到自己正在拖延，或正在被一堆事情搞得焦头烂额时，你会如何处理？

（2）今天的活动，你有什么收获？

八、教师引导

同学们从自己过去的经验中总结了很多缓解拖延的方法。老师今天也想分享一个方法：用一个小番茄，让你的拖延小虫乖乖听话。

发明这个方法的人是弗朗西斯科·西洛里。当初他就是在厨房看到了这个番茄形状的定时器，才称这个方法为番茄工作法的。你可以通过拧转这个定时器来设定你想要的时间。除此之外，还有其他形状的定时器，比如鸡蛋状、公鸡状、苹果状等。我们也可以用最常见的手机闹铃来替代。

把你想做的事情分别写在番茄清单里。然后针对每条任务，预估完成它需要花费的时间。大家可以半小时为1个单位来推算你要种植多少个小番茄。因为“一个番茄+5分钟休息时间”刚好是半小时。比如做作业，我预估会花费1个小时，那我要种下的小番茄就是2。当任务完成后，你还可以填写成熟了几个，枯萎了几个，并且反思枯萎的原因是什么。

现在，我们要在现场种植自己的第一个小番茄。这个小番茄对应的任务就是完成番茄清单。给大家3分钟时间。看看我们的这个小番茄能否顺利种出。

九、操作建议

1. 关于学生在完成番茄清单的过程中可能会遇到的问题，教师需要提前做好预设。比如一个任务对应的番茄数量过多或过少。这些可以请学生在活动过程中发现并提问后，由教师解答。

2. 将学生现场填写番茄清单作为一个任务，这个任务的顺利完成，象征着学生种出了自己的一个小番茄，并询问学生的感受。这个任务的时间可以设定为3分钟或者其他时间。若有的同学没有完成，即说明每个人的小番茄对应的时间不同，要根据自己的情况和任务的难度来调整。

3. 关于5分钟里可以做些什么来放松自己，其实跟学生们拖延、注意力不够集中时喜欢做的事情有很多重叠，比如：望望窗外、倒杯水喝、听听音乐、活动两下、放空一会儿……

教师可以在这里点明：番茄工作法并不是让我们不再拖延，而是把我们喜欢做的与任务无关的事情放在那5分钟的休息时间里去做。让这些事情变得可以被控制，这样就不会杂乱无章地干扰我们的任务了。

十、课堂反馈

笔者某一次上这堂课的时候，学生曾反馈：番茄法我用过，不管用。这时需要和学生讨论：你是如何使用的？什么样的结果在你看来没效果？没效果的原因是什么？有没有可能是本身想缓解拖延的动力不够？可以告诉大家，这个方法并不是适用所有人。我们要找到适合自己的方法。

参考《番茄工作法图解：简单易行的时间管理方法》（诺特伯格著，大胖译，人民邮电出版社2011年2月版）

撰稿：上海市静安区风华初级中学西校　陈爽

手机管理大讨论

一、活动目标

1. 通过角色扮演的方式，理解亲子在手机管理问题上的立场。

2. 讨论手机管理的困难点，并尝试思考如何去解决。

二、活动对象

初中生

三、活动时间

30 分钟

四、活动场地

室内

五、活动准备

情景剧排练。

六、活动过程

1. 案例呈现

刚上初中的小君拥有了属于自己的第一部手机。在买手机之前，他向爸妈保证说，一定会管好自己使用手机的时间，不会影响到自己的学习。一段时间过去了，小君拿起手机的时间越来越多了。

这一天放学，小君回到家，放下书包就拿出手机开始玩，妈妈叫了他好几次先洗手吃点东西，然后赶紧做功课。小君仿佛没有听见一般，继续沉浸在刷屏的快乐中。妈妈有点生气了，走过去，想看看小君到底在看什么。小君见状赶紧护住手机不让妈妈看，大声吼道："你侵犯我的隐私。"妈妈说："你有什么不能给我看的，手机还是我们给你买的呢？你说你能管好自己，可是你做到了吗？"说着说着，妈妈的火一下子就蹿了起来，提高了嗓门叫小君把手机交出来，还作势要去抢手机……

2. 角色扮演

（1）环节一

当妈妈开始喋喋不休，小君感到心烦的时候，定格表演。

请两组同学分别站到妈妈和小君身后，担任替身。妈妈的替身说出妈妈看到小君放学回来一直在玩手机时的心理活动，小君的替身说出小君听到妈妈的责备后自己的想法和感受。

（2）环节二

请另外两组同学分别站到妈妈和小君身前，分别代表妈妈和小君的替身。

小君的替身回应妈妈的担忧，说出自己的解决方案；妈妈的替身回应小君的反馈，说出自己的解决方案。

七、活动提问

1. 事实

关于手机使用，亲子双方会有什么不同的观点和立场？

2. 感受

（1）看了这个场景片段，你有什么感受？

（2）哪个场景或是谁说的话，让你最有感触或者有共鸣，为什么？

3. 发现

（1）对于手机管理的问题，你今天有什么新的发现？

（2）怎样更好地管理手机，你有什么好的方法吗？最考验亲子双方的是什么？

4. 未来

（1）对手机管理的自主权问题，和你的生活有什么联系吗？

（2）哪些方法将来可以试一试？你还有哪些好的建议可以给妈妈和小君？

八、教师引导

手机争夺战不仅仅是手机的问题，背后各种的担忧和诉求，需要我们用良好的沟通、合理的规则、自我的管理、建设性的方法去好好化解和回应，让自己真正成为手机的主人。

手机管理权的问题，看上去是权利，其实更是一份责任。能够实现自我管理，才能实现使用自由。

九、操作建议

1. 情景剧需要事先进行排练，表演过程中避免笑场，以免影响代入感。如果时间并不充裕，也可以拍成视频进行播放，在角色扮演时再邀请两位同学扮演母子两人的雕塑。

2. 讨论分享和总结引导的过程中，教师应保持中立的态度和立场，要注意避免站在家长角色的立场上做出过多的认同，以免引起学生的反感。

撰稿：上海市五四中学　唐晓岚

网络安全蛇梯棋

一、活动目标

1. 学生学习识别网络使用过程中的安全行为和不安全行为。

2. 学生通过制作蛇梯棋并进行游戏，提高识别危险、安全使用网络的意识。

二、活动对象

小学高年级学生、初中生

三、活动时间

约 1 小时

四、活动场地

室内

五、活动准备

1. 每人一张蛇梯棋空白棋盘（纸质打印稿）。

2. 每人一套彩色笔。

3. 各种颜色的软陶或彩泥。

六、活动过程

1. 课前小调查

你是否有属于自己的手机？

你是否有属于自己的电脑或平板电脑？

你从什么时候开始使用网络？（幼儿园、小学一二年级、小学三四五年级……）

你会使用网络做什么？（使用微信、QQ 等社交软件；在线学习；发布照片、视频等；购物、支付……）

2. 分辨网络安全行为与危险行为

下面这些做法，哪些能保护自己？哪些会带来危险？

安装杀毒软件，定期杀毒。

把有家庭住址、学校、班级等信息的照片发到网上。

把支付账号和密码告诉他人。

把自己的真实姓名、联系方式告诉陌生网友。

不在网上传播谣言。

使用“青少年模式”上网。

碰到不健康的网站和弹窗，立刻关闭。

在社交平台侮辱、威胁他人。

偷拍别人的照片，发到网上。

遇到网络暴力，及时告诉父母和老师。

随意点击“中奖”“红包”链接。

3. 制作网络安全蛇梯棋

（1）了解蛇梯棋的玩法

“梯子”表示远离危险、自我保护的做法；“蛇”表示陷入危险、伤害自己的做法。

轮流掷骰子，根据点数前进。遇到“梯子”，可从梯子的底端上升到梯子的顶端；遇到“蛇”，要从蛇头位置退回到蛇尾位置。先到终点者为胜。

（2）了解制作要点

确定“梯子”和“蛇”的数量：在100格的棋盘上，“梯子”和“蛇”的数量保持基本相等（各4—5个）。

设计好“梯子”和“蛇”的位置，避免跨度过大，避免互相交叉。

在“梯子”的底端格子里，写上远离危险、自我保护的做法；在“蛇”的头部格子里，写上陷入危险、伤害自己的做法。

涂色与美化：对棋盘、“梯子”和“蛇”进行涂色，也可适当添加一些与主题相关的图画。

为小组制作的蛇梯棋起一个名字。

用软陶、彩泥等媒材制作骰子（每组1个）和不同颜色的棋子（每人1个）。

（3）制作蛇梯棋

以小组为单位，分工合作，完成蛇梯棋的制作每组3—4人为宜。

4. 进行网络安全蛇梯棋的游戏

以小组为单位，尝试蛇梯棋的游戏。

走到“梯子”和“蛇”所在的格子时，须读出格子的内容，讲出该行为的安全或危险之处，并相应前进或后退。

七、活动提问

1. 事实

在你们设计的蛇梯棋中，有哪些安全做法？有哪些危险做法？

2. 感受

（1）在制作蛇梯棋的过程中，你的感受如何？

（2）在玩蛇梯棋游戏的过程中，你的感受如何？

3. 发现

通过蛇梯棋的游戏，你对网络安全有了哪些新的认识？

4. 未来

今天的活动收获，有哪些是可以在以后的网络使用中加以运用的？

八、教师引导

我们的生活离不开网络。网络世界在给我们带来便利的同时，也暗藏着很多危险。学习网络安全知识是每个人必备的生活技能。

安全使用网络，要保护好自己的个人隐私不泄露，注意信息安全和财产安全，同时也要在网络上言行文明，既保护好自己，也不伤害别人。

本课讨论的网络安全主要包括以下四个方面：

（1）个人隐私安全：避免个人隐私和个人信息泄露。

（2）信息安全：避免软件、数据等遭遇恶意破坏。

（3）财产安全：避免网络诈骗、财产损失。

（4）文明言行：营造健康、文明的网络环境。

九、操作建议

1. 教师在上课前，需要提前学习关于网络安全的内容，充分了解相关知识，以保证能给学生提供恰当的反馈和指导。

2. 技术发展日新月异，网络安全的内容也会相应发生变化。教师要不断更新自己的知识储备，以便为学生提供最适应时代发展的知识和技能。

3. 对于不安全的网络使用行为，教师需引导学生分辨该行为可能会带来的危险有哪些，并了解如何做才是安全行为。

4. 蛇梯棋的制作和游戏时间比较长，建议放在社团活动或拓展课上进行。

5. 在蛇梯棋的制作过程中，教师可提出不同难度的任务要求：

对小学四、五年级学生，教师可提供使用网络的安全与不安全行为，先由学生分辨，再填入蛇梯棋棋盘。

对于初中学生，学生可在教师提供的范围之外，补充其他内容，或设计其他游戏形式。

十、课堂反馈

学生反馈 1：在平时使用网络时，我也遇到过安全陷阱。比如，让我把广告转发给多少个朋友，就能获得红包，其实根本没有红包。通过这节课的学习，我知道了这是个陷阱，不仅拿不到红包，还会给自己带来危险。

学生反馈 2：自己设计蛇梯棋游戏很有趣！我可以自己决定“蛇”在哪里，“梯子”在哪里。那些特别危险的做法，我会让它多退几步，让玩的人知道这样做后果有多严重。我觉得自己设计好的这个游戏，可以带回家给我妹妹玩，让她也学习一下安全知识。

附：

可以在网上以“蛇梯棋”为关键词搜索图片，为学生呈现蛇梯棋的相关图片作为样例。

下图为蛇梯棋的空白棋盘。学生可在空白棋盘上添上文字和图画，完成棋盘的制作。

100	99	98	97	96	95	94	93	92	91
81	82	83	84	85	86	87	88	89	90
80	79	78	77	76	75	74	73	72	71
61	62	63	64	65	66	67	68	69	70
60	59	58	57	56	55	54	53	52	51
41	42	43	44	45	46	47	48	49	50
40	39	38	37	36	35	34	33	32	31
21	22	23	24	25	26	27	28	29	30
20	19	18	17	16	15	14	13	12	11
1	2	3	4	5	6	7	8	9	10

撰稿：上海市第一师范学校附属小学　曹琳珠

饮食大考验

一、活动目标

1. 能通过饮食习惯调查，检视个人饮食习惯并说出能调整之处。

2. 能通过小组知识问答讨论完成宣传海报的活动，拓宽健康饮食的行为选择。

二、活动对象

小学生、初中生

三、活动时间

约 30 分钟

四、活动场地

室内

五、活动准备

活动任务单。

六、活动过程

1. 饮食习惯调查表

说明：依照自己最近一周的饮食情形，圈出符合的数字。

总是：10 次中有 8 次以上　　常常：10 次中有 6—7 次

偶尔：10 次中有 3—5 次　　很少：10 次中有 1—2 次　　从不：完全没有

题号	内容	总是	常常	偶尔	很少	从不
1	我会遵循三低一高（低油、低盐、低糖、高纤维）的原则					
2	我会以吃糙米饭或全麦代替精制白米饭					
3	我每天都会喝牛奶或豆浆					
4	我会每天均衡摄取六大类食物					
5	我会每天吃至少三份蔬菜					
6	我会每天至少吃一份水果					
7	我会每天喝 2000 毫升白开水					
8	我会每天吃早餐					
9	我会在用餐时细嚼慢咽					
10	我会以愉快的心情用餐					
11	我会在三餐中，选择两餐以上在外就餐或点外卖					
12	我会有一餐不吃或以零食取代					

题号	内容	总是	常常	偶尔	很少	从不
13	我会边看电子产品边吃零食					
14	我会吃薯片、糖果等零食					
15	我会喝含糖饮料，例如：汽水、红茶、奶茶等					
16	我会吃口味较重的食物，例如：很咸或很辣等					
17	我会吃油炸类的食物					
18	我会拒绝吃蔬菜或水果					
19	我会在晚上八点后或睡前三小时吃东西					
20	我会在用餐时使用一次性餐具					

计分标准：

题号 1—10：“总是”得 5 分，“常常”得 4 分，“偶尔”得 3 分，“很少”得 2 分，“从不”得 1 分

题号 11—20：“总是”得 1 分，“常常”得 2 分，“偶尔”得 3 分，“很少”得 4 分，“从不”得 5 分

80—100 分：很棒呀！你的饮食习惯很不错，是大家的榜样！

60—79 分：不错呀！再学一些就餐的健康技巧，你的饮食生活会更好。

59 分以下：加油呀！要健康就要改变一下饮食习惯。

我得到 ________ 分，需要改进的地方是 ____________________________。

2. 健康饮食知识问答

（1）请写出五种常见的在外就餐的场所。

参考答案：速食店、路边摊、自助餐厅、饭店、酒店。

（2）请写出三种在自助餐选择食物时，挑选食物的方法。

参考答案：尽量选择六大类食物以达到营养均衡、选择非油炸的食物、多选择蔬菜等。

（3）外出就餐时，除了注重卫生、美味、色泽好以外，还要注意什么？请写出三种。

参考答案：尽量选择低油、低糖、低盐、低脂、高纤维的新鲜菜肴。

（4）请写出三种在就餐时，较健康的烹饪方式。

参考答案：清蒸、烤、卤、凉拌、焖菜。

（5）生鲜食品可以从外观判断其品质的好坏，加工过的食品要通过包装说明辨别品质和影响。写出三种选择食品看标签说明的注意点。

参考答案：原料名称、食品添加物名称、制造厂家地址、制造时间、保质期等。

3. 健康知识海报制作与宣讲

（1）结合前面两个小活动，用思维导图、手绘等形式整理健康饮食的小常识，并绘制成海报。

（2）小组间分享海报内容。

七、活动提问

1. 事实

通过和同学交流分享及调查结果，我发现自己的饮食习惯有哪些部分表现很好？哪些部分需要调整？

2. 感受

了解了自己的饮食习惯是否健康以后，你有什么感受？

3. 发现

如果要改变自己的饮食习惯，需要从哪些地方做起？

4. 未来

今天获得的知识，在生活中有什么地方可以运用吗？

八、教师引导

饮食习惯是指人们对食品的偏好，其中包括对饮食材料的偏好、烹调方法的偏好，以及烹调风味及佐料的偏好。

健康的饮食习惯对人的身心健康非常有帮助。中学生正处在青春期，饮食习惯和身体发育有很大的关系。

每个人的饮食习惯深受家庭的影响，我们常常会吃自己喜爱的食物，更会喜欢常吃的食物。良好的饮食习惯是一种学习行为，所以，健康的饮食习惯是可以学习和改变的。

九、操作建议

1. 课前可以请学生准备一些超市购买的食品的外包装说明。

2. 可以分组讨论自己每周到附近超市购买零食的内容和频次。这个部分让学生更清楚地了解自己的饮食喜好和选择。

3. 海报可以由代表上台展示说明，并结合学校的健康教育举办海报展，进行宣传教育。

撰稿：同济大学附属七一中学　金小燕

我的生命曲线

一、活动目标

1. 理解生命历程中有令人振奋的高点，也有失意痛苦的低点，接纳生活中可能遭遇的种种挫折与挑战。

2. 从过去经历的挫折低点中发现、发掘可以更好应对未来可能会发生挫折的能量和资源，更积极地面对未来人生中可能存在的挫折与挑战。

二、活动对象

初中生、高中生

三、活动时间

约 40 分钟

四、活动场地

室内

五、活动准备

每人一张印有坐标图的活动单。

六、活动过程

1. 生命冥想

伴随冥想轻音乐，在教师轻柔的指导语中，一起回忆自己到目前为止发生过的那些令自己印象深刻的重要事件。

2. 绘制我的生命曲线

坐标系的横轴是时间轴，表示自己的年龄，纵轴是情绪体验强度轴，表示自己不同程度的情绪体验感受。

将自己在生命冥想过程中回忆起的那些重要事件，根据横轴和纵轴所代表的内容，以序号的方式标记在坐标系的合适位置上，在空白处对序号所代表的重要事件进行文字说明，最后用曲线将代表不同重要事件的序号连接起来，形成属于自己的生命曲线。

3. 接触我的“高光”与“失意”

请同学回顾生命历程中那些“高光时刻”与“失意时刻”，提炼引发自己“高光时刻”与“失意时刻”的关键词，并进行小组交流。

4. 再绘未来生命线

经过前三个环节对构成个体生命曲线的“高光时刻”与“失意时刻”进行充分讨论，请同学在已完成的生命曲线基础上绘制拓展出属于自己未来的生命轨迹，并分享自己如此拓展的想法。

七、活动提问

1. 事实

（1）你的生命曲线是怎样的形态？总体上在横轴的上方还是下方呢？

（2）你到目前为止的生命历程中发生了哪些重要事件？

（3）你的生命历程中发生了哪些令你印象深刻的重要事件？

2. 感受

当你回忆过去的哪些重要事件时让你有特别的感受？那是什么感受？

3. 发现

（1）结合自身及大家对引发自己“高光时刻”与“失意时刻”提炼出的关键词，你对人生这场旅途有什么新的发现或感悟吗？

（2）你是否还记得你当时是如何面对自己的“高光时刻”或“失意时刻”的？

4. 未来

（1）通过今天的活动，你对于未来的生命旅程是否有什么新的想法？

（2）展望自己的未来旅程，你最想对自己说一句什么？

（3）你过去生命轨迹里那些应对“失意时刻”的经验可以给你哪些启发，去更好地面对未来的生活？

八、教师引导

每个人的生命都不是一条简单的直线，生命充满不确定性，每个人的生命中都会有令人振奋的“高光时刻”，也会有令人难过的“失意时刻”。看到自己的生命曲线，当我们距离当时的那个挫折低点有段时间距离时，再回看它，它好像也没有当时那么令人抓狂、难以忍受了。

人生就是一条起起伏伏的曲线。过去遭受挫折时的痛苦体验我们仍然记得，同时从这份经历中我们坚持下来顺利度过的经验也是一笔财富，能够让我们在面对未来可能遇到的挫折与挑战时，更有信心和能力去应对。当把过去的低点阶段放在整个生命曲线的脉络里去看时，那些“失意时刻”所经历的其实都是属于我们自己的宝贵资源。

无论何时遇到挫折与困难，想想自己的这条生命曲线，也许你就可以更坦然地接纳挫折，也可以更勇敢地应对挫折了，同时也可以更相信自己未来的生命是具有无限可能的。

九、操作建议

1. 准备轻音乐，创设安定的冥想环境。聚焦于过去及未来生命中重要事件的冥想过程可以为后续高效绘制生命线起到一定的启动效果。

2. 在请同学绘制自己的生命曲线之前，教师可以先呈现自己或一些被大家所熟知的名人的生命曲线图作为示例。

3. 分享交流时，教师可以在提炼引发“高光时刻”和“失意时刻”的关键词的交流部分多做停留，在此基础上继续讨论每个人是如何度过那个难忘的“失意时刻”的，引导同学认识到生命中的低点是正常的，有信心从过去如何应对失意和挫折的经验中发掘力量，更好地面对未来的生活。

4. 在充分讨论自己到目前为止的生命曲线后，教师可以根据实际情况，请同学当堂想象继续绘制出自己未来的生命曲线或留作课后作业。

附：

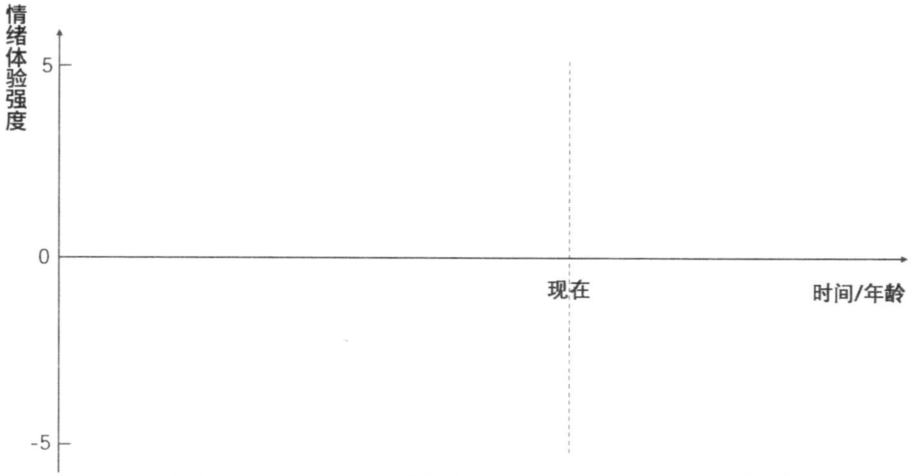

- 图中横轴是时间轴，表示你的年龄变化，纵轴表示你的情绪体验强度。请回忆你生命中到目前为止令你印象深刻的重要事件，依据横轴和纵轴表示的内容将这些事件以点的形式画在图中纵向虚线左侧的坐标系里。
- 用曲线连接起代表各个重要事件的点，完成你的生命曲线吧！

撰稿：上海市久隆模范中学　朱晓雨

至暗时刻分享会

一、活动目标

1. 认识到成长路上经常伴随挫折，发现并感受跨越挫折的力量。
2. 通过 OH 卡活动，寻找走出至暗时刻的资源，赋能并坚定信心。

二、活动对象

高中生

三、活动时间

约 40 分钟

四、活动场地

室内

五、活动准备

OH 卡、部分空白卡、A4 纸、彩笔、背景音乐。

六、活动过程

1. 图片导入

请学生欣赏几张图片，并进行自由联想。（图片大致为：生命被困住的景象）

2. 回顾盘点

请学生随着教师的指导语静静地在头脑中回忆自己生命历程中被困住的瞬间，可能是经历失败挫折、可能是失去某个重要的物品或人、可能是不如意纠结的遭遇，这可能就是我们生命中的至暗时刻……请尽量体验自己的感觉。

（教师参考指导语：你自己的生命历程中，曾经体验过类似被困住的感觉吗？是什么时候？那个时候你都经历了些什么？当时你有怎样的情绪体验？你都涌现出什么样的想法和念头？身处其中，给你带来怎样的影响？）

3. 心卡心言

请学生选择一张 OH 卡代表自己在那个瞬间所体验的感觉，把所选的 OH 卡贴在 A4 纸的左边（如果有同学实在没有找到合适的卡片，可以在空白卡上自由创作，用图形和色彩把自己当时的感觉表示出来）。

各种机缘巧合，你所回忆的那件事情，都过去了，都已经时过境迁。请再选择一张 OH 卡代表自己从那个情境出来、那件事情不再困扰你时的状态和感觉，并把所选的 OH 卡贴在 A4 纸的右边。（如果有同学实在没有找到合适的卡片，可以在空白卡上自由创作，用图形和色彩把自己当时的感觉表示出来。）

请感受纸上的两张卡，回忆、梳理一下，你觉得是发生了什么、是什么因素、什么力量、什么支持，帮助自己从左边的状态进入到右边的状态，把你认为重要的因素用关键词写在两张卡的中间，并进行“超越至暗时刻”的自由创作。

小组成员进行组内分享，并推选 1—2 位同学进行班级范围内的分享。教师在学生分享的时候适当板书，罗列大家所列出的“超越至暗时刻”的因素。

4. 结束

有人说：创造幸福和承受苦难属于同一种能力，没有被挫败压倒本身就是一种光荣。我们所拥有的、所发现的这些力量一定会帮助我们战胜每一个“至暗时刻”，收获属于我们自己的“光明灿烂”。

七、活动提问

1. 事实

（1）你曾经感受过被困住吗？

（2）被困住的时候，你经历了什么事情？

（3）当时，你涌现出什么样的想法和念头？

2. 感受

（1）身处困境，你有怎样的情绪感受？

（2）突破困境，你当时的情绪感受是什么？

3. 发现

（1）你觉得困境当时给你带来怎样的影响？

（2）你发现是什么力量、什么支持，帮助自己突破困境，超越至暗时刻？

（3）重新来看那时的困境，你有什么发现？

4. 未来

（1）你觉得帮助我们超越至暗时刻的力量或者支持在未来会给我们带来什么？

（2）关于“至暗时刻”，此刻，你想对它说的话是什么？

八、教师引导

或许是经历失败挫折，或许是失去某个重要的物品或人，或许是面临不如意的境遇，在某个时刻，我们感受到被困住，感受到生命处于至暗时刻，那一定是个辛苦、不容易、充满压力的时刻。

帮助我们从被困住的至暗时刻走出来的可能是一句话、一个人、一个信念、一份善意、一个开始的行动、一股坚定的勇气……这些是我们超越至暗时刻的力量，也是我们前行的力量……

当我们走出困境，超越至暗时刻时，我们回头再看，那些困境，那些至暗时刻好像也拥有了不一样的感觉与意义，我们在战胜与超越的历程中看到并感受到自我生命的力量、被支持与帮助的温暖，这些是我们继续前行的财富。

九、操作建议

1. 本活动设计对班级安全、信任、支持的氛围要求较高，只有在彼此信任充满支持的安全氛围下，学生才可以回顾受困经历，并做交流分享。因此，教师要特别注意营造并确保氛围的安全与支持。

2. 回顾受困经历的过程容易引发学生的情绪，可能有些学生因为事件特殊、个体敏感等因素，会对曾经的受困经历有比较明显的情绪反应，教师要有相应的心理准备，并做好对此类学生的陪伴与支持。

3. 心卡心言活动，引导学生尽量选择 OH 卡，但是如果有学生觉得自己的感觉没有办法找到合适的卡片来代表，也可以允许他在空白的卡片上面进行绘画创作来表达。“超越至暗时刻”的作品可以先进行组内分享，再邀请部分同学进行班级范围的分享。因此要注意时间的合理安排。

十、课堂反馈

学生反馈 1：课堂上用的图和卡很神奇，开始的图很容易让人联想到人被困住的感觉，而后面的 OH 卡因为都是图画，没有文字，很有感觉。我自己选择的两张 OH 卡感觉比较能呈现当时的心境。

学生反馈 2：有些时候，我并不是很愿意回忆过去，尤其是不开心的回忆。可是今天在活动中，发现曾经难受的过去再去回忆的时候，其实也还好。而且发现大家都曾经经历过很难的时候，然后那些很难的时刻也都已经过去。

学生反馈 3：盘点那些曾经帮助我们走出困境的因素的时候，我心里觉得很感动，其实我们身边的朋友、亲人都曾给予我们帮助。当然也有很多时刻，是靠着我们自己的坚韧，自己的行动走出困境的，觉得自己还挺棒的。想到这些，感觉很有力量感。

撰稿：静安区中小学生心理健康教育发展中心 / 上海市第一中学　刘诗薇

学做“身”呼吸

一、活动目标

了解身体放松训练的原理及重要性，学习并掌握放松身心的方法。

二、活动对象

小学生、初中生

三、活动时间

40 分钟

四、活动场地

室内

五、活动准备

放松音乐《水声轻音乐》。

六、活动过程

1. 教师宣布活动要求

活动过程中保持安静，不能有意无意地发出任何声响。

摘下眼镜、帽子等身上的束缚物。

找个舒适的姿势坐好。

2. 活动开始（循环播放《水声轻音乐》20 分钟）

指导语：

准备好了吗？好，现在请你以一种舒服的坐姿坐好。背部挺直，双手掌心向上，放在大腿上，肩膀有意识地放松下来。

先用鼻子深深地吸足一口气，大约数 3 个节拍，然后慢慢吐气，也用 3 个节拍。现在深深地吸气，慢慢地呼气，再来一遍，深深地吸气，慢慢地呼气。

春天来了，一片鸟语花香，你静静地躺在草坪上，心情舒适而愉快地享受着春天带给你的欢乐与愉悦。一束温暖的阳光暖暖地照在你的头顶，你觉得头部放松了。这股暖流从整个头部慢慢地流向你的额头，你紧锁的眉头舒展开了。请你仔细体会一下眉头舒展之后放松的感觉，你觉得好舒服好轻松。你脸上的每一块肌肉都特别放松，你觉得舒服极了。

这股暖流从整个头部流到颈部、颈椎，你觉得颈部放松了，颈椎放松了，血液流动非常流畅。慢慢地，这股暖流流向你的双肩，你的双肩放松了，每一块肌肉都得到放松，特别舒展，血液流动很流畅，暖暖的，非常舒服。这种温暖的感觉流向你的前臂，你的前臂放松了；又慢慢地流向你的小臂，你的小臂放松了；然后顺着你的手掌心，慢慢流向你的手指尖，你的手心暖暖的；请你体验一下手心温暖的感觉，非常温暖，非常放松。你再重新体验一下这股暖流从头顶慢慢流向你的双眉、额头，你脸部的每一块肌肉都得到了放松，顺着你的颈部、颈椎、双肩一直流向你的手指尖，所有的疲惫都从你的手指尖流走了。

这股暖流流向你的前胸后背，整个前胸后背的肌肉都特别放松，你胃里的不舒服在慢慢地消除，你的感觉好极了，腰部非常舒服，非常放松。整个髋关节都非常放松，臀部的每一块肌肉都得到彻底的放松。现在请你把注意力集中到你的大腿上，这股暖流慢慢地流向你的大腿，你大腿上的每一块肌纤维都非常放松，你的膝关节也放松了。这股暖流顺着你的膝关节慢慢地流向你的小腿，你的小腿放松了，踝关节放松了，脚跟、脚掌心非常放松，体验一下脚掌心舒适放松的感觉，非常的舒适，慢慢地这股暖流流向你的脚趾尖，你的脚趾尖非常放松。

现在从头到脚再来一遍。现在你的头部放松了，体验一下头部放松的感觉；你紧锁的眉头放松了，舒展开了；你的颈部放松了，你的颈椎放松了，你的双肩也放松了，你的手臂放松了，一股暖流顺着你的手臂流向你的手心、流向你的手指尖，所有的疲惫、烦恼都从你的手指尖流走了。当这种烦恼和疲惫都消失了的时候，你有一种无拘无束的感觉，你的感觉真的好极了。

3. 请各小组成员讨论以下三个问题：

（1）在学习做“身”呼吸活动中，你有哪些感受和体验？

（2）你留意到自己分心了吗？每当你分心的时候，你是怎样做的？

（3）在哪些情况下你可以运用此次活动学到的方法？

4. 请每个小组 1 名同学上台分享。

5. 教师宣布活动结束，并小结。

七、教师提问

1. 事实

（1）整个放松过程中，你留意到你的身体有哪些变化？

（2）你遇到分心的情况了吗？它们是在怎样的情况下发生的？

2. 感受

（1）整个放松过程中，你的情绪发生了什么变化？

（2）放松过程中，有没有哪里感觉到舒服或者不舒服的地方？

3. 发现

（1）放松过程中，你遇到了什么样的困难？你是怎样解决的？

（2）这次放松的过程中，你有什么和以往不一样的体验吗？

4. 未来

（1）今天的放松体验中，有哪些部分可以运用到你以后的生活中？

（2）以后的哪些生活情境中，可以借鉴运用今天的放松训练方法？

八、教师引导

在心理学知识越来越被大众了解的情况下，越来越多的人意识到紧张或焦虑背后的心理因素和社会环境因素。压力状态和心理及社会环境息息相关，主动调整认知和情绪非常重要，但人们也往往轻视了生理因素的重要影响。实际上，我们的身体承担了一部分帮助我们调整心理状态的负担，比如有些人不擅长感知和表达情绪，身体上的某些不适往往在代替情绪进行表达，比如焦虑时感到胃痛、压力大时感到肌肉紧绷等。经由有意识地身体放松，往往也能达到良好的情绪调整效果。

放松训练体现出肌肉和大脑之间双向传导的关系，即大脑可以支配肌肉放松，而肌肉的放松又可以反馈给大脑。因而身心是紧密联结的。所以，在日常生活学习中，只要你感受到紧张、压力大，可以随时随地运用今天学习的放松训练的方法，给身体一次深呼吸的机会，使肌肉放松，从而缓解心理的紧张。

九、操作建议

1. 放松的环境要保持安静，光线不要太亮，尽量减少其他无关刺激。

2. 放松时，学生闭上眼睛并配合指导练习呼吸。

3. 放松训练不是一朝一夕能够奏效的，必须要经过数周甚至几个月的练习，这一点要和学生介绍清楚。

4. 注意引导学生，在放松过程中保持清醒，如果分心了，要把注意力重新拉回到呼吸上。

十、学生反馈

学生反馈 1：从忙碌的学习中抽离出来，很安静，很自在，一下子觉得很累，感觉很想睡觉，眯了一会儿之后感觉身体都很放松。

学生反馈 2：很放松，但总是很容易分神，忍不住会想最近好多事情。然后意识到的时候，会按照老师的提醒，把注意力拉回来。

本活动参考《中学班级心理团体活动 142》（袁章奎编，中国轻工业出版社 2013 年 7 月版）

撰稿：上海市市北初级中学　侯晴晴

多彩元气瓶

一、活动目标

1. 学生用涂鸦瓶子的方式，学习从动静两方面，打开身体五感等多角度梳理自己的情绪减压方法。

2. 建立一张实用性强，让学生身心放松愉悦的个性化自我愉悦清单。

二、活动对象

小学生、初中生

三、活动时间

40 分钟

四、活动场地

室内

五、活动准备

画笔（油画棒、水彩笔和彩色铅笔）、心理活动单每人一份。

六、活动过程

1. 情境创设

我们在日常生活中，难免会遇到一些烦恼和不愉快。那么，我们有没有什么办法，让自己能够化解烦恼，恢复元气？

今天我们就一起来制作你的多彩元气瓶吧！在瓶子下方写出当你做哪些行为时会让你的情绪好起来，涂抹不同的颜色，也可以使用更多创意绘画的形式，表达你情绪恢复的程度！

2. 制作过程

（1）“运动”心饮料

肌肉拉伸可以缓解身体疼痛，运动过后的多巴胺带来幸福感，内啡肽缓解痛苦感。日常你会用什么“动”的方式让自己情绪好起来？在瓶子下方写出该行为的名称，用涂色创意绘画的方式制作你的“运动”心饮料！

（2）“眺望”眼药水

情绪低落时，看一些美好的照片、图片、视频也会帮我们情绪恢复。日常你会看些什么内容让自己情绪好起来？在瓶子下方写出该内容的名称，用涂色创意绘画的方式制作你的“眺望”眼药水吧！

（3）“动听”舒耳液

海浪、鸟鸣、风吹树木的声音，舒缓的音乐，偶像读的诗，哪些声音听了会让你放松下来，对你有疗愈力？来制作属于你的“动听”舒耳液吧！

（4）“清新”香薰油

嗅阳光晒过的被子，闻舒缓芳香的精油、花香、果香、炸鸡香，哪种香味让你感到满足舒畅？来制作属于你的“小清新”精油吧！

（5）“美食”储存罐

吃新鲜的食物，尝儿时的味道，食物在温暖我们胃的同时也温暖我们的心。哪些食物能安抚你的情绪？来制作属于你的“美食”储存罐吧！

（6）“抚平忧伤”水

安抚触摸我们的皮肤，按摩我们的肌肉，轻柔地对待我们的发肤，都能缓解压力，身体的放松也会带来情绪的舒缓。哪些触觉的体验能缓解你的紧张？记录下来，制作属于你的“抚平忧伤”水吧！

（7）其他小瓶子

让我们情绪好起来的小妙招还有很多。比如和谁聊聊天，聊什么内容你会感觉好些；冥想或天马行空地畅想；打个盹、睡一觉，去晒个太阳；学做糕点、做个手工；说些搞笑的段子……只要是能让你情绪好起来的都可以记下来，自由组合，创作更多这样的小瓶子去丰富你的多彩元气瓶吧！

3. 交流与分享

七、活动提问

1. 事实

在填写这些元气瓶时，你填写了多少？哪种类型的减压方式多？哪种类型的减压方式少？

2. 感受

欣赏自己的多彩元气瓶，你有什么感觉？

3. 发现

（1）看看自己的多彩元气瓶，你对自己的减压方式，有什么特别满意或需要探索的地方？

（2）看看其他小伙伴的多彩元气瓶，有什么是你同样喜欢也愿意采用的呢？

4. 未来

（1）有什么减压方式是你将来很想要尝试的吗？

（2）有什么减压方式是你在自己的好朋友需要的时候，为他做的吗？

八、操作建议

1. 多彩元气瓶是帮助学生梳理自己的减压方式、自我照顾方式的活动。虽然设计者给了很多类型，使用者仍可以根据自己的理解，自定义清单的名字和分类。

2. 绘制多彩元气瓶的过程中，每个学生的绘画能力不同，使得学生作品的美观程度也各不相同。教师在组织学生分享时，要注意避免学生关注绘画技术和美观与否，而是要引导学生关注内容。

3. 绘制多彩元气瓶的方式，是为了帮助学生更好地进行情绪觉察和管理。因此，在活动的主题上，也可以进行更换。比如，绘制“我担心的事情”“我厌恶的事情”“我的高光时刻”等。

活动单：我的多彩元气瓶

班级：____________ 姓名：____________

撰稿：同济大学附属七一中学　金小燕

社会探索篇

我的家庭职业树

一、活动目标

1. 激发学生对职业世界的好奇心，萌发职业探索的意识及认识职业的兴趣。

2. 通过绘制家庭职业树，了解家庭成员的各种职业，加深对职业世界的认识，感受职业的丰富性。

3. 通过交流和分享，获取更多有关职业的信息，提高自己对未来职业的思考能力。

二、活动对象

小学生

三、活动时间

5—35 分钟

四、活动场地

室内

五、活动准备

1. 家庭成员职业访谈表。

2. 准备家庭职业树的图片。

3. 职业名称卡。

4. 家庭成员的职业照片。

六、活动过程

1. 课前完成家庭成员职业访谈表

让大家通过访谈的形式，去了解一下家庭成员的职业。有条件的可以让学生提供访谈视频、职业照片，展示家人的职业场景。

建议多让学生事先通过职业名称卡来了解一些职业名称。

2. 活动：画画我的家庭职业树

（1）使用家庭职业树模板，或自己画一棵家庭职业树。

（2）将家庭成员称谓（三代亲人）和他们从事的职业名称分别写在这棵树上：做消防员的爸爸，做教师的妈妈，做工程师的爷爷，做医生的奶奶……

说明：不限成员，你能想到的家庭成员都可以写，越多越好。为了让这棵树更茂盛，可以将你的亲友圈扩大。如果他们的职业曾有过变动，可以把他们先后从事过的主要职业填上。

（3）我喜爱的职业：圈出家庭职业树中你感兴趣的职业，也可以在树梢上写出你自己喜爱的职业，或者是将来希望从事的职业。

七、活动提问

1. 事实

（1）数数你的家庭职业树中，共有多少种职业？

（2）有没有很多人从事同一个职业，或者是相关的职业？涂上同一种颜色，或标上同一个标记。

（3）看看组内伙伴们的家庭职业树，是不是各有特点？

2. 感受

（1）说说你最喜欢家庭职业树中谁的职业？理由是什么？画个笑脸。

（2）说说你最不喜欢谁的职业？理由是什么？

你还可以说说哪些职业是你好奇的、陌生的、熟悉的、崇拜的、向往的。

3. 发现

你的家庭职业树有什么特点和规律吗？

家庭成员在谈论他的职业过程中，对自己的职业有哪些评价？是否有强烈的喜好？

家庭成员中很多人都感到满意或羡慕的职业是什么？他们的理由是什么？

4. 未来

未来你想从事哪种职业？理由是什么？

家人希望你将来从事什么职业？理由是什么？

你会考虑他们的建议吗？

八、教师引导

我们的家庭职业树中的职业只是常见职业中的一部分。职业种类是非常多的，随着时代的进步，还会有很多新兴的职业产生。

在职业访谈和家庭职业树的绘制过程中，你遇到了哪些问题？

通过家庭职业树，让我们了解到，原来我们对职业的很多认识和理解是源自我们的家人。

在日常生活中，这些从事不同职业的家庭成员，对我们的生活有何帮助？让我们一起来夸夸他们。

通过绘制和探索我们的家庭职业树，让我们对家人的职业有了更多的认识，相信也让我们对自己未来的职业有了更多的思考与期待。希望这棵家庭职业树能成为我们的资源与助力。

九、操作建议

1. 该活动可以作为生涯课的导入小活动，也可以作为职业认知探索活动。

作为导入活动：可以只开展画画家庭职业树活动，学生完成家庭成员称谓与相应的职业名称，帮助学生从身边熟悉的人、熟悉的职业开始了解职业，从而打开话题。活动时间为 5 分钟左右。建议教师先利用职业卡牌介绍一些职业名称，也可以制作课件或家庭职业树的模板。

作为一个职业认知探索活动：可以围绕家庭成员的不同职业做拓展学习，在写写画画的基础上增加更多对具体职业内容的谈论，重点放在学生分享环节。活动时间大概为 35 分钟。建议教师在有条件的情况下，收集学生家人职业相关的照片、视频、实物，让学生的体验更丰富。

通过家庭职业树，可以让学生了解自己家庭成员的职业生活，也了解他们对职业的态度和想法。活动前的小调查，是让学生去访谈和了解家庭成员的职业情况，这样再来绘制和讨论自己的家庭职业树就有话可聊。

2. 在介绍不同种类职业时，需要教师在课前储备职业相关知识，能对学生进行提问互动和适当回应。

十、课堂反馈

学生反馈 1：我的家庭职业树里有很多人从事同一种职业，我外公外婆都是医生，我的妈妈也是医生，但他们都是不同科室的医生。我问了妈妈，她选择这个职业是受了外公外婆的影响。

学生反馈 2：我的家庭职业树里有很多人，我们家是个大家庭，虽然职业有一些不一样，但都是相关联的，家人都是相互介绍工作，一起开店做生意。

学生反馈 3：我在完成家庭职业树的过程中遇到了一些困难，我突然发现我对家庭成员的职业了解非常少。通过这次访谈，我才知道，爸爸妈妈的工作很辛苦，他们在工作之前需要学习很多知识和本领，才能胜任工作，而且还需要不断学习进修。

学生反馈 4：为了绘制我的家庭职业树，我通过打电话访谈了很多没有生活在一起的家人，了解了他们的职业内容，感觉一下子对他们有了新的认识，拉近了和家人的距离。

学生反馈 5：我发现很多家人非常热爱自己的职业，比如我的叔叔是一名警察，非常酷，但工作风险大，我非常佩服他。我的爸爸是一名军人，我们全家都引以为傲。

学生反馈 6：我的小姨是一名护士，在这次新冠肺炎疫情中，她奔赴武汉抗疫前线，太伟大了，我好崇拜她！将来我也要成为一名救死扶伤的医护人员。

附：学习活动单

家庭成员职业访谈记录表

班级（　　）姓名（　　）

家庭成员称呼	职业名称	工作主要内容	请他具体谈谈这个职业
爷爷			
奶奶			
外公			
外婆			
爸爸			
妈妈			
叔叔			
婶婶			
姑姑			
姑父			
舅舅			
舅妈			
姨妈			
姨父			
其他（　　）			

家庭职业树模板

撰稿：上海市静安区市西小学　郁海霞

职业大观园

一、活动目标

1. 学生能根据姿势动作认识身边的职业，知道职业的要求。

2. 学生能通过演绎职业动作了解职业的工作内容，感受身边职业对生活的重要性。

二、活动对象

小学生

三、活动时间

约 30 分钟

四、活动场地

室内

五、活动准备

多媒体课件 PPT、空白贴纸。

六、活动过程

第一轮：

1. 先出示一些不同职业的 PPT 图片，同学们说一说分别是什么职业以及该职业的姿势动作是怎样的。

2. 学生自己选择一个职业，演一演该职业的代表性姿势动作。在演绎时不可以说话，只能用动作来表示，其他同学仔细观察，根据演绎的动作猜是什么职业。

第二轮：

1. 小组活动，每人一张空白贴。

2. 从学号最小的学生开始，在空白贴上写上某种职业，写好后选择组内一位学生，将其贴在对方的脑门上，不能让被贴的人看见贴纸上的内容。

3. 组内其他学生看见这位同学脑门上的职业后，做出相应的动作来表现该职业，被贴的人要根据他们的动作来猜自己脑门上的职业是什么。

4. 被贴脑门的同学猜出职业后，由他再选择组内另外一位同学，在空白贴上写上职业，不让他看见，贴在他的脑门上，小组其余同学用动作表演，让他去猜测脑门上是什么职业。

5. 最后直到小组每位同学都被贴过贴纸。可以再来一轮，在空白贴上写上不重复的职业。空白贴不够的可以询问老师。

七、活动提问

1. 事实

（1）（问猜的人）在动作的演绎中，你是怎样猜出职业的？

（2）你知道，这个职业为什么有这样的姿势动作吗？

（3）你对刚才别人演绎的职业具体内容熟悉吗？这个职业给我们的生活带来了什么？

2. 感受

（1）在生活中，如果有人跟你提起刚才别人演绎的这个职业，你会想到什么呢？

（2）如果这个职业消失了，你会有什么感受？

3. 发现

（1）每个人对于相同职业的姿势动作演绎得也许会不一样，为什么？

（2）在你的身边，有没有从事类似职业的人？你能联想到他在职业中会发生什么吗？

4. 未来

上完今天这节课，你对这些职业有了哪些不一样的认识？

八、教师引导

不同的姿势代表着从事不同职业的要求，有些职业必须要坐着，有些职业必须要站着；有些职业需要动；有些职业需要静……社会上每种职业的要求和内容都不太一样。

在我们的身边有着各种各样的职业，它们都是我们生活的一部分，有些职业保护着我们的安全，有些职业方便了我们的生活。我们对同一种职业的认识、理解和感受有时候一样，有时候也会不一样，但是我们都知道，如果没有身边的这些职业，我们的生活会受到很大的影响。这些职业虽然看起来很普通，但是对我们来说都很重要，很有价值和意义。

九、操作建议

1. 学生演绎职业姿势的部分教师需要适当帮忙，尤其是第一部分个人演绎，尽量提醒上台演绎的学生选择自己了解的职业进行演绎，如果学生实在不知该如何演绎，教师可以适当提醒学生摆出相应动作。

2. 提醒学生尽量做出有代表性的职业姿势动作，不要造成误会，使得答案不一致。如果答案不一致，或者部分动作其他职业也有，可以针对这个部分进行适当讨论，深入到职业工作内容上。

3. 在第二轮空白贴环节时，要提醒学生在将空白贴贴到某位学生的脑门上之前，不要被他人看见自己在空白贴上写的职业。第二轮的规则要讲解清晰，确保学生们明白。空白贴上填写哪种职业和选择哪位同学被贴，都由学生自己选择。

4. 如果小组内学生写的职业很容易被猜出，可以鼓励他们多来几轮，增加学生们对不同职业的认识。

十、课堂反馈

师：不同的职业有不同的标志性“姿势”动作，你知道为什么吗？

学生反馈 1：因为每种职业的要求都不一样。

学生反馈 2：就像交警叔叔，在嘈杂的十字路口，手上的动作能够帮助来往车辆有序前行。

师：今天，我们提到了很多身边服务于我们的职业，比如快递小哥、交警、收银员等。如果这些职业消失了，我们的生活会怎么样呢？

学生反馈 1：如果没有快递员，我们买东西会很不方便。

学生反馈 2：如果没有交警叔叔，我们在路上会很不安全，交通会很混乱，容易出事故。

师：既然身边的这些职业对我们这么重要，那上完今天这节课，你最大的感受是什么？

学生反馈 1：身边再普通的职业也有它的价值，都会影响我们的生活。

学生反馈 2：不要轻视任何一种职业，每一行都值得尊重。

撰稿：上海市静安区万航渡路小学　陶静

职业人的一天

一、活动目标

1. 学生能认识到在职业人的工作中情绪很重要，关注到职业人的情绪状态。

2. 学生通过创编职业人一天的故事，感受、体会职业人在工作中会出现的不同情绪和心态上的变化，学会理解身边每种职业的不易。

二、活动对象

小学生、初中生

三、活动时间

约 30 分钟

四、活动场地

室内

五、活动准备

A4 纸、PPT。

六、活动过程

“职业人酸甜苦辣的一天”

职业：服务员、医生、老师、交警、军人、快递员。

要求：体现职业人酸甜苦辣的一天，职业人在工作中出现的各种心情、心态上的变化。

1. 分组活动，6 人一组。

2. 各小组抽取不同的职业，根据要求，小组成员共同讨论，商量职业情景故事，表现出职业人的一天。

3. 小组学号最大的人为记录员，记录下小组讨论好的职业故事。

4. 小组学号最小的人为发言员，说出小组创编出的职业故事。

5. 小组用 8 分钟时间讨论，音乐停、讨论停。

各组介绍自己小组创编的职业故事。

七、活动提问

1. 事实

（1）在不同职业人的脸上，你看见了哪些表情？

（2）职业人的一天经历了哪些心态变化？为什么？

2. 感受

（1）职业人的哪种情绪触动了你？为什么？

（2）（问小组成员）在创编职业人的一天时，你们感受到了哪些职业人的心情？

3. 发现

（1）不同职业人对待同一种情绪（如委屈）的处理方式一样吗？

（2）你发现了职业人在工作中有哪些酸甜苦辣呢？

4. 未来

（1）如果以后你从事了这种职业，你会出现这些情绪吗？如果出现了，会是什么原因呢？

（2）如果你在生活中遇见了这种职业人，你会对他说什么？

八、教师引导

无论是怎样的职业，职业人也有情感，他们在遇到职业中不同的情景时，都会有不同的情绪，有时候甚至会出现很糟糕的情绪，影响到他们的工作状态。因此，关注职业人的情绪很重要。

下面，让我们一起来试着表现出“职业人的一天”，看看不同职业人可能会遇到怎样的挑战，出现哪些情绪。下面进入小组活动环节，先来看看小组活动规则，介绍完规则后，我们开始活动。

原来职业人在工作中都会遇到各种各样的不顺心和挑战，他们都希望自己可以摆正心态，稳住情绪，持续努力，但有时候他们也不能控制住，产生很糟糕的情绪体验，甚至会想要放弃自己的职业。也有一些人无论出现怎样的情绪，他们都能够坚持完成自己的工作，坚守自己的职业素养，这就是职业人的职业态度，值得我们去好好学习。

尤其是在生活中，在我们身边的那些职业中，例如服务行业中的快递员、外卖员、售货员等，他们对我们的生活很重要。但有时候这些职业人会受到很多不合理的对待，我们要学会理解身边每个职业人的情绪，互相体谅，珍惜身边每份职业的付出。

九、操作建议

1. 在小组活动部分一定要讲解清楚游戏规则，给学生提问的时间，确保学生明白后再开始。

2. 学生可以选择所提供的 6 个职业中的任意一种，也可以小组内确定一种职业，这样能够保证小组创编的职业故事更贴合他们了解的实际，更生动。

3. 学生都很喜欢用演绎的方式来呈现故事，但是这样比较花费时间，在这里可以选择让小组内某一位成员介绍创编的故事。可以让学生说一说他们印象最深刻的是哪个故事，原因是什么，再展开一定的讨论。

十、课堂反馈

学生反馈1：原来职业人在工作中会经历这么多种情绪，就像老师，她就会因为学生考得好而开心，也会因为学生不听话而生气，甚至是自责，以后我们要多多理解。

学生反馈2：上完这节课，我明白了职业人都在坚持做好自己职业要求的事情，但是职业人也有他们的不容易，在遇到不顺心的事情时，他们也会有各种各样的情绪。

学生反馈3：有些职业人即便是在工作中遇到不顺心的事情，也能够保持自己的职业素养。比如空姐，在遇到不讲道理的乘客时，也坚持用微笑和友好的态度来处理。管理好自己的情绪很重要。

学生反馈4：我们身边的职业人尤其是快递员、外卖员，他们都很不容易，也更容易感受到职业的辛酸。我们要多多理解他们，珍惜每份职业的付出。

撰稿：上海市静安区万航渡路小学　陶静

职业知多少

一、活动目标

1. 学生了解不同职业的基本工作内容。

2. 学生通过小组活动思考探索对职业内容更多的认识，学会发现职业之间的联系。

二、活动对象

小学生

三、活动时间

约 30 分钟

四、活动场地

室内

五、活动准备

多媒体课件 PPT。

六、活动过程

“职业故事我来串”。

各小组将不同的职业串起来，形成一个小故事。规则如下：

1. 小组内共同讨论，每人自由选择一种职业，不能重复。

2. 从左手边第一位同学以“我是一名服务员，我今天……”开始说，后面成员依次按照职业顺序，以接龙的形式继续，每轮到一个职业，都要接着前面职业人的故事内容说下去。如：“服务员在端盘子的过程中不小心摔倒了，我是一名医生，让我来帮她治疗。”

3. 每个职业说一两句话，就带到下一个职业。每位小组成员都要接住前面的职业内容，不要漏掉任何一个职业。

4. 故事要尽量贴合实际生活，能在生活中真实发生的。

七、活动提问

1. 事实

（1）不同职业串出的故事会在生活中发生吗？为什么？

（2）（问组员）你为什么会想到这样串故事？

2. 感受

（1）（问组员）你对于哪一位组员说的职业故事感受很深？为什么？

（2）看到完全不一样的职业也能连起来成为一个故事时，你想到了什么？

3. 发现

（1）在其他成员说出某种职业相关的故事时，你有没有发现和你过去了解的该职业不一样的地方？你有没有想要补充与该职业相关的其他故事？

（2）不同的职业也能够连到一起，这让你发现了社会职业的什么特点？

4. 未来

（1）如果将来某一天，让你有机会可以改变某个职业，你最想改变哪个职业的什么特点？

（2）今天收获了哪些启发，能够让你对职业有不一样的认识？

八、教师引导

每种职业都有其独特的工作内容，每个人对职业的认识和看法也可能是不同的。职业不拘泥于本身的形式和内容，也可以有其他新的部分，需要我们去学习和探索。

社会上的职业有许多种，职业和职业之间也不是完全孤立的，每种职业除了有其特点之外，还和其他职业间有一定的联系。职业之所以分工，是为了职业间更好地形成联系网络，为全社会服务。

通过为不同职业间编写创意故事，能够让我们对整个社会的职业网络有更深的认识和了解，帮助我们发现自己的职业兴趣。

九、操作建议

1. 在不同职业间的故事接龙时，教师要注意引导学生故事不要特别长，注意连贯性，尽量贴合实际生活，体现出职业间的分工与联系。

2. 故事接完一轮后，可以让成员们继续接龙，如果还能说出原来职业的相关故事就继续说，如果不能就更换一个职业继续接龙。

3. 在职业故事接龙结束后，教师要注意提问环节的深入，引导学生思考接龙中听到的内容，讨论有分歧的部分，最后让学生总结职业故事接龙过程最大的感受和收获是什么。

撰稿：上海市静安区万航渡路小学　陶静

职业帽子商店

一、活动目标

1. 学生知道有些帽子可以代表职业，并能通过帽子分辨出不同职业工作者。

2. 学生初步了解社会上有各种不同的职业，拓展对社会职业的认知。

二、活动对象

小学生

三、活动时间

5—15 分钟

四、活动场地

室内

五、活动准备

1. 准备不同职业帽子的图片。

2. 制作课件或印制学生活动单。

3. 如有条件，准备不同职业帽子的实物。

六、活动过程

1. 职业帽子商店的连线游戏

教师介绍“职业帽子商店”：这是一家特别的帽子商店，商店里卖的帽子是不同职业工作者戴的。

教师呈现帽子图片，学生找到帽子对应的职业，完成连线。

建议呈现的职业：警察、厨师、护士、消防员、建筑工人、铁路乘务员等职业。

2. 补充拓展：了解不同职业帽子的作用

可从以下几个职业中选择 1—2 个进行讨论。

（1）铁路乘务员

师：铁路乘务员戴帽子是为了什么？（表明身份，让乘客容易认出自己）

（2）警察

呈现男警察和女警察戴帽子的照片。

师：男警察和女警察的帽子一样吗？

呈现不同警种的帽子照片：民警、交警、特警等。

师：他们都是警察，他们戴的帽子一样吗？他们的帽子分别有什么作用？（表明身份、保护安全等）

（3）厨师

师：你知道厨师帽的作用吗？（保障食品卫生：防止头发、头皮屑等掉进食物里；保护自己：遮挡油烟，保护头发；表明身份：厨师帽越高，表明厨师的厨艺、等级越高）

（4）建筑工人

如果教师能提供建筑工地安全帽的实物，可请学生摸一摸、捏一捏、敲一敲，感受安全帽的材质。

师：工人在建筑工地戴这顶帽子的作用是什么？（保护安全，因此我们也把这顶帽子叫作“安全帽”）

呈现不同颜色的建筑安全帽照片。

师：建筑工地上，除了普通的建筑工人，还有工程师、监理、安全员等工作者。建筑安全帽也有几种颜色，不同颜色表示不同的身份。常见的有：戴黄色安全帽的是普通建筑施工工人；戴蓝色安全帽的是有专业技能的技工；戴红色安全帽的是管理人员或安全检查人员；戴白色安全帽的是工程监理。

七、活动提问

1. 事实

（1）这些帽子你见过吗？

（2）猜猜看，这些帽子分别是从事什么职业的人戴的？

2. 感受

了解了不同职业的帽子后，你有什么感受？

3. 发现

（1）你知道这些职业工作者戴帽子的作用是什么吗？

（2）根据你对不同职业的了解，还有哪些职业的工作者要戴帽子？他们戴的帽子是什么样子的？

（3）每个职业都需要戴帽子吗？

4. 未来

除了我们讨论的这些职业，你还知道有哪些职业？

八、教师引导

职业特点决定了职业对服饰、装备等方面的特殊要求。有些职业需要戴帽子，有些职业则不需要戴帽子。

不同职业有不同的帽子，我们可以通过帽子来识别职业，并进一步了解职业。

职业工作者戴的帽子是有一定作用的：帽子可以表明身份，便于他人识别；帽子可以分区职业等级、不同工种；帽子可以满足劳动者的特殊工作需要；帽子可以保护劳动者的安全。

九、操作建议

1. 该活动可以作为暖身导入活动，也可以作为职业认知探索活动。

如果作为暖身导入活动，可以只开展第一环节的活动过程，主要内容为学生完成帽子与相应职业的连线任务，导入职业话题。活动时间为 5 分钟左右。建议教师收集相关图片，制作课件或印制学习活动单。

如果作为一个职业认知探索活动，可以围绕不同职业帽子这一话题做一些补充拓展学习，在连线任务基础上增加更多对具体职业的谈论、增加学生体验环节等。活动时间约为 15 分钟。建议教师在有条件的情况下，可以准备相关职业帽子的实物，便于学生现场体验。如果不具备条件，在选择图片时尽量选择真实照片，便于学生了解现实情况。

2. 在介绍警帽、安全帽的不同分类时，需要教师在课前储备相关知识，可以由教师直接介绍，也可在网上搜索相关视频资料播放。

附：学习活动单——职业帽子商店连线游戏

活动要求：

每一顶帽子分别是从事什么职业的人戴的？请你把帽子和对应职业连起来。

消防员	建筑工人	警察	厨师	护士	乘务员

撰稿：上海市第一师范学校附属小学　曹琳珠

看不见的职业卡牌

一、活动目标

1. 认识不同的社会职业的名称。

2. 发现社会职业的内容、职业特点。

二、活动对象

小学生、初中生

三、活动时间

约 20 分钟

四、活动场地

室内

五、活动准备

写有职业名称的卡牌。

六、活动过程

方案一：

1. 准备不同职业的卡牌，例如护士、医生、数学老师、工程师、作家、导游等，大约 40 张职业卡牌。

2. 4—6 人为一个小组，每个人都将领到一张职业卡牌。卡牌内容领到者看不见，但是小组其他人均可以看见。

3. 小组其他组员需要围绕对该职业的内容、职业的特点等进行描述，不可以单纯描述卡牌上的文字。

4. 直到只剩下 1 到 2 个职业没被猜出，游戏结束。

5. 游戏结束后，小组内分享自己熟悉的职业的特点、工作内容，以及这个职业需要什么样的人才等。

方案二：

1. 准备不同职业的卡牌，例如护士、医生、数学老师、工程师、作家、导游等，大约40张职业卡牌。

2. 选择4名同学到讲台，卡牌面对全体学生，其他同学可以看到卡牌上的职业名称，在讲台上的同学看不见。

3. 下面的同学通过举手描述卡牌上职业的内容、职业的特点，这个职业需要什么样的人才，直到上面的同学猜出卡牌上的职业。

七、活动提问

1. 事实

（1）你对小组卡牌上的职业有哪些是熟悉的，哪些不那么熟悉？

（2）（问第一个胜利者）你是怎么取得第一个胜利的？

（3）（问没有猜出来的同学）猜职业的过程中最大的困难是什么？

2. 感受

（1）游戏的过程中你的感受如何？

（2）（问第一个胜利者）作为第一个猜出来的人，你的感受如何？

（3）（问没有猜出来的同学）没有猜出来，你的感受如何？

3. 发现

（1）在刚刚的活动中，对于社会职业你有什么发现吗？

（2）当你在不断提示，但对方就是猜不出来的时候，你会怎么做呢？

（3）向大家介绍你最熟悉的一个职业。

4. 未来

现在对于社会职业的认识，对未来的职业选择有哪些影响？

八、教师引导

在不断地提醒对方职业的特点，而他却怎么都猜不出来的时候，大家有些着急。猜不出来恰恰说明了我们对职业的认识盲区较多，需要进一步了解社会上的各种职业。

当发现有的职业自己没有听说过的时候，这说明我们对社会职业的了解还不够。我们可以听听班级其他同学对于这些职业的描述，丰富我们对社会职业的认识。

有的职业只是认识是远远不够的。我们需要进一步地了解职业的信息，例如这个职业的工作内容有哪些，职业的特点是什么，对于从事这个职业的工作者有哪些要求等。更加深入地了解职业的信息，便于我们更好地了解这个社会。我们难以做到对所有的职业都有非常细致的了解，所以我们可以在面上了解更多的职业名称以及简单的介绍，在点上深入了解自己感兴趣的职业，并尝试探索这个职业对于从业者的要求。

九、操作建议

1. 方案一建议在初一及以上的班级实施，低年级的学生难以控制自己不去看卡牌上的职业名称，因此建议使用方案二。

2. 在活动开始时，职业卡牌上的职业可以由学生来写。为确保职业卡牌种类的丰富，教师可自行另外准备一部分职业卡牌。

3. 有的学生实在不知道职业的内容和特点，不免会从字面上猜测。开始时请务必强调活动规则。

十、课堂反馈

学生反馈 1：这节课上我认识了一些平时没有听说过的职业：HR、测绘师、边防军人、质量检测员等，拓宽了我对于社会职业的认识。有的很平常，是我熟悉的职业，我也发现他们在工作过程中的不容易，发现每个职业背后都有其责任与担当。

学生反馈 2：在努力猜我手上的职业是什么的时候，我很着急，有点后悔没有留意生活中的细节。发现有的同学平时学习成绩不好，但是今天的课堂表现很好，因为他善于了解和发现不同的职业其工作内容不同。

学生反馈 3：看到厚厚一沓职业卡牌，觉得世界上哪有这么多的职业。开始玩游戏时我发现有许多职业是我不曾听说过的，有的听过也不知道到底是做什么的，所以我描述得很吃力，感叹世界之大，社会纷繁复杂。以后我们都将会走进职场，了解更多的职业，可能就会有更多的选择。

学生反馈 4：一些常见的职业、常见的描述很容易被猜到。但是对很多职业，我们了解得很片面，未来我可以选择的职业非常多。如果能够足够了解职业、了解社会，未来职业选择的可能性就越大。

撰稿：上海田家炳中学　刘林梦

他的24小时

一、活动目标

1. 借助问卷调查了解一份职业24小时的工作内容。
2. 打破对职业的刻板印象，丰富对职业内容的认识。

二、活动对象

初中生

三、活动时间

约30分钟

四、活动场地

室内

五、活动准备

调查问卷（前期）、A3纸（1张/组）

六、活动过程

1. 请几位同学分别就自己调查到的内容对一份职业进行介绍（一份职业24小时的工作情况、工作压力感来源和成就感来源）。

2. 请其他同学进行反馈：让你印象最深的一个工作时间段是什么？这份职业的24小时工作情况，在你看来是怎样的？有没有你想了解但是调查里没有呈现的内容？

3. 以小组的形式讨论并总结（小组里关于哪份职业的调查结果是最让你们意想不到的；结合小组内所有的调查结果，围绕事实、感受、发现和未来等四个角度来撰写）。

4. 请小组轮流上台展示。

七、活动提问

1. 事实

一份职业一天的工作内容，你想用什么词语来形容？

2. 感受

（1）哪份职业最吸引你？

（2）哪份职业的调查结果，让你印象深刻 / 跟你以为的不一样？

3. 发现

从组内的分享和讨论中，你有什么新发现？

4. 未来

如果是你来做这份工作，你会做什么调整 / 改变？

八、教师引导

我们对于社会中的各种职业或多或少都有些了解，但这些了解并不深刻，更多是一种刻板的印象，甚至是误解。刻板印象是指在种族、性别等方面对人进行分类时所形成的固定印象。这种印象往往与事实有偏差，一旦偏差形成，就具有较高的稳定性，会影响我们对新事物的接受。

对于一份职业的要素或职业人的特点，我们也存在一些刻板印象，这会影响到我们未来的职业选择。因此，我们需要努力去打破这种刻板印象，澄清误解。

九、操作建议

1. 学生的前期调查很重要，这堂课的完成效果与学生的前期调查关系密切。

2. 刻板印象一旦形成，就很难改变。不需要将目标设定为打破刻板印象。我们只是借助对事实的调查，尽力呈现一份职业、一项工作最真实的样子。

十、课堂反馈

附：

他的 24 小时

通过访谈、调查、跟岗等方式，了解一个职业人典型一天的典型工作。

职业名称：　　　　　工作时长：　　　　　职业人：　　　　　采访人：

时间段	地点	工作内容 / 活动	时间段	地点	工作内容 / 活动
01：00—03：00			13：00—15：00		
03：00—05：00			15：00—17：00		
05：00—07：00			17：00—19：00		
07：00—09：00			19：00—21：00		
09：00—11：00			21：00—23：00		
11：00—13：00			23：00—01：00		

职业成就感来源于：

职业压力感来源于：

撰稿：上海市静安区风华初级中学西校　陈爽

职业能力图鉴

一、活动目标

1. 了解一般职业能力有哪些。

2. 体会职场人的高光时刻 / 至暗时刻。

3. 提高发展职业能力的意识。

二、活动对象

初中生

三、活动时间

约 30 分钟

四、活动场地

室内

五、活动准备

任务卡（1 套 / 组）。

六、活动过程

1. 教师讲述外卖骑手“跑单王”的故事。

2. 介绍一般职业能力，每组发放 1 套任务卡。

活动“外卖风云”

难题 1：在家就接到了今天的第一单。来到取餐地点，发现常用的手机没带……

难题 2：同时接到两张外卖单，虽然取餐点相近，但是配送地点相距较远……

难题 3：因为要抢在规定时间内送到，跑太快摔倒了，汤汁洒出来了。面对顾客时……

难题 4：下午 5 点，同事正在吃今天的第一顿饭，但是他手上的一个单子快超时了……

难题 5：因为前面的努力和很好的处理，再跑两单，本周的跑单量就可以排到第一名了。然而……

每组同学收到一张任务卡，写有上述五个问题情境。小组讨论后写出相对应的解决方法。

3. 小组轮流上台分享他们改编的故事，请其他同学说出每种解决方法背后体现的职业能力。

同学补充：胜任一份职业，还需要哪些能力。

同学分享自己目前拥有的能力，以及最想拥有的能力。

七、活动提问

1. 事实

（1）你在这个“外卖风云”的故事中看到了外卖小哥的什么能力？

（2）哪个难题是你们小组感觉最难 / 容易解决的？

2. 感受

（1）在组内，依次解决难题的过程中，你的感受如何？

（2）其他小组的解决方案，哪个让你印象深刻，在你看来很机智？

3. 发现

（1）在解决难题的过程中，你有什么发现？

（2）你认为哪种职业能力最重要？

4. 未来

如果在未来的工作中遇到紧急的难题，你会如何处理？需要运用哪些能力？其中哪些你具备，哪些你暂时还不具备？

八、教师引导

外卖骑手“豆中生”成为“单王”离不开他的拼搏激情，善于反思等，这些都是职业能力。职业能力是指在实际情境中能预测并能成功解决问题所需要的因素和特质；或者说，是用行动方式描述出来的职业人需要具备的知识、技能、能力和特质，是一个人能够胜任一份职业的一种状态或综合品质。

从做学生到走入社会，我们不是一下子变得优秀的，需要在学生时期有所积淀。未来在职场中，当遇到紧急情况，你认为可以怎么做？需要运用哪些能力？哪些是你具备的？哪些是你暂时还不具备的？

九、操作建议

“外卖风云”活动中有两个地方是难点：一是要想出解决困难的具体方法，二是要从这些具体方法中看到背后体现的职业能力。

1. 第一个难点可以通过课堂的尝试，看看学生是否能够设想出妥当且切实可行的方法。允许学生有大胆新奇的想法，但前提是要切实可行，否则天马行空的想象力就与生涯探索课的目标远离了。

2. 解决第二个难点要基于学生对职业能力的较好理解和认识。可以在试课的过程中观察学生对于职业能力的了解。如果学生不太熟悉，可以斯皮尔曼的二因素智力模型为理论基础，在课堂一开始就向大家介绍适用于大多数职业的一般能力，比如应变能力、表达能力、推理能力，等等。然后再举例，说明水下摄影能力、同声翻译能力、平衡力等这些是更加具体和专业的特殊能力。

我们这堂课聚焦的是一般职业能力，而不是特殊职业能力。

3. 学生会有比较聪明的想法，比如难题 5 中，再跑两单，本周的跑单量就可以排到第一名了。学生给出的答案是：他之前帮助的同事为了感谢他，把自己手里的单让给了我们的主角。虽然不确定这种操作是否可行，但是学生的机智回答和背后所反映的团队精神会让你印象深刻。

撰稿：上海市静安区风华初级中学西校　陈爽

为什么是他？

一、活动目标

1. 通过职业故事，体会职业人背后的付出，了解职业角色的职业素养。

2. 联系自身，思考未来希望发展、培养哪些职业素养。

二、活动对象

初中生

三、活动时间

约 40 分钟

四、活动场地

室内

五、活动准备

视频资料、彩色硬纸条（3 张 / 组）、水笔（1 支 / 组）。

六、活动过程

1. 播放视频 1（李佳琦经典片段）。

2. 请学生说出由李佳琦想到的关键词，对他的印象。

3. 大众对李佳琦的误解有哪些？（教师可以设定：妖艳、借男生涂口红博眼球、只为赚钱……）

4. 李佳琦因为工作成就，以人才引进的方式落户上海。背后的原因为何？

5. 播放视频 2（对李佳琦的采访片段）。

6. 学生以小组的形式讨论：为了破除这些误解，李佳琦背后都做了什么。并写在彩色硬纸条上，张贴到黑板上。

7. 教师进一步进行归纳，总结出职业素养：职业道德、职业情感、职业意志、职业知识、职业技能等。

8. 每组选取一种职业，小组进一步讨论该职业素养具体是什么。

七、活动提问

1. 事实

李佳琦对于别人对他的误解是怎么做的？

2. 感受

在梳理了几类职业素养后，你的感受是什么？

3. 发现

与你之前所理解的职业素养相比，你发现了什么不同？

4. 未来

结合你自己的职业兴趣，在接下来的学习生活中，你可以发展和培养哪些职业素养？请谈谈具体内容。

八、教师引导

职业素养是指职业内在的规范、要求以及提升，是在职业过程中表现出来的综合品质。

概括地说，它包含职业道德、职业兴趣、职业知识、职业技能。前两个是职业素养中最根本的部分，属于世界观、价值观、人生观范畴的产物，是从出生到退休或至死亡逐步形成、逐步完善的。后两项即职业知识和技能是支撑职业人生的表象内容，是通过学习培训比较容易获得的，比如计算机、英语等职业范畴的知识和技能。

在授课时，教师可以将职业兴趣替换为职业情感和职业意志。

不是穿件西装，打个领带，就算有职业素养；也不是持有某种文凭或者认证执照就是有职业素养。它是一个综合性的素质要求。我们可以从职业道德、职业情感、职业意志、职业知识，以及职业技能几个方面来了解不同行业所需要的职业素养有哪些。

胜任一份职业，需要从不同角度培养职业素养。请你结合自己的职业兴趣，思考一下：在接下来的学习生活中，你可以发展和培养哪些职业素养？

九、操作建议

1. 采访李佳琦的视频不是起导入的作用，而是要借助视频呈现他所具备的职业素养。视频内容需要较丰富一些。但是带货主播这个角色也可以换成快递小哥或者外卖小哥，等等。这些都是比较新兴的职业，大众对这些从业者既熟悉，又存在误解 / 刻板印象，同时他们背后的故事也很值得挖掘。

2. 在授课过程中，较多时候会存在学生的积极性不高的情况。学生反映说对这些职业素养不太感兴趣。所以，建议尽量将职业素养与学生自身情况相结合。也可以提前安排学生完成霍兰德职业兴趣测验，结合自身的兴趣探索，进一步梳理我们要培养的职业素养。

撰稿：上海市静安区风华初级中学西校　陈爽

是他还是她?

一、活动目标

1. 学生理解人们在生活中容易受到性别刻板印象的影响。

2. 学生知道职业选择可以打破性别刻板印象。

二、活动对象

小学高年级学生、初中生

三、活动时间

约 20 分钟

四、活动场地

室内

五、活动准备

学生分组，每组 6 人左右，男生女生各占一半。

打印生涯人物故事，每组一套。

六、活动过程

1. 导入活动：是他还是她？

学生填空：以下这些职业工作者是他还是她？

______ 是一位幼儿园老师。

______ 是一位化妆师。

______ 是一位海上搜救直升机机长。

______ 是一位天文学家。

学生交流自己的答案及选择的理由。

教师引出性别刻板印象的概念。

2. 阅读生涯人物故事

给每个小组下发一套生涯人物故事，组员自主选择阅读自己感兴趣的若干故事。（5 分钟）

3. 交流讨论

4. 学生课后继续阅读其他故事

七、活动提问

1. 事实

（1）你了解了谁的故事？他 / 她是谁？从事什么职业？

（2）在故事中，让你印象最深刻的部分是什么？

（3）为了做好自己的职业，他们做了哪些努力和尝试？

2. 感受

（1）阅读了这些人物的生涯故事后，你有什么感受？

（2）让你最意外 / 最惊讶 / 最意想不到的是什么？

3. 发现

（1）通过阅读故事，你对男性和女性的职业选择有了哪些新的了解和发现？

（2）故事中的人物在选择自己的职业时，尝试打破了性别的限制，是哪些因素决定了他们的职业道路呢？

（3）你还了解哪些人物（可以是生活中熟悉的人物或通过其他途径了解的人物）在选择职业时也打破了性别的限制？你能讲讲他们的故事吗？

4. 未来

这些故事为你以后的生涯发展，带来了什么新的启发和思考？

八、教师引导

性别刻板印象是指人们对于性别的一些概括化的固定看法。受性别刻板印象的影响，人们会将职业按性别进行固定且过于单一的分类，认为男性适合从事某些职业，女性适合从事另外某些职业，而忽视了个体在能力、兴趣、特质等因素上的差异。

受到社会、家庭、文化等各方面的影响，人们容易产生“男生就应该干什么、女生就应该干什么”的想法。这样的性别刻板印象会限制我们自身对兴趣的探索和对能力的培养，容易对职业产生僵化的印象，从而影响职业认知和职业体验，并妨碍对未来职业的选择与发展。

职业选择不应受到性别的限制，可以打破性别刻板印象，可以不受性别的限制去尝试和探索职业方向。

职业选择中，最重要的因素是自身的兴趣和能力，而不是性别的限制，我们可以最大限度地发展自己的潜能，适应现代社会的要求。

九、操作建议

1. 生涯人物故事的选择是开展本活动的关键。

要选择那些打破性别刻板印象，并在职业中取得一定成就的人物。为了贴近学生生活，建议选择中国当代人物，最好是同时代中有一定知名度的人物，能带给学生更好的激励效果。在本文附录中提供了一些人物故事供参考，教师可在此基础上进行筛选、更新和补充，也可将学生提及的故事补充加入。

教师在课前收集资料进行教学准备时，应梳理人物成长过程和职业故事，关注他们对性别限制的突破，呈现他们自身的兴趣、能力以及所付出的努力。

2. 该活动可以用于生涯课程的教学，也可用于学生社团活动或班队会课。

如用于课堂教学，教师需要将故事整理并印制，在课堂上发给学生以便现场阅读。还可根据学生兴趣和学生实际情况，在课后将故事以纸质稿或电子稿等形式发给学生，以便课后继续阅读学习。

如用于开展学生活动，建议活动对象为初中生。可将人物故事的简要介绍发给学生，学生挑选自己感兴趣的人物，搜集、整理相关资料，在社团活动或班队会课上讲述人物生涯故事，分享故事带给自己的感悟和收获。

十、课堂反馈

学生反馈 1：我经常听到大人说“女生是学不好理科的”“女生学个文科就行了”这类的话。有时在学习数学、物理遇到困难时，我也会怀疑自己，甚至产生想放弃的念头。在这节课上，我阅读了好几位女性科学家的故事，她们的故事告诉我：性别不能决定未来的职业方向，只要是自己感兴趣、能做好的事，我们都可以大胆尝试。

学生反馈 2：男生可以喜欢化妆、舞蹈，也可以把刺绣、插花做得很好；女生可以研究天文，也可以开着直升机去救人。男生可以心灵手巧，女生也可以勇敢冲锋。我们不要嘲笑他们的选择，要为他们敢于突破而鼓掌！

附：生涯人物故事参考列表

女性生涯故事，供参考。

人物	职业	主要成就
屠呦呦	药学家	中国首位诺贝尔生理学或医学奖获得者
叶叔华	天文学家	中国首位女天文台长
郎平	排球教练员	中国女排总教练，带领中国女排多次夺得世界冠军
陈薇	生物安全专家	研制 SARAS 疫苗、埃博拉疫苗、新冠疫苗
张玉花	航天技术工程师	中国探月工程副总指挥，中国火星探测器系统副总指挥
华春莹	外交官	中国第五位女性外交部发言人
王亚平	航天员	2013 年乘神舟十号进入太空，开展中国首次太空授课；2021 年再次乘神舟十三号进入中国空间站
张小芹	火灾事故调查员	消防女博士，被称为火场“福尔摩斯”
付妍	滑雪急诊医生	中国冬奥会滑雪医疗保障队队员，踩着滑雪板工作的医生
宋寅	海上搜救飞行员	中国第一代女搜救直升机长

男性生涯故事，供参考。

人物	职业	主要成就
王金山	工艺美术大师	缂丝织造技艺代表性传承人
朱伯明	玩偶修复师	被称为“绒毛玩具医生”，修补破损的玩具
曹文轩	儿童文学作家	中国著名儿童文学作家
毛戈平	化妆师	担任多部电视剧和北京奥运会开闭幕式的化妆造型设计，创立彩妆品牌
谭先杰	妇产科医生	北京协和医院妇产科医生
黄豆豆	舞蹈演员	知名舞者，多次在国际顶级舞蹈大赛中获奖
刘树樑	幼儿园男教师	优秀教师，获得上海市园丁奖
张彦	旗袍设计师	登上纽约时装周的最年轻华服设计师
潘沈涵	花艺师	获得第 44 届世界技能大赛花艺项目金牌

撰稿：上海市第一师范学校附属小学　曹琳珠

职业我来绘

一、活动目标

1. 学生梳理自己对职业的认识，逐渐清晰职业要素。

2. 产生对职业探索的好奇，有进入真实世界了解职业的热情。

二、活动对象

初中生

三、活动时间

约 30 分钟

四、活动场地

室内

五、活动准备

调查问卷（前期）、A4 纸（1 张 / 人）。

六、活动过程

1. 职业初印象

（1）教师选择学生熟悉的一些职业，请学生根据过去的经验，说出对职业的印象，教师进行板书。

（2）结合职业印象，归纳总结主要的工作要素：一般有工作时间、工作环境、工作内容、工作对象、工作地点、薪酬、工作成就感来源、工作压力感来源，等等。

2. 职业绘

（1）邀请几位学生分享自己采访的职业以及职业的工作要素。

（2）请学生分享：如果选择一份职业，自己最关注的工作要素是什么。

（3）展示：教师呈现一份思维导图形式的职业介绍。

（4）绘制：学生在前期调查的基础上，用思维导图的形式绘制一份职业的相关情况。

（5）分享：除此之外，你还想要了解一份职业的哪些信息？

七、活动提问

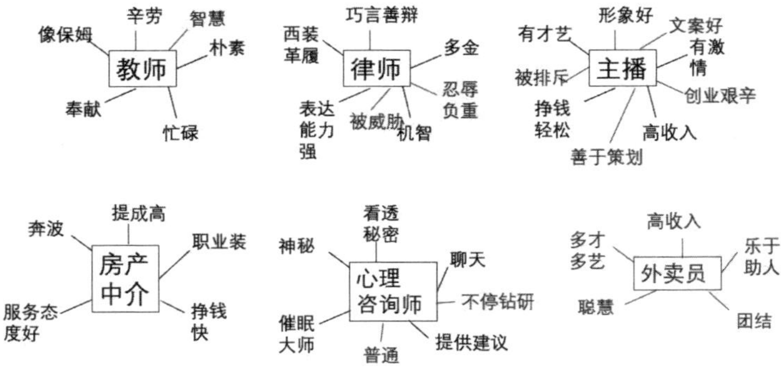
教师
辛劳
智慧
像保姆
朴素
奉献
忙碌
律师
巧言善辩
西装革履
多金
忍辱负重
表达能力强
被威胁
机智
主播
形象好
有才艺
文案好
有激情
被排斥
创业艰辛
挣钱轻松
高收入
善于策划
房产中介
提成高
奔波
职业装
服务态度好
挣钱快
心理咨询师
看透秘密
神秘
聊天
不停钻研
催眠大师
普通
提供建议
外卖员
高收入
多才多艺
乐于助人
聪慧
团结

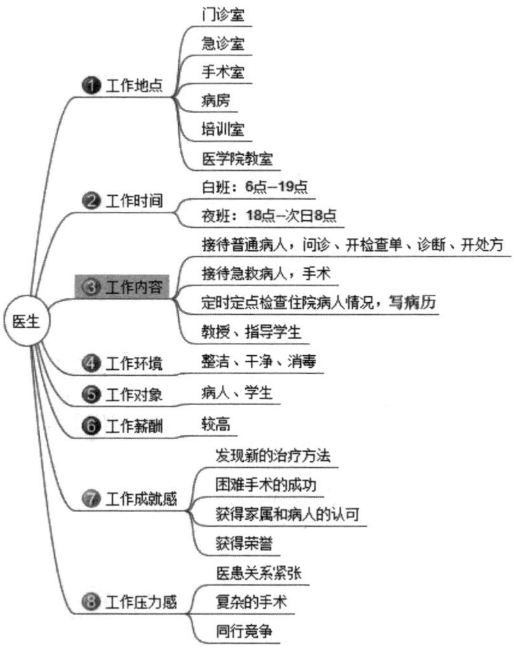
医生
1 工作地点
门诊室
急诊室
手术室
病房
培训室
医学院教室
2 工作时间
白班：6点–19点
夜班：18点–次日8点
3 工作内容
接待普通病人，问诊、开检查单、诊断、开处方
接待急救病人，手术
定时定点检查住院病人情况，写病历
教授、指导学生
4 工作环境
整洁、干净、消毒
5 工作对象
病人、学生
6 工作薪酬
较高
7 工作成就感
发现新的治疗方法
困难手术的成功
获得家属和病人的认可
获得荣誉
8 工作压力感
医患关系紧张
复杂的手术
同行竞争

调查样例

采访人：　　　　被采访人的行业／职业角色：

一、职业的自我介绍（工作要素）

工作时间：　　　　工作环境：

工作内容：　　　　工作对象：

工作地点：　　　　薪酬：

工作成就感来源：　　　　工作压力来源：

二、关于这份职业的印象

1. 社会大众对你这份工作最大的误解是什么？

2. 社会大众对你这份工作存在哪些固定看法？

3. 这份工作不常为人所知的一面或几面：

最（紧张／轻松／愉快／难挨／繁忙／窘迫……）的时刻

【调查方式建议】

1. 访谈熟悉该项职业的父母亲朋　　2. 实地访谈胜任该项职业的父母亲朋

3. 跟岗观察某一职业人的一天　　4. 借助互联网查找相关资料

1. 事实

（1）（职业初印象环节）我们对于 ×× 这一职业的印象，大家是否有不同的意见？

（2）（职业初印象环节）大家对于 ×× 的印象，主要集中在哪个工作要素上？除此之外，我们还涉及什么工作要素？

（3）（前期调查过程）在填写调查问卷时，你发现了什么？

2. 感受

（职业绘环节）当你把前期调查的内容用思维导图的方式绘制出来时，你有什么感受？

3. 发现

从职业初印象，到现在的职业思维导图，你有什么发现？

4. 未来

（1）今后在选择一份职业时，你会更看重它的什么方面？

（2）如果有机会让你和一个职业工作者面对面，你想了解哪些信息？如何了解？

八、教师引导

职业生涯规划就是指综合各个方面来定目标、定计划。需要考虑的因素包括你的兴趣爱好，你擅长做什么，经历过什么，有哪些不足，以及当下的时代特点。初中生正处于职业生涯的探索阶段。这个探索需要从两个方面进行，分别是探索自我，增加对自己的了解，再就是深入了解社会各类职业。

当我们在谈及对职业的印象时，大家会有不同的看法。比如教师的收入，有的同学认为是高的，有的同学认为较低；对于画家的形象，有几个同学都说到帽子是标配，但有的同学认为画家的衣着常常很邋遢。有不同看法，没关系，这很正常，这些其实都是我们对这份职业的刻板印象，并非事实。只有借助各种形式的调查和体验，我们才能够对职业有更加深刻的了解。

九、操作建议

1. 在职业初印象环节，如果学生说出的印象，其他同学有异议，没关系。因为这些刻板印象本身就与事实存在偏差。我们就是要打破这些刻板印象，看见一份职业更加真实、全面的样子。

2. 在用思维导图的形式绘制一份职业时，教师需要在屏幕上呈现模板，以便学生对于任务的理解更加清楚。

撰稿：上海市静安区风华初级中学西校　陈爽

职业网络

一、活动目标

通过头脑风暴探索职业之间的内在关联，并拓展对社会职业的了解。

二、活动对象

初中生、高中生

三、活动时间

约 15 分钟

四、活动场地

室内

五、活动准备

活动单、彩笔。

六、活动过程

1. 4—6 人一个小组，班级分成 4— 6 个小组，每个小组抽取 2 个专业门类的关键词，比如哲学、经济学、法学、教育学、文学、历史学、理学、工学、农学、医学、管理学、艺术学。小组根据活动单，每个人轮流说一说与小组抽到的 2 个专业门类中任意一个相关的职业，当职业的数量达到 15 个及以上时可以停止该环节。

2. 小组头脑风暴说出职业与职业之间的关联。职业的共同点不可泛泛而谈，需围绕职业的内容、对求职者性格与能力等要求。用不同颜色的彩笔将职业连线，每两个或者三个连线的职业，在线上写出它们的相似点，最后形成学科职业网络图。

3. 小组分享职业之间巧妙的联结，班级讨论如何丰富该小组职业的联结路径，并说说自己的看法。

4. 班级分享小组头脑风暴的成果，谈一谈自己在这个过程中的发现与感受。

七、活动提问

1. 事实

（1）你发现了哪些原来你不知道的职业？

（2）有哪些职业是你比较熟悉的？

（3）当探索职业之间的关联时，你遇到了什么困难？

2. 感受

（1）在每一轮说出不同职业的时候，你的感受如何？

（2）关联职业的过程中，你感受如何？

3. 发现

（1）在讲述职业和讨论职业中，关于职业的种类与特点，你有什么发现？

（2）在社会发展过程中，职业之间的关联是什么？

4. 未来

今天的活动，让你对未来的职业生涯规划产生了哪些思考？

八、教师引导

对社会职业有了更多的认识，你会发现身边有形形色色的各类职业，通过职业认识社会，也通过对社会的了解，促进对职业有更加丰富的认识。

大家对职业的认识都是不同的，通过更多的分享，可以从其他同学那里了解到更多的职业信息。并非每个职业都要了解得特别清楚，通过头脑风暴，我们可以知道更多职业的内容、对能力的需求。

如果发现自己找不到职业的关联，也没有关系，因为我们现在对职业的了解有限，有许多职业只是知道它们的名字，而并不清楚职业的细则，这是我们可以努力的地方。

建立职业关联的过程，是不断发现职业特点的过程，这有助于我们对于各类职业形成知识网络。

九、操作建议

1. 小组轮流讲述职业的时候，对于一些重合性较高的职业，只需要保留其一即可。

2. 学生讲述职业种类的时候，如果有的小组想法较多，可以允许多讲一些。

3. 如有必要，需要事先解释中国大学本科的 12 个学科，学生要有相关知识背景。

4. 允许学生在两个职业之间实在找不出关联。

十、课堂反馈

学生反馈 1：我发现编剧和自媒体主编各自的领域不同，但是都需要市场分析能力。虽然各自对应的关键词不同，编剧的关键词是富有想象力和创造力，自媒体需要对市场敏锐的觉察力，职业所需有所不同，但是有一些共性的地方。

学生反馈 2：同学们的脑洞有点大，以前没有思考过职业之间的关联性，只是认为每个职业有自己的工作内容和一些特点。

学生反馈3：原来不同的职业有很多的关联，以前只是知道职业的名字，对于内涵没有太多的思考。一节课下来发现同学们对职业的了解比我深入很多，我需要多关注社会信息，多了解我喜欢的职业的细节。

学生反馈4：专业门类中有许多以前我不知道的职业，比如心理学是属于理学专业，心理咨询师需要理学背景，咨询师与汽车研发的关联是逻辑性。我发现职业有多样性，看起来毫无关系的职业，居然有这么多内在的联结。

附：活动单

学科：________

活动要求：

1. 每个人说出一个自己了解的职业，并写在圆内。小组成员轮流说出自己了解的职业，圆内职业15个及以上可停止。

2. 小组成员轮流说说自己知道的这两个职业之间的关联，关联必须是该职业的职业内容、职业需求的能力特点、职业对人的性格的要求等三个方面。

撰稿：上海田家炳中学　刘林梦

职业的变迁

一、活动目标

1. 感受职业的发展变化，探索分析职业兴衰变化的特征。

2. 从自身职业发展变化的角度，探索能力发展方向。

二、活动对象

高中生

三、活动时间

约20分钟

四、活动场地

室内

五、活动准备

活动单1、活动单2、活动单3（见附件）。

六、活动过程

1. 观看视频《人工智能的崛起》。

2. 展示过去职业的图片（修鞋、修钢笔、挑担子卖货、磨剪刀……），请同学描述图片的内容，以及对于图片上职业的印象。

3. 小组头脑风暴：除了这些职业外，还有哪些已经消失，或者正在逐渐消失的职业？消失的职业的共性是什么？（活动单1）

4. 小组头脑风暴：有哪些正在兴起或者未来将会兴起的职业？兴起的职业的共性是什么？（活动单2）

5. 觉察与思考：面对社会与职业的变迁，你未来的选择是什么呢？请写出一个你心仪的职业。如果这个职业已经存在，请写出职业的名称；如果这个职业目前还不存在，为该职业取个名字，并写出你选择这个职业的原因，以及你需要做哪些准备。（活动单3）

七、活动提问

1. 事实

（1）看完视频，你印象最深刻的是什么？

（2）你知道哪些已经消失或者正在消失的职业？

（3）你知道哪些正在兴起的职业，你预测哪些职业即将兴起？

2. 感受

（1）看完这个视频，你的感受如何？

（2）看到职业更替，朝阳职业与夕阳职业更替，你的感受如何？

3. 发现

（1）职业的兴衰与社会的变迁，你发现两者之间的联系是什么？

（2）对于已经消亡或者正在消亡的职业，它们有哪些特点？

（3）对于即将兴起的职业，它们有哪些特点？

4. 未来

（1）你心仪的职业是什么？

（2）为了这份职业，你需要做哪些准备？

八、教师引导

社会发展与职业变迁是密不可分的，社会发展影响职业发展，而职业的发展也促进着社会的发展。

回顾过去的职业发展，我们发现消失的职业或者即将消失的职业具有一定的共性，它们是落后的、依靠体力的、重复的、机械的、规律的、流程性的、单一的、记忆的、封闭的。这为我们以后选择职业提供了一些思考和启发。

思考未来即将兴起或者正在兴起的职业，我们发现它们的共性是有趣的、感性的、有创造力的、整合的、共情的、开放的、给社会提供便利的、先进的、有技术含量的、高智能的。

九、操作建议

1. 在网站上搜索关键词即可找到相应视频，如没有视频，可从第二步开始活动。

2. 头脑风暴活动，可以分组同时进行，2 个小组领取活动单（1）完成夕阳职业思考，另外 2 个小组领取活动单（2）完成朝阳职业的思考，可节省时间。

3. 活动需要对社会、对职业有一定的了解，有些学生对此知之甚少，要关注这部分同学的感受，合理引导学生关注社会。

4. 提醒学生，逐渐衰落的职业有打字员、记者、银行柜员、司机、装配车间工人、有线电视安装员、加油站管理和工作人员、经纪人和中介商、铁匠、补锅、货郎、篾匠、钟表维修、锔瓷盆、修钢笔、磨刀磨剪子等。

5. 畅想未来自己心仪的职业，不乏学生会天马行空，应激发学生的想象力与创造力，以开放的视角看待他们对未来的期待。

十、课堂反馈

学生反馈 1：本节课我感受到了过去和现在的职业变化，有很多职业已经从我们的生活中消失或者正在消亡的途中。相反，很多职业正在兴起。通过同学们的分享，我了解到很多平常生活中并不常见的职业，也知道了消亡职业和兴起职业的共同点。很多消亡职业比如弹棉花等，都是低效率的，并且都是机器可以替代的。兴起的职业如程序员等都是科技领域，需要人才和创新。另一种就是文娱产业。在当代，人民的物质生活都好起来了，文娱产业可以丰富他们的精神生活。

学生反馈 2：让我印象比较深刻的是职业的更替。我发现体力劳动在逐渐消失，科学技术核心的职业在发展，这些变化使整个国家乃至世界的经济、科学、军事等多方面崛起。一些消失的职业可能引发失业问题，这是大势所趋，我们要顺应时代的发展增强自己的核心竞争力，在未来社会能有一席之地。

学生反馈 3：职业发展中，人文关怀越强的职业发展的趋势越好，这与马斯洛需要层次理论不谋而合，物质需要得到满足后，精神需要开始发展。所以在未来的就业中，我更加会考虑我的职业在人文方面的价值。

附件：

活动单 1：夕阳职业	
已经消失或者正在消失的职业	这些职业的共性是什么？

活动单 2：朝阳职业	
正在兴起或者即将兴起的职业	这些职业的共性是什么？

活动单 3：职业畅想	
心仪职业的名称：	你需要做哪些准备？
描述你心仪的职业：	

撰稿：上海田家炳中学　刘林梦

异想城市的投票

一、活动目标

1. 学生知道从事各种职业的劳动者都在为社会做贡献。

2. 学生逐步建立职业平等的意识，懂得尊重从事各种职业的劳动者。

二、活动对象

小学生

三、活动时间

约 30 分钟

四、活动场地

室内

五、活动准备

1. 双面手牌（一面写有“赞成”，另一面写有“反对”）。

2. 感谢卡模板。

3. 彩色笔，白纸。

六、活动过程

1. 活动导入

师：今天，老师邀请大家来到异想城市，成为这里的小市民，我们一起来探讨关于职业的话题。

最近，异想城市居民发现，城市里有一些周末也不能休息的辛苦职业人，比如，医生、警察、快递员、环卫工人、地铁 / 公交车驾驶员等。

学生发言交流：对这些职业的了解，理解该职业的辛苦。

2. 异想城市的投票

（1）为了让这些职业人有更多休息时间，有人提议，每周为每个职业人专门安排一天休息时间。比如，周一是医生休息日，所有的医生在周一都不上班，可以在家休息。周二是警察休息日。依此类推。

作为异想城市的小公民，你拥有投票权。对于这个提议，你是赞成还是反对？你的理由是什么？

学生举牌，表达对此提议的赞成或反对。

学生交流赞成或反对的理由。

（2）请你设想一下，如果这个提议推行实施，异想城市会发生什么情况？

学生发言交流。

3. 学生交流感悟发现

4. 为职业工作者制作感谢卡

（1）了解制作要求：

选择一个职业（不限于今天课堂上讨论的职业），写下你对这个职业的理解和感谢，最后签上你的名字。

你可以在老师提供的感谢卡模板上填空，也可以自己设计一张感谢卡。

如有可能，在课后将卡片送给从事这个职业的劳动者，表达你的感谢。

（2）学生选择一个职业，为该职业的工作者制作感谢卡。

（3）学生朗读交流感谢卡的内容。

（4）学生交流收获和感悟。

七、活动提问

1. 事实

（1）你对这些职业有哪些了解？（从工作内容、工作时间等方面回答）

（2）你如何理解这些职业的辛苦？

2. 感受

（1）在投票和后续讨论环节，你有什么感受？

（2）听到同学们交流职业感谢卡，你有什么感受？

3. 发现

通过这个活动，你对职业有了什么新的发现、新的理解？

4. 未来

（1）在我们身边，就有各种不同职业的劳动者。在以后的生活中，你会如何对待他们？

（2）今天的活动收获，对我们未来的生涯发展有什么帮助？

八、教师引导

每一份职业都很辛苦，我们要理解不同职业的辛苦和不易。

如果每周为每个职业人专门安排一天休息时间，会给我们的城市带来很大的不方便。比如，如果某一天所有医生都去休息了，身患疾病或需要紧急手术的病人就无法得到及时救治，会有生命危险。

虽然我们不能为每个职业设置专门休息日，但可以采用“轮休制”，保证劳动者有充足的休息时间，这也是保障劳动者的合法权益。

城市的正常运转和我们的日常生活，离不开每一位职业工作者的辛苦付出，每一份职业都是在为社会做贡献，每一份工作都很重要，缺一不可。

尊重从事各种职业的劳动者，感谢他们为保障城市的正常运转和我们的日常生活所付出的辛苦和汗水。

九、操作建议

1. 引导学生从平时生活中接触到的职业入手，理解不同职业的辛苦。

2. 教师可增加一些具体的提问，或提供现实生活中的材料，便于学生增加对职业工作时间、工作内容的了解。比如，可以这样提问：你知道上海最早班的地铁是早上几点发出的吗？我们看到的城市干净整洁，你知道环卫工人是什么时候打扫的吗？也可以展示医院急诊大楼在夜间灯火通明的照片、上海地铁运行时刻表等。

3. 学生投票表示赞成或反对时，教师不要急着给出结论，而是要请多位学生从各个角度充分表达观点。学生正是在表达与辩论的过程中，去理解每一份职业的辛苦和价值。

4. 学生制作感谢卡，需要写出对某一职业劳动者的理解和感谢。所选的职业可以是课堂上讨论的医生、警察、快递员等工作，也可以是教师、社区工作者等其他职业。鼓励学生将课堂学习延伸到社会生活中，真正实现生涯教育促进学生理解社会的目标。

十、课堂反馈

学生制作的感谢卡 1：

> 尊敬的医生叔叔、阿姨：
>
> 我知道您的职业非常重要。有一次，我夜里突然发烧，父母把我送到医院时，我看到凌晨医生们还在诊室忙碌。为了救治患者，你们连续工作，争分夺秒，挽救生命。
>
> 我想对您说：感谢您在疫情期间，坚守在防疫一线，守护我们的健康。您是白衣天使，您是最美逆行者！我非常敬佩您！

学生制作的感谢卡 2：

> 尊敬的环卫工人：
>
> 我知道您的职业十分辛苦。每天凌晨四五点钟，您就要开始工作，那时我们还在睡梦中呢，您已经把街道清扫得干干净净。
>
> 我想对您说：您每天默默付出，不求回报，您的工作让城市变得美丽整洁，也为我们的生活带来了便利。谢谢您！您辛苦了！

附：感谢信模板

学生可以选择该模板填空，也可以自行设计其他样式的感谢信。

尊敬的 ____________ 叔叔、阿姨：

我知道您的职业 ____

____

我想对您说：____

____

（我的名字）____________

注：本活动已制作成视频《我们的城市，没你不行》，编入上海市生涯教育系列微课。

撰稿：上海市第一师范学校附属小学　曹琳珠

身边的职业

一、活动目标

1. 从一日生活的需要入手，了解身边的各种职业，初步知道社会上不同职业的工作内容。

2. 产生“不同职业为我们提供不同服务”的基本认知。

二、活动对象

小学生

三、活动时间

15—20 分钟

四、活动场地

可分组教室（6—8 人一组）

五、活动准备

1. 制作课件。

2. 准备职业卡片。

六、活动过程

1. 聆听故事《添添的一天》，并说一说故事中涉及的职业名称。

添添是一年级的小学生，双休日的生活可精彩了！请大家跟随她，一起去看看她一天的活动。

2. 小组讨论，并完成“添添身边的职业”。

添添早上刚出门，在小区里，添添遇见了从事哪些职业的人呢？在地铁站，她遇到了哪些职业人呢？

请大家一起回顾添添的一日生活经历，填写“添添身边的职业表”。

3. 大组交流，相互补充。

每个小组分享一个活动地点，其他小组同学聆听，并且进行补充。直到所有的地点全部完成。

4. 老师提问、总结。

七、活动提问

1. 事实

添添这一天经历的生活中，有多少职业在为我们提供服务？你想到了哪些，还有哪些是没有想到的？

2. 感受

添添一天的生活经历中，有那么多人在默默劳动和提供服务，你有什么感受？

3. 发现

看到我们的职业清单，你有什么发现？

4. 未来

未来，你想从事什么职业？为了让我们生活得更加美好，你能想象一下，将来会有哪个职业出现并为我们服务吗？

八、教师引导

在我们生活中平平淡淡的每一天，都和各行各业发生着密切的联系，他们在为社会工作着，为我们服务着。

不同职业有不同的工作内容，具有独特性；不同职业又相互关联，一环扣一环，为我们服务着。

九、操作建议

1. 在游戏“猜猜我是谁”中，针对同一种职业，不同的同学会做出不同的职业动作。这时，老师可以引导学生：同学们做的动作都不一样，但这些动作的确都是这个职业的工作内容。

2. 在游戏“猜猜我是谁”中，有些职业的工作内容无法通过明显的动作来表达，可以让学生根据自己的理解说一说这个职业的工作内容。

十、课堂反馈

学生反馈 1：我知道了不同的职业有着不同的工作内容，需要专门的本领。

学生反馈 2：身边各种各样的职业都为我们的社会提供不同的服务，是我们社会生活不可缺少的一部分。

附：故事《添添的一天》

大家好，我是添添。今天是周六，一早，我就出门去上课啦，我和小区里的阿姨和叔叔打了声招呼。接着，我穿过马路，乘坐地铁一号线，去青少年活动中心学习画国画以及跳舞。虽然跳恰恰舞对于我来说有点难，但是王老师可有耐心呢。上完课后，我去吃了云南过桥米线，并用手机扫码付款，方便极了。吃完午饭，爸爸妈妈带着我去拍了一套艺术照片。然后，我来到小区网球场，跟着网球张教练上了一节网球课。打完球，我大汗淋漓。我去旁边的理发店洗了头发，还请发型师修剪了我的刘海。周末充实的一天就这样过去啦。

添添身边的职业（样张）

撰稿：上海市静安区闸北实验小学　李晟文

我知道的职业故事

一、活动目标

1. 学生能讲述身边职业人物的职业故事。

2. 学生感受职业人物积极应对挑战的品质，并培养自己在变化面前的积极心态。

二、活动对象

小学生、初中生

三、活动时间

约30分钟

四、活动场地

室内

五、活动准备

PPT、职业人物小报。

六、活动过程

学生课前采访身边的职业人物（如爸爸妈妈等），制作职业人物小报，内容包括：职业人物是谁，什么职业，怎样从事这份职业的，对这份职业的看法，遇到过的困难以及是如何处理的。

正式活动：

1. 小组活动

（1）小组内按照学号从小到大的顺序依次轮流分享自己制作的职业人物小报。每人花2分钟时间分享。

（2）小组内说一说，对于哪一份职业人物小报中的内容印象最深刻？为什么？

（3）小组内投票选出最好的一份小报，在全班大组进行分享。

2. 大组分享

（1）从第一组开始，依次上台分享本组投票选出的小报内容，每人2分钟。

（2）下面的学生在听完小报内容后，说一说自己印象最深刻的部分以及为什么。

（3）每小组1票，对6组的6份小报内容进行投票，选出大部分人最喜欢的职业人物小报。

（4）请部分同学说一说最受人喜欢的那份职业人物小报中最打动自己的是什么，对于自己将来从事职业有什么启示。

七、活动提问

1. 事实

（1）（问组员）职业人在面对困难时都是怎么做的呢？

（2）现在的自己在面对困难时又是怎么做的呢？如果向这些职业人学习，面对自己的困难，你现在有哪些可以做的？

2. 感受

（1）（问组员）了解到职业人面对困难的处理，你感受到了他们的哪些心理？

（2）了解了这些不同职业人物的经历，你最大的感受是什么？

3. 发现

（1）你发现职业人哪些重要的能力或心理值得你去学习？

（2）你发现这些职业人的经历和现在自己的经历有哪些联系呢？

4. 未来

（1）今后，你觉得自己可以怎样学习这些职业人的能力和心理品质？

（2）今天收获了哪些启发，能够鼓励、指引到现在的自己？

八、教师引导

我们能够发现每一份职业小报背后都是一个不平凡的经历，看似简单的职业背后，也藏着很多不为人知的努力和辛苦。

相信大家都被这些职业人物的经历所打动，他们的工作或许很平凡，但是付出不平凡，奋斗不平凡，面对困难时的勇气不平凡。

既然我们学习和领悟到了这些职业人物在克服困难、应对问题中的能力和品质，我们就要试着用它来影响现在的自己。比如爸爸在求职失败时并没有气馁，而是认真分析简历，找到自己的优势，大胆去“推销”自己，终于让用人单位发现他的价值。对现在的我们来说也是一样，也许我们会在学习上、生活上遇到困难，但是我们可以试着去总结经验，找到自己擅长的部分，保持不骄不躁的心态，拥有大胆尝试的勇气。

制作职业故事小报是为了让我们对身边人的职业有所了解，更是为了让我们每个人学习其背后蕴藏的应对困难时该有的能力和品质，每份平凡的职业都需要用心地努力，就像现在的我们一样，一分耕耘一分收获，脚踏实地才能走得更远。

九、操作建议

1. 在小组活动中，给学生足够的时间去彼此分享制作的职业故事小报，让大家都说一说彼此职业故事的亮点，哪个部分打动你，给你印象深刻，在组内投票选出让人最喜欢的一份，到大组内进行交流。

2. 大组交流时，让学生自由畅谈，说一说每个小组职业故事的亮点，让人印象深刻的部分以及原因。教师针对学生所说的内容可以进行板书，在黑板上展示出本节课的重点，和学生一起总结。最后让学生说说这节课的感受和启示。

3. 要多花时间放在对职业人面对、处理困难过程中表现出的能力、心理品质的深入讨论，注意引导学生用职业人的经历去联结到现在的自己，结合自己的经历，说一说受到了哪些启发，今后可以怎么做。

十、课堂反馈

学生反馈 1：我了解到别人分享的职业故事中，职业人在工作中都遇到过各种各样的困难，每个人的工作都是来之不易，需要好好努力，用心去做的。

学生反馈 2：我觉得身边人从事的职业都会受到彼此的影响，尤其是家族中，有人会因为家族中有人从事某个职业而喜欢这个职业，但也有人会因此而不喜欢这个职业，对其他职业感兴趣。

学生反馈 3：上完今天这节课，我才了解到职业人的不易。一分耕耘一分收获，遇到困难时不可以随便放弃，要多总结经验，积极面对，主动去解决困难。了解别人的职业经历对现在的自己有了很大帮助，在学习中我也不能轻言放弃，要认真去对待。

附：

职业人物采访活动单

职业人物：________________ 职业：____________________

简单介绍下这份职业：____

从事这份职业过程中的困难：

____

当时是怎么应对的：

____

从事这份职业，自己的收获有哪些？

____

撰稿：上海市静安区万航渡路小学　陶静

配镜师家长进校园

一、活动目标

1. 初步了解并体验眼镜店配镜师的工作，知道配制眼镜的流程。

2. 培养“职业无贵贱”“劳动最光荣”的价值观念。

二、活动对象

小学生

三、活动时间

25—30 分钟

四、活动场地

室内

五、活动准备

1. 邀请相关职业的家长前来学校举行讲座。

2. 拍摄一些验光设备的图片、准备视力表。

3. 准备几副学生的镜架和学生用的教学纸币。

六、活动过程

1. 谈话引入

在生活中，你会用到眼镜吗？你知道眼镜的哪些种类？

一般来说，我们去哪里配眼镜？

你知道吗？我们有位小朋友的爸爸，就是在眼镜店工作哦。让我们一起欢迎他的到来！

2. 配镜师家长介绍职业

（1）配镜师家长自我介绍。

（2）配镜师家长介绍自己的职业。内容包括：工作场所、工作设备、工作内容、工作流程。

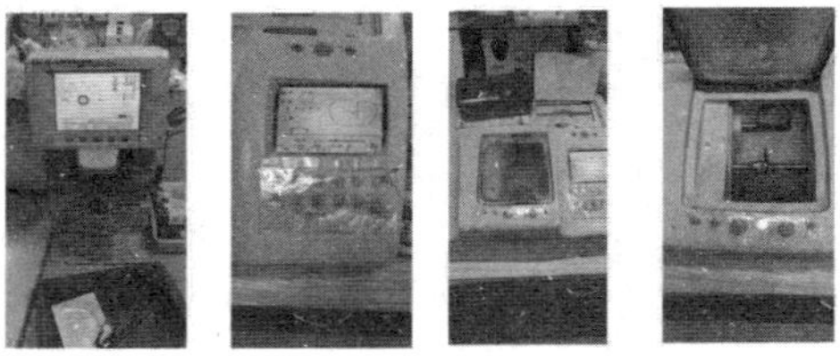

眼镜加工设备

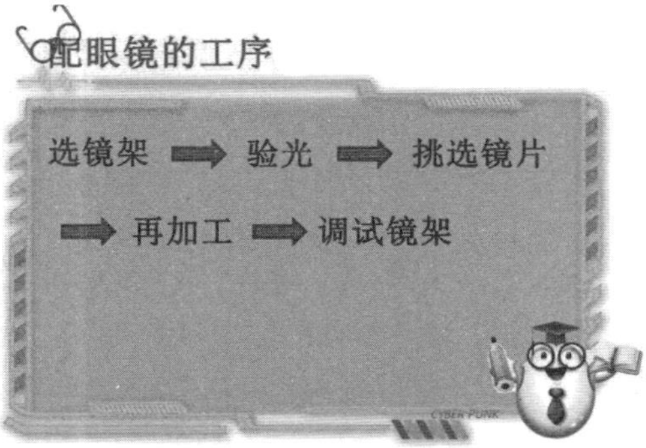

我的日常工作

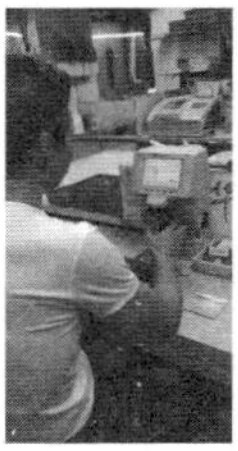

检测镜片光度

镜片磨边

镜片倒边

（3）师生互动讲述职业故事（脚本见附件）。

3. 体验配镜的主要流程

（1）教师介绍销售接待、验光师两种角色，并讨论要做的工作。

角色	工作内容	要求
销售接待	接待、挑选镜架、给出合理建议，例如：镜框架观、镜片价位与功能、镜架功能等	面带微笑，了解客户需求
验光与配镜	验光、配镜等技术工作	细致、专业

（2）拿出眼镜小卖手体验单、学生用纸币和镜架，学生分别进行体验。

（3）体验活动结束后，对学生的表现进行点评，并对完成度好的学生授予“眼镜小卖家”“验光小能手”称号奖励。

七、活动提问

1. 事实

对于验光师的工作，你了解到哪些？你体验了什么工作？

2. 感受

了解了眼镜店职员的工作后，你有什么感受？

3. 发现

要成为一名合格的验光师，需要具备什么样的素质呢？

4. 未来

我们今天从验光师身上学习到的本领，对你有什么启发？未来你想了解什么职业？

八、教师引导

成为一名合格的验光师，需要我们扎实的专业能力、持续的学习研究能力和良好的人际沟通能力。

每个职业人都值得尊敬。无论是销售接待还是专业验光师，都是配镜服务中非常重要的岗位。

无论学习还是工作，我们都要不断地积累，不断地提升自己的能力。学习其实也要有这种踏踏实实、精益求精的精神，这样才会使我们不断进步。

九、操作建议

1. 在课堂上帮助学生深入了解某个职业，对老师来说，可能需要更多的知识储备。教师可以借助家长资源，邀请相关职业的家长来担任职业讲师；同时，教师也可以充分信任学生，让学生和家长讲师进行对话，了解他们感兴趣的内容。

2. 在活动体验这个环节，教师准备越丰富的活动道具，学生的参与积极性也会更高。因此，如果无法向学生展示真正的设备，可以通过图片展示，将设备的每一个细节和作用与学生进行分享。在后期表演的过程中，可以适当模拟，用视力表等一些简便道具进行表演。

3. 在课堂激发学生兴趣后，教师还可以结合社会实践活动或者生涯教育基地考察活动，带领学生实地进行体验、考察，增加学生的感性经验。学生也将在实地考察过程中有更多的感受和发言。

十、课堂反馈

学生反馈 1：这堂课上完以后，我最大的体会就是：在工作中不仅需要仔细认真的态度，也要用真诚去对待每一个人，学会沟通，站在对方的角度去考虑！我在今后的学习中也会学习这种认真严谨的态度，不马虎。在生活中，用真心去对待每一位朋友！当然，我们也要爱护视力。

学生反馈 2：我感受到，配镜看似简单的工作，但要做好却不简单。既要有专业的配镜知识还要知道眼睛的构造，就好比半个医生。同时让我们感受到，眼镜店职员为了让每一个顾客满意，他们在不断地进取、钻研，这也是我们每一个学生应该做的。

附件1：学生进行生涯人物采访的脚本

角色：

生涯人物：眼镜店验光师袁某某爸爸

采访者：三（2）班孙某

四（1）班皮某、薛某

场景开场：

薛在测视力板前测视力。

孙：你在做什么呀？

薛：唉，最近我的视力有点下降，我来眼镜店测测视力。

皮：那你可要注意用眼习惯了！不过一副又好又合适自己的眼镜也很重要，你知道眼镜是怎么配出来的吗？

薛（摇摇头）：不知道。

孙：我也很好奇，今天我们有专业人士来解开我们的疑问！

袁爸爸出场：小朋友们你们好，我是这家眼镜店的验光师。

互动访谈：

1. 皮：您平常工作时都做些什么呀？（职业内容）

我们的工作，俗称做眼镜。听着很简单，但事实上验光配镜是一个很专业的行业，一副合格的眼镜要佩戴清晰，舒适。这是一个精细、不容犯错的工作。

（皮：这个工作具体都做些什么呢？）

我从事这个行业二十多年了。我现在主要做的是验光和配镜。现在验光和配镜都有专门的仪器，但是要验光准、镜片研磨镀膜好，都是需要研究和操作的技术活。这二十几年里，眼镜行业也在发生变化，从玻璃眼镜镜片，到树脂镜片转变，我也在不断学习、研究。

2. 薛：您真是一个认真努力的人！那您在平时的工作中，肯定会遇到形形色色的顾客，您是怎么做到让每一个顾客满意的呢？

眼镜的舒适与否直接影响了人们的日常生活，所以我们总是不厌其烦地给不同的配镜者提出更多不同的配镜建议，交代很多配镜后的佩戴要求。都想着能用我们的这副眼镜的度数结合良好的用眼习惯，让每一位戴镜者控制目前的度数，不要增长。我们总是用最好的方法，给戴镜的人带去最合适的佩戴建议。

孙：一般来说，什么样的客人会到您的眼镜店来？（职业服务对象）

需要眼镜的人都是我们的客人。有爱美的女性来配太阳镜，有近视的人来配近视镜，有老年人来配老花镜。什么年龄层次都有。不过近几年我们顾客的平均年龄逐渐低龄，很多小朋友都开始戴上了近视眼镜。这一点真的是要小朋友都引起重视哦。

3. 薛：那您觉得小朋友需要培养的最重要的用眼习惯是什么？（职业技能）

除了平常我们常说的注意卫生，不拿脏手揉眼睛，不在太阳底下看书，用眼时要注意休息之外，其实我们平时的饮食对于眼睛来说也是很重要的，太甜、腌制类、烧烤、油炸、碳酸饮料、辛辣的食物也会造成近视。我们要保证自己饮食的均衡，同时吃一些对眼睛有利的食物，例如胡萝卜、菊花、蓝莓、柑橘、鱼、枸杞、菠菜、动物肝脏、黑豆等都对眼睛十分有益。

4. 皮：原来食物对于眼睛也是这么重要啊！那在您的工作中有什么让您印象最深刻的一次经历吗？（职业价值）

我记得10年前，在北京碰见一个三年级的孩子，在6个月时间里，眼睛的近视度数由300度增加到800度，这是个非常惊人的数据。我们都以为是在测量的时候出现的错误，又重复审核一遍，但依旧是这个结果。当时，家长对我们也产生怀疑，认为是我们的眼镜导致孩子度数大幅度增长。我们让家长重新去另外的机构复查，让另外的机构给出合理的解释。在这个过程中，我们也在探讨为何度数在短短的6个月时间里会这样高速增长。我查找了许多资料，同时和家长持续地沟通。最后我们经过与小孩的沟通了解，发现就是因为小孩的用眼习惯、饮食等各方面的原因造成的。知道了原因，我们就对症下药，一直研究如何给孩子做更好的调整。小孩用眼的坏习惯让眼睛度数增长迅速，我们花了大量的时间与精力去思考探索，最终让孩子的近视在半年内从800度回调到500度。虽然我们眼镜卖得少了，但是帮助一个孩子更好地保护眼睛，我觉得特别开心。

结束语：

薛：看来在工作中不仅需要仔细认真的态度，也要用真诚去对待每一个人，学会沟通，站在对方的角度去考虑！我在今后也会学习叔叔这种认真严谨的态度，不马虎。在生活中，用真心去对待每一位朋友！

孙：是呀！叔叔不断学习钻研的精神值得我学习！在学习中遇到难题，我也要向叔叔一样，不怕困难，努力钻研，勇往直前！叔叔的工作态度值得我们学习，不过你也要记得叔叔刚刚所说的保护眼睛的方法哦！

附件2：

<table>
<tr><th colspan="2">眼镜小卖手体验单</th></tr>
<tr><td colspan="2">职业体验参与人：（班级、姓名）
职业体验时间：（年月日）
实践体验</td></tr>
<tr><td>1. 今天我学习了配眼镜的流程是这样的：
首先：
其次：
然后：
最后：</td><td>我对活动的感兴趣程度：
☆☆☆☆☆
完成活动的自我评价：
☆☆☆☆☆</td></tr>
<tr><td>2. 今天我学习并体验了眼镜店职员的工作。
我得到了客户____星评价。</td><td>我对活动的感兴趣程度：
☆☆☆☆☆
完成活动的自我评价：
☆☆☆☆☆</td></tr>
</table>

撰稿：上海市静安区中兴路小学　马佳青

地铁探秘

一、活动目标

1. 参观访问父母的工作场所后，学生能够为班级同学描述地铁工作人员的工作，加深对职业的理解和自豪感。

2. 学生初步了解社会上各种不同职业背后的默默付出，认识并体会职业中所蕴含的匠人精神。

二、活动对象

小学生

三、活动时间

约 25 分钟

四、活动场地

室内

五、活动准备

1. 课本剧：《地铁中的一天》。

2. 学习单：地铁中的安全卫士。

3. 学生跟着父母去地铁公司上班，先行了解有关地铁发展史的信息和不同的岗位并完成《地铁安全问卷调查》。

六、活动过程

1. 谈话引入：走近地铁

师：地铁作为城市公共交通的主力选手，具有安全、舒适、正点、便捷的优点，已经成为大家出行的首选公共交通工具。地铁，你乘坐过吗？对于地铁，你了解一些什么？

2. 地铁中的岗位：了解不同岗位的职能

师：上海第一条地铁出现于 1993 年 5 月 28 日，1 号线南段上行线（锦江乐园—徐家汇）开始观光试运营。到现在为止，上海已经有 17 条线路，415 座车站，所以我们经常能便捷地乘坐地铁。

这么多车站和线路，一定有许多工作人员，地铁中有哪些岗位？接下来，请班级同学来分享一下你跟着某同学爸爸上班后看到的地铁岗位。

（1）我是车站客运服务人员。我出现在地铁车站的最前线，站台、站厅都能看到我的身影。

（2）我是地铁列车司机。每天驾驶“地下巨龙”，载着上海市民安全、便捷出行的就是我。

（3）我是车站设施设备检修工。每天保障车站中的设施设备安全就是我的工作使命。

（4）我是地铁调度员。或许你从来未曾见过我，但我就像地铁线路上的指挥家，安排、管理着地铁线路的畅通无阻。

（5）我是地铁维保检修工。我是列车、供电、信号、钢轨、隧道的小医生，是地铁安全运营不可缺少的一部分。

师：原来为了确保我们每天的出行安全，在地铁工作的岗位中有各种不同的工种。他们各自肩负着保障安全的使命，每一份职业都有它的职责所在。让我们试着用思维导图的方式，完成学习单的这一部分。

3. 课本剧观摩与交流：地铁中的一天

师：这么多岗位，大家每天都在哪里、干些什么呢？让我们跟着时间轴，开启地铁中的一天。请看课本剧《地铁中的一天》。

（1）0：00

师：午夜子时，大多数人正在熟睡中。暂停运营的地铁，其相当一部分工作人员仍未休息，他们都各司其职，那些忙碌的身影依旧在岗位中奉献。

（2）0：00—3：00

地点：停车库　　人物：维保检修工　　工作：为列车体检

地点：车站　　人物：设施设备检修工　　工作：巡视机房，检查设备

（3）4：00—5：00

地点：列车　　人物：列车司机　　工作：列车出库准备

（4）5：00—6：00

地点：车站　　人物：客运服务员　　工作：运营前的各项准备

地点：控制中心　　人物：地铁调度员　　工作：地铁运营的总指挥

（5）6：00—23：00

新的一天工作又开始啦！

（6）23：00—0：00

奔跑一天的列车下班回家啦！

教师组织小组讨论交流：将《地铁安全问卷调查》写在你们的学习单上。

七、活动提问

1. 事实

在地铁工作中，不同岗位的人员都要做些什么呢？

2. 感受

跟着爸爸妈妈体验了地铁工作者们一天的上班实况，你有怎样的感受？

3. 发现

（1）你发现哪些因素会影响地铁安全？

（2）你知道每个地铁人要怎么做才能确保地铁安全运作？

4. 未来

等我们将来长大了，你希望自己成为什么样的职业人？

八、教师引导

在一个行业中会有不同的岗位和职务，清楚每个岗位的职责所在。同时引导学生了解在地铁安全卫士们的眼里，为了确保安全这一件事，来自不同岗位的工作者都各司其职，默默坚守。

每一个平凡岗位中的日夜坚守都是源自劳动者的“匠人精神”。初心不改，爱岗敬业是每个职业人应当恪守的职责。

九、操作建议

1. 该活动需要在前期与家长们达成共识，联动家长的资源让学生有机会到实地亲身体会和感受，因此本课程在前期需要做好充足的准备。可以让学生分成不同小组参与到每一个岗位中，一些过程性的资料和实际的突发状况需要有家长志愿者参与其中，从而让整个体验过程更加顺利。

2. 设计本课程是为了让学生通过一次真实的生涯体验，从而有所感有所悟，激发同学们对于“匠人精神”的理解。这也触发了对未来职业精神的延续性。因此在这一环节可能需要更多时间倾听和引导学生谈谈想法，可以适当借助课前的《地铁安全问卷调查》。

3. 教师需要投入较大精力设计本次活动的学习单和调查表，这是本次活动的灵魂抓手，课后和课前要充分利用好，学生在课堂中的生成将会更精彩。

4. 本活动设计缘起是班级中有家长在地铁上班，经联系后实现了去地铁进行考察。当然，这样的活动也适合去其他职业场所进行考察，然后回到班级进行交流。

撰稿：上海市静安区和田路小学　刘黄嘉

我在学校有岗位

一、活动目标

1. 学生知道班级里有哪些小岗位，并且知道每个岗位的职责。

2. 知道不同岗位有不同的要求，能够初步根据自己的喜好、特长选择适合自己的岗位。

二、活动对象

小学生

三、活动时间

约 35 分钟

四、活动场地

室内

五、活动准备

准备不同小岗位的图片；制作课件或印制学生活动单。

六、活动过程

1. 小岗位连线游戏

教师介绍班级已有小岗位：班级中有许多不同类别的小岗位，不同的岗位有着不同的职责。

教师呈现小岗位图片，学生找到对应的小岗位，完成连线。

建议呈现的岗位："候鸟"（行规）岗位（礼仪监督员、课前检查员、护眼小天使、文明小导师、放学路队长）；"猫头鹰"（学习）岗位（晨读检查员、作业收发员、学习互助员、图书管理员）；"小浣熊"（生活）岗位（卫生小老师、节电小能手、护绿小卫士、洁具管理员、地面保洁员、午餐小督察）等。

2. 补充拓展：了解不同岗位的职责

观看视频、小组讨论：完成岗位职责表（包括已有岗位表 & 新设岗位表）。

如"候鸟"岗位中：

礼仪监督员：检查队员穿校服、佩戴领巾和登记学生到校情况。

文明小导师：监督课间纪律，督促队员文明休息，不做危险游戏。

护眼小天使：督促队员及时、正确、认真地做眼保健操。

放学路队长：放学时路队、整队、纪律及班牌的管理。

师：除了这些小岗位之外，小朋友们觉得学校里我们还可以设置哪些小岗位呢？这些小岗位又有哪些职责呢？

3. 竞选活动：申请适合自己的岗位

活动要求：

（1）酝酿、填写岗位申请表。

（2）进行岗位竞选演说。

（3）学生投票。

七、活动提问

1. 事实

你了解哪些班级岗位？竞选了哪些班级岗位？

2. 发现

对于班级岗位的作用，你有什么新的发现吗？你补充了新岗位吗？

3. 感受

参加岗位竞选或者投票的过程中，你有什么感受？

4. 未来

将来，你准备怎么履行自己的岗位职责？这次竞选经历让你想到了什么？

八、教师引导

班级小岗位没有优劣之分，每个岗位都很重要，都有独一无二的作用。

不同岗位要求不同，找到适合自己的岗位是非常重要的。

小岗位可以锻炼我们的能力。同时，我们要在明确岗位职责的基础上，根据自己的兴趣爱好、能力和特长来选择，找到合适的小岗位，快乐地完成岗位任务。

九、课堂反馈

学生反馈 1：小岗位连线的游戏非常有趣，有些可能比较难猜。

学生反馈 2：我觉得小岗位对学校生活正常运作有着非常重要的作用。同时也可以锻炼自己的能力，增强自己的小主人意识。

学生反馈 3：我知道了不同的岗位有不同的要求，比如护眼小天使的岗位要求小朋友必须做眼保健操标准到位，并且有责任心。我每次做眼保健操都非常到位，而且我也很有责任感，我觉得我很适合竞选这个岗位。

附：学习活动单——岗位职责知多少

已有岗位		
岗位设置	岗位名称	岗位职责
“候鸟”岗位	礼仪监督员	
	课前检查员	
	护眼小天使	
	文明小导师	
	放学路队长	
“猫头鹰”岗位	晨读检查员	
	作业收发员	
	学习互助员	
	图书管理员	
“小浣熊”岗位	卫生小老师	
	节电小能手	
	护绿小卫士	
	洁具管理员	
	地面保洁员	
	午餐小督察	

我来设计新岗位		
岗位设置	岗位名称	岗位职责

我的岗位申请表	
姓名：	班级：
我的兴趣爱好：	
我的特长：	
我申请的岗位：	
我申请的理由：	
我的岗位宣言：	

撰稿：上海市静安区万航渡路小学　黄烨

模拟招聘会

一、活动目标

1. 在活动中体验面试者与求职者的职业要求。

2. 发现自己面试过程中的特点，探索能力发展的方向。

二、活动对象

高中生

三、活动时间

约 30 分钟

四、活动场地

室内外均可

五、活动准备

活动卡牌、面试者活动单 1、招聘组活动单 2。

六、活动过程

1. 学生分为招聘组和应聘组。面试官团队，每组 3—4 人，共 3—4 个招聘组。其他均为面试组。面试组依据面试的职位，可以分为“数学教师”面试组，“程序员”面试组等。

2. 招聘组确定招聘的职位、应聘要求、制作职位卡牌，并完成招聘组活动单 2。例如，招聘大组中有 4 个招聘小组，招聘的职位分别是数学老师、程序员、医生、金融数据分析师。

3. 面试者完成任务单 1，即面试者个人介绍以及参与该职位面试的原因。

4. 招聘过程：2 分钟个人面试与 5 分钟的团体面试，4—6 人一组参与团体面试。个人面试需做自我介绍，回答 2 个面试问题。团体面试为小组共同完成一个任务。

5. 面试官记录面试过程中对面试者的观察，包括哪些特点较为符合你对该职位的理解，哪些特点是比较占优势的，你期待什么样的面试者出现等。

七、活动提问

1. 事实

（1）（问应聘者）招聘会结束了，你应聘成功的岗位是什么？有什么印象深刻的片段？

（2）（问招聘者）面试的过程中，你对哪些应聘者印象比较深刻？

（3）（问全体）在活动过程中，你遇到了什么困难？

2. 感受

（1）（问应聘者）在准备面试以及面试过程中，你感受如何？

（2）（问招聘者）在准备招聘材料和招聘的过程中，你感受如何？

3. 发现

（1）（问应聘者）在准备材料和面试的过程中，你对自己或者对社会职业有什么不一样的看法吗？

（2）（问招聘者）在招聘过程中，你对招聘的职业有哪些新的看法？

4. 未来

（1）今天的探索与发现，会对你以后的职业生涯规划有什么启示？

（2）你以后努力或者改变的方向是什么？

八、教师引导

应聘过程中，并非所有的问题都有标准答案，但是每一个问题或者每一个活动都是在发现你的能力、性格、价值观的特点。

面试的过程，是认识职业的过程，也是认识社会的过程，对于我们喜欢的职业，在面试中会有新的发现。的确，社会职业需要我们做生活中的有心人，生活中处处皆是职业，我们细心观察生活，也会发现不同职业人他们的差异。

对于职业、对于未来，我们都有憧憬。也许现在的我们与职业的匹配度还不高，发现差异，有助于发现我们可以努力的方向。

现在不必马上确定以后你要做什么，要了解更多的社会职业特点，探索更多职业生涯发展的可能性。

九、操作建议

1. 活动需要事先布置，例如可以在前一节课布置面试官分组并确定招聘的职位，面试者选择面试的职位，面试官确定招聘要求、面试题目等。

2. 应聘者可以参与 1—2 个职位的面试，每一轮面试需要同时开始、同时结束，步调统一。

3. 应聘者是否被录用不需要公开姓名，应聘者是否愿意去某个职位也无须公开姓名。

4. 对招聘组和应聘组分开提问，分别讨论事实、感受、发现与未来。

5. 当谈论在招聘过程中的细节，特别是招聘者对某些应聘者的看法时，不可过分贬低他人。

附：

活动单 1：面试者活动单

您的姓名：	
面试的岗位：	
自我介绍：	
选择这个岗位的原因：	

活动单 2：招聘组活动单

职位：____________________	
职位要求	1. 2. 3. 4.
个人面试问题库	1. 2. 3. 4.
团体面试活动设计	
其他	

撰稿：上海田家炳中学　刘林梦

我是“校园代言人”

一、活动目标

1. 通过探索校园，以“校园代言人”了解学校各空间的设计与运用。

2. 运用 Keynote 或 PPT 编辑软件设计代言小海报，并在单位时间内分配任务与时间完成项目。

二、活动对象

初中生（六年级最佳）

三、活动时间

约 40 分钟

四、活动场地

活动室内及教学楼其他活动区域

五、活动准备

iPad

六、活动过程

1. 确定小组

通过短视频与信息检索，初步了解学校的基本构造和“代言人”的定义与基本要求。

学生自行组队，走访并寻找学校各个功能教室（或开放活动区域），明确代言的区域（限定一个区域），组长分配任务为后续代言展示活动做准备。

学生在 iPad 上设计并绘制宣传小海报（其中包括个性化名称、功能介绍、宣传标语，有二维码），15 分钟时间准备，5 分钟介绍。

2. 小组交流与分享

以小组为单位，上台呈现代言内容（可辅助 PPT、短视频等多媒体工具）。

其他同学观看汇报小组呈现，并邀请小组代表对该小组进行简单评价（评价内容包括该小组的优缺点、令你印象深刻的部分及改进建议）。

3. 小组回顾与讨论

学生集中讨论并回答以下问题，然后完成任务单。

在今天的活动中，你最欣赏哪个团队的表现，原因是什么？

在本团队中，哪些同学的贡献最大，最值得点赞？

活动中你碰到了哪些困难，你是如何解决的？

学校环境是如何为老师和学生服务的？

每个小组结合其他小组的建议完善内容并拍摄最终视频，作为学校功能室的介绍视频。

七、活动提问

1. 事实

（1）在本团队中，哪些同学的贡献最大，最值得点赞？

（2）活动中你碰到了哪些困难，你是如何解决的？

2. 感受

（1）在团队合作的过程中，你的感受如何？

（2）在聆听其他小组的反馈过程中，你的感受如何？

3. 发现

（1）作为一个优秀的学校代言人，需要具备哪些品质？代言人团队需要提供什么支持？

（2）学校环境是如何为教师和学生服务的？

（3）在学校生活与个人生活中，有没有和今天活动类似的场景或事件经历？这让你联想到了什么？

4. 未来

（1）在以后的团队活动中，如果遇到类似场景或经历，你会如何处理？

（2）以“校园代言人”为例，在成为职业人的路上，你已经具备了什么优势？你还需要在什么地方进一步提升？如何提升？

八、教师引导

教师导入：“六年级的我们，怀着期待与欣喜，我们走进崭新的校园，哪些地方给大家留下了深刻印象？如果让你作为代言人来为你最喜欢的地方代言，你会如何呈现？”

校园环境的基本构成：小花园、大礼堂、操场、教学区域（班级）、行政办公区域（办公室）、图书馆、自修室、美术室、音乐室、心理室、理化实验室……

代言人定义：代言人是指品牌战略者们聘请或塑造的，能让人们通过对其知名度、职业、形象、个性、品行的联想，产生对某种品牌美好印象的人。

教师对活动行为规范提醒：要求全程不喧哗，不离开主楼，不做与活动无关的动作，小队长监督本小队表现，纪律监督员监督各小队表现，先提醒，如不整改则扣分。

九、操作建议

1. 教师需要在授课之前对学校环境进行初步排摸，了解不同功能区域的特点及布局资料，并在活动过程中以地图或表格的形式提供给学生。

2. 教师在组织活动中，需在布置任务期间便明确规则（包括时间、活动区域等），尤其在组织全班分组活动时，可委派每小组代表监督并记录行为规范问题。

3. 代言内容不局限于学校功能室，也可以是其他内容（如公众号不同板块等）。

4. 由于活动内容较多，很有可能会出现时间来不及的情况，教师需提前告知时间，到点结束，能完成多少是多少。

十、课堂反馈

在活动过程中，大部分学生都表现出较高的积极性，准备了相当多的图片与视频素材来进行展示，最后有两个团队还向老师表达了对代言视频后续用途的期待。

撰稿：上海市静安区教育学院附属学校　王文娟

当“小智同学”来到我们身边

一、活动目标

1. 初探人工智能的历史、概念。
2. 通过合作探究，了解人工智能在生活中的运用。
3. 对人工智能相关专业与岗位做初步了解。

二、活动对象

初中生（七至八年级）

三、活动时间

约 40 分钟

四、活动场地

活动室

五、活动准备

6—8 张海报纸，6—8 套彩色笔，iPad 6 台。

六、活动过程

1. 什么是人工智能？

观看科普视频，结合视频内容归纳人工智能的概念、历史与现覆盖领域。

2. 生活中的人工智能

以小组为单位，用海报的形式，梳理并归纳在日常生活中，你接触过哪些人工智能？它们分别有什么功能？你觉得还有哪些地方需要改进？

3. 观察并思考

比较各小组海报呈现内容的异同；思考并回答如何让人工智能更好地服务我们校园。

七、活动提问

1. 事实

（1）（问全体）结合各小组的汇报，有哪些信息是共通的，哪些是不一致的？

（2）（问分享者）在发布指令的过程中，你碰到了什么困难？

2. 感受

（1）（问全体）在聆听汇报的时候，你的感受如何？

（2）（问分享者）探索学习人工智能相关信息的时候，你的感受如何？

3. 发现

（1）人工智能的发展经历了哪些演变？

（2）人工智能对我们当下的生活产生了哪些影响？

4. 未来

（1）我们应该以什么样的态度来看待人工智能？

（2）如果未来希望进入人工智能领域进一步学习，你需要做什么准备？

八、教师引导

人工智能（Artificial Intelligence）的英文缩写为AI。它是一门新的研究、开发用于模拟、延伸和扩展人的智能的理论、方法、技术及应用系统的技术科学。

狭义人工智能：对人类逻辑思维和推理认知能力的复现。

广义人工智能：对人类思维能力、视觉能力、语言能力、行为能力的复现和增强。

人工智能发展史总结：

起源（1956—1974）：达特茅斯会议召开、机器学习概念提出、制造第一代机器人。

寒冬（1974—1980）：实用性遭受质疑、政府停止支持领域研究。

繁荣（1980—1987）：专家系统出世、各大企业抢先建立智能实验室。

低迷（1987—1993）：专家系统遭受质疑、其他计算机领域快速发展。

复苏（1993—2011）：人工智能战胜象棋大师、智能机器人取得成果。

爆发（2011—　）："AI+大数据+云计算"带来了行业爆发，多个领域取得突破性进展。

人工智能技术应用的场景：公共交通（智慧交通、灾害预警）、教育（个性教育、注意力提升）、健康（早期预防、协助诊断、精准治疗）、零售（无人超市）等。

近期AI面临的挑战：数据量与数据标注；数据隐私，突破与复用；设备昂贵，云与端；人才供给不足，培养周期长。

九、操作建议

1. 活动操作过程中，建议充分利用校园中常见的人工智能元素进行导入。

2. 如果学生绘制海报出现困难，也可以用思维导图的形式代替。

3. 学生在梳理人工智能应用领域与未来展望时，可能会略有局限，需要教师通过提问反馈拓宽学生视野。

4. 由于活动内容较多，很有可能会出现时间来不及的情况，教师需提前告知时间，到点结束，能完成多少是多少。

十、课堂反馈

附：

小组抽选任务主题

1. 介绍一个最具代表性的人工智能产品。
2. 呈现现有的人工智能存在哪些问题及未来的改进方向。
3. 介绍未来会被人工智能取代或不会被人工智能取代的职业。
4. 呈现人工智能专业学什么及其就业前景。

撰稿：上海市静安区教育学院附属学校　王文娟

规划发展篇

生涯人物探秘

一、活动目标

1. 让学生了解生涯规划需要个体探索自我和了解环境，从而做出生涯决策。
2. 让学生结合生涯规划的内容，学习运用思维导图来绘制生涯成长路径图。

二、活动对象

初中生

三、活动时间

30—40 分钟

四、活动场地

室内

五、活动准备

视频、人物图片、彩笔。

六、活动过程

1. 猜猜他是谁

活动要求：请根据屏幕上的关键词，猜猜他是谁？

关键词：2020、热搜、医生、院士、84 岁、抗疫

教师引入：照片中的钟南山爷爷正在赶往武汉防疫的第一线，被同行的伙伴拍下劳累熟睡的他。每一张照片的背后都有一个故事，每个人成长的背后一定有许许多多的故事。接下来，让我们通过一段视频来看看钟南山爷爷的成长故事吧！

2. 钟南山的人物介绍

学生活动：观看视频《钟南山的生涯故事（上）》。

视频内容：对钟南山的事迹和成就进行介绍。（如果需要相关视频资料，可以在网上搜索关键词“钟南山、成长、故事”）

教师提问：看完视频后，你有什么感受？你会用哪些词语来形容他？你对他的故事还有哪些好奇呢？

学生分享：看完视频后的感受与想法。

教师小结：钟南山爷爷作为一名医生，获得了很多的成就和荣誉，受到大家的尊敬和认可，并且84岁的他仍然在医学领域不断地努力和奋斗。那么他是如何做到的呢？让我们带着好奇一起来看看吧。

3. 钟南山的生涯故事

学生活动：观看视频《钟南山的生涯故事（下）》。

视频内容：对钟南山成为医生的成长过程进行介绍。（如果需要相关视频资料，可以在网上搜索关键词“钟南山、成长、故事”）

小组讨论：钟南山是如何成为一名医生的？根据视频内容，收集人物自身和外部环境等信息，绘制生涯人物成长思维导图。

班级分享：小组依次展示绘制的钟南山成长思维导图。

教师提问：听完小组介绍钟南山的成长思维导图，综合所有的信息，你有什么新的发现吗？

教师小结：钟南山在成为一名医生的成长过程中，对自己的生涯是有目标、有规划的。生涯规划是个体在生涯发展中，对自己的各种特质和外部环境进行探索，在面对各种生涯选择事件时进行评估和决策，从而承担生涯角色达到生涯适应和自我实现。

4. 钟南山的生涯金三角

学生活动：根据小组绘制的思维导图，完成任务单。

班级分享：分享自己绘制的钟南山生涯金三角。

教师提问：钟南山爷爷的生涯金三角，带给你什么新的收获与启发吗？

教师小结：在钟南山的生涯金三角中，可以发现一方面，他不断地从自身的兴趣、能力、价值观等方面认识和发展自己；另一方面，他的成长也受到了家庭环境和社会环境的影响，不断地适应外部环境的变化。结合这些信息，从而做出了自己的生涯决策，并付诸实际行动，成为一名医生。

5. 教师结语

生涯规划可以让我们在热爱的领域努力地玩！

生涯金三角可以让我们在变化的世界中有序地规划！

七、操作建议

1. 本节课可以作为生涯课程的第一节课，让学生了解生涯课程会涉及的一些具体内容，也可以作为生涯课程中的生涯规划课，让学生通过生涯人物故事去思考和规划自己的未来。

2. 生涯人物可以根据老师和学生的兴趣来进行调整，可依据生涯金三角理论对人物故事进行整理和分析。

3. 在制作生涯人物思维导图时，老师需要给学生提供一些示例，让学生了解绘制生涯人物成长路径的思路。

八、课堂反馈

学生反馈1：我通过了解钟南山爷爷的故事，发现他在成为一名医生的过程中，需要找到自己的兴趣并不断地坚持和努力。

学生反馈2：绘制钟南山爷爷的生涯人物思维导图时，会发现他的每一个决策都不是随便选择的，而是和他自身的能力、兴趣有关，并且还和当时的社会环境有着紧密的关系。

撰稿：上海市闸北第八中学　王娇

踏步 one by one

一、活动目标

1. 亲身感受实现梦想过程中面对的困难与挑战，认清生涯目标实施的可行性。

2. 进一步澄清及修订生涯目标及具体步骤。

二、活动对象

初中生、高中生

三、活动时间

约 40 分钟

四、活动场地

室内室外都可以，最重要的是能让组员大踏步

五、活动准备

“踏步游戏”工作纸及圆珠笔、活动指引（教师使用）、尼龙绳（作起步线用）。

六、活动过程

1. 请学生在工作纸（见附件 1）上写下三年后希望达到的生涯之路目标；然后再估计自己花费一年实现此目标要付出的行动。

2. 学生在起步线后横排站立，面向前方。

3. 教师按问题纸（见附件 3）的内容提问，学生根据指示向前或后退。

4. 学生手握工作纸（见附件 2），在适当的字段涂黑，以示踏步的步伐。在答题栏起点线为“0”，横轴为题号，纵轴为所行的步数。以第一题为例，若学生回答“会”则可以前行一步及在工作纸上的第 1 题（横轴 1）的第 1（纵轴 1）栏涂黑。

5. 有些题目要求学生在工作纸（见附件 2）上以文字作答。

6. 提问所有问题后，请学生仍留在原位，并环顾其他组员与自己的距离。

7. 教师实时向不同位置的人发问，可选择访问站在最前面及最后面的一位，了解他们为什么站在这个位置。

8. 活动结束后进行小组讨论。

七、活动提问

1. 事实

结合提问的几大板块，你认为自己哪个部分表现较差，哪个部分表现较好？

2. 感受

在活动过程中哪一步是令你最犹豫不决的？你觉得哪一道问题最难回答？

3. 发现

（1）经历踏步的过程后，你对所订的目标有什么新发现？

（2）要达到目标，发现了什么困难与挑战？

（3）你的目标是否可以实现？为什么？

4. 未来

（1）你的目标有什么地方要做出修改呢？

（2）你如何面对实现目标时的困难与挑战？

八、教师引导

踏步的过程好比每个人的人生旅程，有时候前行，有时候回头张望，每一步都是经历。

在自我成长的道路上，我们会朝着目标前进，但往往也会受到其他因素的影响而让这条路变得不那么一帆风顺。就像我们刚刚体验的踏步 one by one 游戏一样，曲折但一直向前，可能是成长的常态。我们还需要保持一些弹性，不断去修正和调整。不论我们在当中做出什么样的选择，每一步都算数，每一步都有意义。

九、操作建议

1. 教师在发问时可重复多次，确保学生听得清楚及明白，并示范步伐的大小以免各人步伐不同而影响整体效果。

2. 过程中，学生通常于第 1 及第 2 题时较为混乱，不知道该涂哪一栏。较理想的是在初始阶段安排辅助教师协助或指导，让他们尽快掌握。

3. 踏步游戏最理想的场地，是一处空间较宽敞的场所，好让学生可以真实踏步，引发学生体会及反思到底自己是原地踏步还是朝向目标进发。若空间有限，学生可选择在答题纸上画格子来代替踏步。

4. 无论以实际踏步还是画格子的方式进行，教师在活动结束时都可以针对各人不同的处境做解说，除可让个人了解自己的生涯之路目标是否可行，也让整个群体体会在生涯成长路上的状态，学会互相支持并同行。

十、课堂反馈

学生反馈 1：我觉得比较困难的是如何与父母坦诚交流未来的目标，因为常常得不到理解与支持，他们会觉得偏离了他们期待的目标。比如我很喜欢跳舞，但自从读了中学，我的舞蹈时间大幅度压缩，我沟通过，但是被拒绝了。

学生反馈 2：我觉得自己在实现目标的过程中，最大的困难是自己的意志力不足。有时候给自己制订的学习目标会出现“三分钟热度”的情况，我就会出现自责、矛盾的情绪，我要好好想想该怎么克服这一点。

附件1：踏步one by one工作纸A

三年之内，我要实现的生涯之路目标是________________。

这一年内，我要完成______________________。

附件2：踏步one by one工作纸B

	1	2	3	4	5	6	7	8	9	10	11	12	13	14	15	16	17	18	19	20	21	22	23	24	25
28																									
27																									
26																									
25																									
24																									
23																									
22																									
21																									
20																									
19																									
18																									
17																									
16																									
15																									
14																									
13																									
12																									
11																									
10																									
9																									
8																									
7																									
6																									
5																									
4																									
3																									
2																									
1																									
0																									
-1																									
-2																									
-3																									
-4																									
-5																									
-6																									
-7																									
-8																									

续表

	1	2	3	4	5	6	7	8	9	10	11	12	13	14	15	16	17	18	19	20	21	22	23	24	25
-9																									
-10																									
-11																									
-12																									
-13																									
-14																									
-15																									
-16																									

请回答：

第 4 条

第 15 条

第 22 条

第 23 条

第 24 条

附件3：踏步游戏引导词（教师使用）

家人支持

1. 你会向家人分享你所定的目标。（向前 1 步）

2. 你相信你的目标会得到家人的理解和支持。（向前 1 步）

3. 家人对你实现这个目标，会带来很大压力。（退 1 步）

4. 目标与家人对你的期望是一致的。（向前 1 步或退 1 步，若退 1 步，请分享你认为家人对你的期望是……）

5. 在实现目标的过程中，你可以向家人坦诚讲出困难及感受。（向前 1 步）

朋友支持

6. 你会向朋友分享你所定的目标。（向前 1 步）

7. 你相信你的目标会得到朋友支持。（向前 1 步）

8. 你的朋友与你有共同的目标。（向前 1 步）

9. 在实现目标的过程中，你可以向朋友坦诚讲出困难及感受。（向前 1 步）

10. 你相信有两位或以上的朋友成为你这三年的同行者。（向前 1 步）

实际行动

11. 这个目标出现在你心中已超过半年。（向前 2 步）

12. 你几乎每两天就想起这个目标。（向前 2 步）

13. 你已经开始为这目标搜集数据。（向前 1 步）

14.（请先写出你认为实现此目标的第一步）你已经踏出了这一步。（向前 1 步）

15.（请先写出目前要实现这个目标的两个困难）你已有初步方法解决这些困难。（向前 1 步）

自我信念

16. 不论在实现目标的过程中有多辛苦，你相信自己会坚持下去。（向前 1 步）

17. 如果实现过程出现困难，你相信自己会想办法处理，包括寻求别人的协助。（向前 1 步）

18. 这个目标不能实现，你就是一个失败者。（退 2 步）

19. 你时常想无论自己怎样努力，结果都不会太好。（退 2 步）

20. 其实你心底里并不相信自己能实现这个目标。（退 2 步）

性格

21. 你相信自己的成绩及能力等有助于你实现目标。（向前 1 步）

22. 你相信自己的性格跟这个目标是配合的。（向前 1 步）（请分享）

23. 你知道自己的性格在实现这个目标时会带来什么障碍吗？（向前 1 步）（请分享）

24. 你已经知道用什么方法去克服这些障碍。（向前 1 步）（请分享）

25. 若你的目标跟性格不协调，你会选择调节你的性格而不是放弃目标。（向前 1 步）

参考《高级玩家如何上好心理课：团体活动设计与指导》（邓淑英、黄嘉仪等著，华东师范大学出版社 2020 年 12 月版）

撰稿：上海田家炳中学　裴美婷

不要为成长设限

一、活动目标

1. 体会未来有无限的可能，不要为发展设置限制，学习用积极的思维方式看待生命内在的潜能。

2. 用创新的视角看待外部世界，培养敢于梦想、敢于创造的精神。

3. 了解社会正在发生的变化，促进对社会与职业关系、自身与职业关系的理解。

二、活动对象

五年级学生

三、活动时间

30 分钟

四、活动场地

室内

五、活动准备

每个小组一份活动任务单。

六、活动过程

1. 假如他们有工作

请同学们头脑风暴一下，想一想如果他们有工作，他们可以从事什么工作呢？

小 A 爱和同学、老师唱反调，凡事喜欢抬杠，好评价他人，总是鸡蛋里挑骨头。

小 B 有点小洁癖，喜欢东西摆得整整齐齐、井井有条，经常因为别人弄乱了她的东西而不高兴。

小 C 常异想天开、做白日梦，爱说些无厘头的话，逗同学开心，点子很多，但往往不切实际。

小 D 争强好胜，有些急性子，与人相处喜欢自己说了算。

小 E 凡事喜欢钻牛角尖，追根究底，好奇心重，总是一个人静静地看书。

小 F 很少表现出强烈的情绪，不喜欢与人交往，爱玩遥控汽车，成绩不太好。

（1）小组讨论5分钟。

（2）各小组代表上台贴一贴。

（3）班级讨论。

2. 未来职业我创造

师：说到职业，有些职业正在悄然消失，有些新职业又在逐渐形成。有些新兴职业正逐渐进入人们的视野，《2019年生活服务业新职业人群报告》中公布了130个新职业，比如代收垃圾网约工、职业点评师、酒店试睡员、电竞选手、在线学习服务师，等等。

让我们来想象一下，未来20年我们社会生活的方方面面会发生什么样的变化呢？人们又会产生什么样的新需求呢？未来越来越多的人在家办公、更多领域开始使用虚拟技术、人工智能更为发达、越来越多的人跨界兼职、更多领域开始融入“共享”的理念、无人驾驶逐渐普及、进入5G时代，网速更快、绿色能源更加普及、星际旅行成为可能、人们对娱乐休闲的需求更高……

那么，在这些变化和需求之下会产生什么样的新职业呢？其实，我们不仅可以寻找工作，我们还可以创造工作！接下来就请同学们一起来头脑风暴一下，为未来20年设计一个新职业。

（1）小组讨论，完成任务单。

（2）班级分享每个小组的创意。

七、活动提问

1. 事实

你们给这6位小伙伴找到了什么工作？你们设想了未来的哪些职业？

2. 感受

给这6位小伙伴找工作的过程中，你们感受如何？找到工作的时候，感受如何？在哪些环节，你们会感觉到兴奋和愉快？

3. 发现

在未来社会中，什么会影响我们成为一个有用的人才？职业的出现和什么有关？

4. 未来

今天的课堂活动，对你有什么启发？对于未来自己的发展，你有什么思考或者打算吗？

八、教师引导

有时候，我们的某些特点可能初看上去算不上优点，甚至更容易被理解为缺点，比如这6位同学。但如果我们善于发掘其中蕴含的潜在价值，说不定他们可以成为独特的人才。

其实，对于我们自己来说也是一样，有的同学会觉得自己好像没有什么过人之处，没有明显的优势。但是，只要你用积极的方式看待我们自身，看到我们身上的两面性，去发展其中正向的部分，不要对自己设置限制，那么一切皆有可能。

期待大家都能学习用积极的思维方式看待自己，用创新的视角看待外部世界。未来的职业有无限可能！未来的自己更有无限可能！

九、操作建议

1. 在第一个活动环节，要引导学生去思考这些性格特质的正面价值，理解每一种特点都蕴藏着一定的潜能，只要善于加以利用，就可以发挥出独特的用处。

2. 在第二个活动环节，教师要先给学生一个模板示范，然后在小组讨论的时候给予一定的启发，让学生充分讨论。

3. 最后教师总结的时候，既要鼓励向内探索自我，又要鼓励学生向外创造世界。

十、课堂反馈

学生反馈 1：一开始看到那些人都是缺点，就有些沮丧。后来发现，看上去都是缺点的人，换个角度想一想，也有用武之地。这时候就觉得非常兴奋呀。我也可以挖掘一下我自己身上的某些特点，发挥自己的潜在优势。这让我觉得自己将来也很有用，就觉得特别开心。

学生反馈 2：社会在不断发展，我们不仅可以找工作，还可以自己创造工作。如果能在未来创造工作，那真的是太酷了！

附：

未来职业我创造

岗位名称	
岗位出现年份 （2020—2040）	
因什么样的社会变化及需求而产生	
工作内容	
岗位所需能力 / 录用条件	
工作时间	
工作地点及环境	
工作报酬	

撰稿：上海市静安区第一中心小学　汪珮琪

穿越到十年后

一、活动目标

1. 学生设想自己想要的未来，想在十年后实现的样子，从而坚定自己内心的梦想。

2. 学生学会从十年后的目标倒推每一阶段的小目标，明确自己每一阶段想要实现的状态。

二、活动对象

初中生、高中生

三、活动时间

约 20 分钟

四、活动场地

室内

五、活动准备

每人一张白纸和笔。

六、活动过程

1. 老师读附件材料，读完之后，让学生想想自己十年后的目标是什么，十年后的自己大概是什么样子。

2. 教师带领冥想的活动，让学生想象自己十年后是什么样子。“请大家找一个放松的姿势坐着，现在轻轻闭上你的眼睛，开始做几个深呼吸，吸气，呼气，吸气，呼气，吸气，呼气。你可以跟自己的呼吸待在一起，感受呼吸带来的阵阵清新的空气。慢慢地，现在在你的面前有一部向上的楼梯，你往上走，每走一级楼梯就过了一年，你慢慢向上走，一步，两步，三步……十步，现在在你面前出现了一扇门，你打开门就来到了十年后，你工作的单位，你的办公室，以及看到了正在工作的你自己，请记住这时的你。好，现在我们慢慢睁开眼睛。”请以“十年后的我”的身份介绍自己，设计自己的名片。

3. 从十年后的自己倒推每一年要实现的目标。

七、活动提问

1. 事实

(1)(组内)在设计自己名片的过程中，你碰到了什么困难？

(2)(组内)在从十年后的自己倒推目标时，你看到了什么？

2. 感受

(1)在冥想的过程中，你的感受如何？

(2)看到自己设计好的名片，有什么样的感受？

(3)在倒推每个阶段的目标时，你的感受如何？

3. 发现

(1)十年后的自己与当下的自己有哪些不同？

(2)每个阶段的目标给你什么启发？你如何实现这些目标？

4. 未来

(1)实现目标的过程中，遇到困难如何应对？

(2)今天的活动收获，有哪些是可以在将来的生涯发展中加以运用的？

八、教师引导

人生需要目标，前进需要方向，有了目标和方向我们才能在遇到困难时不退缩，坚持不懈地朝着目标前进。

老师希望带着大家好好想一想十年后的自己是什么样子的，我们将进行一次冥想，通过冥想来进行对未来的想象。开始之前，请大家遵守冥想的约定，在过程中保持安静，以便大家都能进入放松的冥想状态。

人生如同在大海航行，规划就是在制定我们的航线，有了航线，我们便不会偏离目标，更不会迷失方向。

计划制订得越详细、越具体，就越有利于我们采取行动。不管最后的目标有多艰难，只要我们有决心和毅力，踏踏实实地完成每一步的计划，就能逐步实现树立的目标。

九、操作建议

1. 开始冥想之前，教师可以再次强调冥想的规则，同时播放舒缓的音乐辅助学生进入冥想的状态。

2. 设计自己名片的过程中，一些学生也许会感到困难，教师要引导学生去设想自己希望从哪些方面介绍自己，如年龄、职业、个性签名等。

3. 从十年后的自己倒推到每个阶段目标的过程中，教师要引导学生树立目标的“SMART”原则，树立切实可衡量的目标。

十、课堂反馈

学生反馈1：我一直希望未来能当一名律师，在冥想的过程中我真的看到了自己穿着正装站在法庭上的样子，非常帅气，是我希望实现的样子。我知道前路漫漫，想要真的成为一名厉害的律师是非常不容易的，我希望自己能更加努力，为了梦想而不断奋斗。

学生反馈2：设计自己的名片让我想到家人的名片，能设计自己想要的名片，我觉得很开心。我希望未来真的能像自己设计的这样有成功的事业，有幸福的家庭。

学生反馈3：今天这节课让我重新审视了自己的目标，这个目标让我既有动力也有压力。我知道要实现每个阶段的目标需要不断地努力，只有这样才能在最后获得成功。

附：

想象五年后的你

1976年的冬天，当时我十九岁，在休斯敦太空总署的太空梭实验室里工作，同时也在总署旁边的休斯敦大学主修计算机。虽然忙于学校、睡眠与工作之间，但只要有多余的一分钟，我总是会把所有的精力放在我的音乐创作上。

一个星期六的周末，凡内芮热情地邀请我至她家的牧场吃烤肉。当她知道我对音乐的执着时，突然冒出了一句话："想象你五年后在做什么？"我愣了。她转过身来，手指着我说："嘿！告诉我，你心目中'最希望'五年后的你在做什么，你那个时候的生活是一个什么样子？"

我沉思了几分钟，开始告诉她："第一，五年后，我希望能有一张唱片在市场上，而这张唱片很受欢迎，可以得到许多人的肯定。第二，我住在一个有很多很多音乐的地方。能天天与一些世界一流的乐师一起工作。"

凡内芮说："你确定了吗？"我慢慢稳稳地回答，而且拉了一个很长的Yes！凡内芮接着说："好，既然你确定了，我们就把这个目标倒算回来。如果第五年，你有一张唱片在市场上，那么你的第四年一定是要跟一家唱片公司签上合约。"

"那么你的第三年一定是要有一个完整的作品，可以拿给很多很多的唱片公司听，对不对？

"那么你的第二年，一定要有很棒的作品开始录音了。

"那么你的第一年，就一定要把你所有要准备录音的作品全部编曲，排练就位准备好。

"那么你的第六个月，就是要把那些没有完成的作品修饰好，然后让你自己可以逐一筛选。

"那么你的第一个月就是要把目前这几首曲子完工。

"那么你的第一个礼拜就是要先列出一整个清单，排出哪些曲子需要修改，哪些需要完工。”

“好了，现在不就已经知道你下个星期一要做什么了吗？”凡内芮笑笑说。

次年（1977 年），我辞掉了令许多人羡慕的太空总署的工作，离开了休斯敦，搬到洛杉矶。说也奇怪：不敢说是恰好五年，但大约可说是第六年，即 1983 年，我的唱片在亚洲开始销售，我一天二十四小时几乎全都忙着与一些顶尖的音乐高手日出日落地一起工作。

每当我在最困难的时候，我会静下来问自己：五年后“最希望”看到你自己在做什么？

华裔歌手：李恕权

大学主修电脑与音乐，18 岁获美国得州休斯敦太空总署杰出优异奖，荣获全美十大杰出青年。

1981 年以“Take Me There”一曲被提名为格莱美最佳新人奖，当时李恕权是格莱美奖历史上唯一被提名的华裔流行歌手，也是唯一打入 Billboard 杂志排行榜的华裔歌手。

1992 年李恕权甚至荣登全美之“世界名人录”。

撰稿：上海市新中高级中学　李琳

寻职计

一、活动目标

1. 学生知道获得职业信息的途径和方法——专门网站、报纸、公司网站、企业招聘活动等。

2. 学生了解感兴趣的职业晋升路径、需要的能力，以及未来的发展前景，从而思考自己应做哪些准备，达到怎样的条件。

3. 从招聘要求中梳理职位要求的种类，并和现在的生活建立联结。

二、活动对象

高中生

三、活动时间

约 30 分钟

四、活动场地

室内

五、活动准备

小组落座，活动任务单。

六、活动过程

1. 学生在课外时间寻找一个自己感兴趣的职业，并且在 51job 上进行搜索，摘录职业描述。

2. 学生以自己感兴趣的职业为基础进行向上或向下的拓展，通过专门网站、报纸、公司网站、企业招聘活动等途径寻找这个职业的晋升之路。

3. 在课堂中，同学们进行组内分享并总结，每个小组推选一名代表进行课堂分享，梳理出自己需要具备的职业能力及对生涯规划的思考。

七、活动提问

1. 事实

（1）（问分享者）你是如何确定自己感兴趣的职业的？

（2）（问分享者）在搜索职业整理的过程中，有哪些令你印象深刻的内容？

（3）（问分享者）在整理职业晋升之路的过程中，你碰到了什么困难？如何解决这些困难？

（4）（问倾听者）听到同学们的分享，有哪些令你印象深刻的内容？

2. 感受

（1）（问分享者）在整理职业晋升之路的过程中，你的感受如何？

（2）（问倾听者）听到别人的分享，你的感受如何？

（3）（问分享者）分享的过程中，你的感受如何？

3. 发现

（1）在搜索职业的过程中，你有什么新的发现？

（2）整理职业晋升之路的过程中，你有什么新的发现？

4. 未来

（1）思考职业晋升的路径与当前的学习，你对于未来的规划发展获得了什么新的启发？让你联想到了什么？

（2）今天的活动收获，对你有哪些启发？你如何在未来加以运用？

八、教师引导

高中时期是学生们人生观、世界观形成的关键时期，也是职业理想孕育的关键时期。理想的职业选择，不仅能够更好地让学生发挥自己的聪明才智，也是学生实现个人成长的需要，是把个人价值的实现和满足社会需要有机结合起来，实现和谐社会发展目标的需要。

在高中阶段，学生从一个个稚气未脱的少年成长为一个个志气勃发的青年，这个过程中所接受的思想，所做的决定，所确立的目标与理想是非常重要的。但很多调查显示，高中生仍然存在着浮躁、学习目的不清、职业理想不明的状况，或者即使有职业目标，也是很短浅、不牢固或功利性的目标。所以在这一时期，帮助学生确立自己的职业理想、审慎考虑自己的职业发展至关重要。

高中正处于职业的预备期，尽管学生由于年龄、知识和身心发展的关系，思想尚不成熟，职业理想可能因时因事发生变化，但高中学生也有能够接受新鲜事物，乐于发现和探索的精神。在信息技术高速发展的时代，我们可以学会自己发掘信息，探索未来职业发展的路径，从而树立自己当下的成长目标。

只有明确了自己前进的方向，才能更加确切地了解自己当下应该做些什么，自己在高中阶段需要锻炼哪些能力，了解社会发展形势，开阔自己的视野，这样我们才会有更高的人生起点和更高的人生标准。

九、操作建议

1. 在进行职业搜索之前，教师需要引导学生如何搜集信息，从哪些途径可以查询到相关内容，提前下发职业搜索报告表和职业发展路径的思维导图，让学生在下节课之前完成。

2. 学生根据职业搜索报告表和职业发展路径的思维导图，进行整理并分享，教师需要提出具体的分享要求，并且让每个小组推选一名代表进行展示。

3. 确定“分享者”进行分享展示时要选择有详细内容的，如报告内容完成较好的，充分利用生成性内容。

4. 邀请“倾听者”谈感受时要选择有代表性的，如完成较完整的和不太投入的，这样便于了解不同学生在本次活动中的收获，从而找到改进的主要方向。

十、课堂反馈

学生反馈 1：之前我一直考虑以后选择法律专业，未来想做一名律师。但是现在出现了好多律师工作压力大、长期熬夜工作的新闻，我又纠结，觉得未来不想过这样的生活。还有，现在出现了很多新的行业和职业。这节课我听了同学们的分享，觉得之前自己的眼界太狭窄了，我还要好好思考一下未来自己到底想做什么。

学生反馈 2：搜索了很多职业信息才了解想要胜任一份工作，光会几门技能是不够的，还需要很多软实力。以前觉得学校学习的很多内容工作上用不到，但其实我们在锻炼很多个人的品质和素养，这些会成为未来自己职业晋升过程中很重要的元素。

学生反馈 3：这次搜集的很多信息以往自己都没有注意到，经过这次整理和分享，我更加明确自己未来想做的事情。我也希望自己能够多学习，多接触社会，不断尝试，发现自己的优势，培养自己的技能，未来能够过上自己想要的生活。

附：

职业调查清单

职业基本信息	
学生姓名	
调查职业	
工作内容	
工作职责	
前景分析	
性别方面	
年龄方面	
职业压力	
薪酬分析	
绩效评价	

撰稿：上海市静安实验小学　秦秋艳

人生要完成的十件大事

一、活动目标

1. 学生了解设定目标的重要性，通过畅想在人生历程中最想实现的十件事情，了解自己未来的发展方向。

2. 学生思考设定的人生目标，通过了解他人的目标来反思自己的人生规划，提升规划能力。

二、活动对象

初中生、高中生

三、活动时间

约 15 分钟

四、活动场地

室内

五、活动准备

每人一张“人生要完成的十件大事”活动单。

六、活动过程

1. 请同学们思考：“你是否选定了你的人生方向？这个方向是什么？”

2. 请完成“人生要完成的十件大事”活动单。

3. 与组员分享你的十件大事，说说为什么这些事情你希望去完成。

七、活动提问

1. 事实

（1）完成“人生要完成的十件大事”活动单的过程中，你是否遇到什么困难？

（2）与组员分享缘由的过程中，你有什么新的发现？

2. 感受

（1）在分享的过程中，你的感受如何？

（2）听到组员的分享，你的感受如何？

3. 发现

（1）你要完成的十件大事是否与你的人生方向完全相符？你有什么发现？

（2）在以往设想未来的过程中，有没有和今天活动类似的场景或事件经历？这让你联想到了什么？

4. 未来

（1）这十件事情会给你什么启发？

（2）如果实现的过程中遇到困难，你会如何应对？

八、教师引导

设定目标，对于实施计划，以及实现未来的最终目标是非常重要的。如果能够确定未来前进的方向，即便过程中遇到困难，也能排除万难，坚持向前。

你最希望在人生中实现的几件大事，代表着你前行的路上的几个里程碑，它们有两个方面的积极意义：一是你努力的依据；二是能起到鞭策的作用。这几件事情会给你一个看得见的射击靶，随着你不断努力去实现这些目标，你就会获得更多的成就感，也越来越相信自己的能力。

没有目标就会失去动力。选准了自己的方向，才能持久稳健地走下去，才有望实现自己的人生理想。

目标后面的原因，就是我们的价值观所在。你更看重什么，就更希望在人生道路上实现什么目标。这些目标，会给我们希望，在希望的激发之下，人才会不断追求进步向上。

九、操作建议

1. 在询问人生方向之前，进行话题的引入。比如可以先了解同学们未来想从事什么职业，有什么样的目标，如果不考虑金钱最想做什么事情，这里推荐一个视频《如果钱不是问题，这辈子你最想做什么》进行话题引入。

2. 完成活动单时，启发学生从更多方面进行设想，比如职业、家庭、人际关系，等等。

3. 学生小组分享时，教师要引导学生关注组员的目标及缘由，思考对于自己及他人来说，生活中什么是更为重要的。

4. 教师邀请学生分享时，要选择有代表性的，如写的要完成的事情是涵盖生活方方面面的，或者选择具有典型性的进行分享。

十、课堂反馈

学生反馈 1：刚开始不知道自己未来想做什么，但是如果不考虑经济状况的话，就想去做自己最喜欢的事情。要完成的几件事情里面，最重要的就是陪伴家人，希望未来即使工作很忙，也能多花时间陪伴自己的家人。

学生反馈2：如果不考虑钱，就想到处旅行到处玩，但是不可能一辈子都这样，所以还是要实际一点。写十件事情的时候，也会觉得有些事情是很难实现的，尤其是很难同时实现，所以这些是目标，还需要花很长的时间才能一一完成。

学生反馈3：听到同学分享他的目标时，我觉得跟我是有差异的，我主要是想考上理想的大学，职业上获得成功，能有稳定的工作。他是希望未来能够自己创业，能实现自由支配自己的时间和精力。我觉得我们不太一样，我可能更求稳定吧，他更向往自由。

附：

人生要完成的十件大事

你最想在一生中完成的十件大事分别是：

1.

2.

3.

4.

5.

6.

7.

8.

9.

10.

撰稿：上海市新中高级中学　李琳

哥哥姐姐的课程表

一、活动目标

1. 通过观察课程表，形成对初中生活的基本概念。
2. 从课程表出发，开始初中生涯的规划。

二、活动对象

小学五年级

三、活动时间

约 20 分钟

四、活动场地

室内

五、活动准备

初中的课程表、活动任务单。

六、活动过程

观察整个初中六至九年级的课程表，完成活动任务单，讨论并完成以下任务单。

活动任务单：数一数、算一算

初中每节课的时长是 __________，和小学比，多了 __________。

初中的课程表上有多少门课程：__________________。

按照课程设置的多少，将课程最多的前 5 名排序：

____。

对于我来说，这 5 门课程中，学起来最轻松的学科是 ______，学起来最困难的学科是 ______，最喜欢的学科是 _____，最讨厌的学科是 ________。

据我所知，哪些学科将影响中考的最终成绩 ___________________，我准备如何去应对这些学科呢？

七、活动提问

1. 事实

（1）初中的课程表和小学的课程表相比，有什么区别呢？

（2）多了哪些课程？哪些课程消失了？

2. 感受

看到这个课程表，有什么感觉呢？能说说理由吗？

3. 发现

（1）初中的课程表中，你对哪些课程很好奇？

（2）可以通过什么方式来满足自己的好奇？

4. 未来

仔细看了初中的课程表之后，你对初中的生活有什么期待和计划吗？

八、教师引导

希望同学们能够对初中有初步的认识，好好规划接下来的暑假生活。

初中有一些新的课程，可是这些课程和我们小学里的课程也是有关系的。

初中是人生中的一个新阶段。今天在课程表中，我们也能看到，初中的课程和小学有许多不同，对我们的成长有新的挑战和帮助。老师希望你们的初中生活顺利、美好。

九、操作建议

1. 如有对口的初中，最好选择对口初中的课程表，若能获得社团活动表更佳。

2. 前期做好准备，能回答学生们的一些问题，可以邀请对口学校的老师一起教学。

3. 提供的课程表里，最好有课程的时间节点，比如几点上课、几点放学。

4. 建议与参观初中校园、和初中学长面对面等活动相结合。

十、活动反馈

学生反馈 1：看了课程表后，我感觉课程增多了，感觉压力大了。可能是因为要上初中了。我很期待新学校的有些课程，希望自己能在学校里完成作业。

学生反馈 2：看了哥哥姐姐的课程表后，我觉得初中生活比我想象中的要轻松。我以为每天都会多个两三节课呢！

学生反馈 3：看到这个课程表，我感受到初中会比小学更辛苦。因为初中课程表里课多了很多，放学的时间也更晚了，作业更多了。

学生反馈 4：我很期待在初中的生活中可以学习很多的课程，认识更多的老师和同学。

附：某初中课程表

		预备班					初一				
节	时间	一	二	三	四	五	一	二	三	四	五
1	8：30—9：10	科学	语文	数学	体育	语文	英语	赏析	政治	语文	数学
2	9：20—10：00	英语	英语	思拓	地理	数学	美术	数学	语文	科学	体育
3	10：15—10：55	体育	数学	政治	语文	英语	劳技	英语	思拓	历史	语文
4	11：05—11：45	体锻	体育	英语	外教	梯段	数学	地理	数学	体锻	英语
5	13：00—13：40	数学	拓展	语文	英语	班会	语文	拓展	音乐	外教	班会
6	13：55—14：35	音乐	拓展	科学	思拓	地理	写作	拓展	地理	科物	历史
7	14：45—15：25	心理	信息	美术	劳技		体育	体锻	体育	英语	
8	15：35—16：15	写字	信息	自修	劳技		历史	科学	英语	思拓	
		初二					初三				
节	时间	一	二	三	四	五	一	二	三	四	五
1	8：30—9：10	英语	语文	物理	语文	政治	英语	物理	化学	英语	英语
2	9：20—10：00	科学	英语	英语	体育	英语	体育	数学	物理	英语	语文
3	10：15—10：55	物理	体育	数学	历史	数学	艺英	语文	思拓	探究	数学
4	11：05—11：45	美术	数学	思拓	科学	语文	数学	赏析	数学	语文	科学
5	13：00—13：40	数学	拓展	体育	英语	班会	科实	政治	语文	心理	班会
6	13：55—14：35	历史	拓展	语文	英语	体锻	化学	探究	体锻	政治	科实
7	14：45—15：25	写字	劳技	历史	思拓		美术	英语	体育	体育	
8	15：35—16：15	体锻	政治	音乐	科实		赏析	体锻	英语	思拓	

撰稿：上海市静安实验小学　秦秋艳

写给学弟学妹的一封信

一、活动目标

1. 整理和回顾中学学习生活，总结顺利完成这个学段学习生活的经验。

2. 思考这些经验带给自己学业旅程的影响，珍藏或者调整。

二、活动对象

初中生、高中生

三、活动时间

约 25 分钟

四、活动场地

室内

五、活动准备

每人一张 16 开白纸以及一支笔。

六、活动过程

介绍写信格式：

封面——致 ×× 号的一封信（致与自己学号相同的学弟或学妹的信）

内容——介绍中学生活（课程安排、学校场地、特色活动介绍、特色或自己感兴趣的内容，可按时间轴介绍）；介绍老师风格（收信的同学即将迎来的新老师正好是来自写信的同学这届的老师）；介绍自己应对中学生活的锦囊妙计；最后赠言——给学弟或学妹入学的箴言或建议。

七、活动提问

1. 事实

即将毕业，你印象最深的学校活动或课程是什么？

2. 感受

在写信的过程中，写到哪些部分的时候感受比较强烈？

3. 发现

在写信的过程中，你对适应学校方面有哪些新的发现？

4. 未来

（1）你即将入学高中 / 大学，你有哪些入学准备？

（2）今天的信件梳理，有哪些是可以在将来的入学中实践运用的？

八、教师引导

从小学到初中，从初中到高中，学生会进入一段生涯转换与适应期。学生如何适应新环境，如何应对新环境向他们提出的挑战，会直接影响到他们未来的生涯发展。通过“写给学弟学妹的一封信”这一活动可以帮助学生更好地适应新环境，甚至进一步利用新环境中的信息和资源，对他们的生涯发展有着重要的积极意义。

每个学生成长和适应的节奏不同。有的学生能非常迅速地融入新环境，有的学生则需要更多的支持。

毕业班学生在意识到探索和适应新环境的重要性的同时，也需要尝试将这些意识付诸实践，更有动力、有能力去探索新环境中的信息和资源，包括了解更多与学校相关的知识，培养自己的信息收集和应用等能力。

我们的一生中，会不断地进入新环境，适应新生活：搬家、升学、转校、工作……我们需要不断地发现新环境的要求，去提升自己，应对新环境的变化，这就是适应，它是我们人生中的重要一课。很多同学刚进入校园，会感觉很不适应，很慌张。面对这种情况，我们要做的就是行动起来，去熟悉未来要生活三年的地方，去了解未来要相伴三年的老师和同学，这样才能有效地减轻我们的不适与慌张，感知适应新环境给你带来的快乐与自如。

九、操作建议

1. 教师提示学生写信的对象是与自己学号一致的学生，体现了一种“传承”的理念，既是一种对初高中生活的回顾，也是一种对高中与大学生活的设想，在一定程度上增强了学生写信的认真程度。

2. 教师提醒学生在写信的过程中，思考并提出自己写得困难和具有挑战性的地方，是否需要集中讨论。

撰稿：上海田家炳中学　裘美婷

中学升学路径探秘

一、活动目标

1. 学生知道初中毕业之后的多元升学路径。

2. 学生对自己的求学之路有初步的意识和规划。

二、活动对象

初中生

三、活动时间

约 30 分钟

四、活动场地

室内

五、活动准备

1. 准备近两年的中考报考资料；制作课件或印制学生活动单。

2. 准备已经毕业学生的自我介绍或者视频。

六、活动过程

1. 模拟填表

（1）出示一份报考志愿表。

20×× 年上海市静安区高中阶段学校招生报考志愿表

（草表）

中考报名号______________

姓名____性别____毕业学校__________学籍副号___________

<table>
<tr><td rowspan="11">统一招生录取志愿</td><td colspan="2">类别</td><td colspan="3">学校代码</td><td colspan="4">学校简称</td></tr>
<tr><td colspan="2">零志愿</td><td colspan="3"></td><td colspan="4"></td></tr>
<tr><td colspan="2">名额分配法</td><td colspan="3"></td><td colspan="4"></td></tr>
<tr><td>志愿顺序</td><td>学校（专业）代码</td><td>学校（专业）简称</td><td>志愿顺序</td><td>学校（专业）代码</td><td>学校（专业）简称</td><td>志愿顺序</td><td>学校（专业）代码</td><td>学校（专业）简称</td></tr>
<tr><td>1</td><td></td><td></td><td>2</td><td></td><td></td><td>3</td><td></td><td></td></tr>
<tr><td>4</td><td></td><td></td><td>5</td><td></td><td></td><td>6</td><td></td><td></td></tr>
<tr><td>7</td><td></td><td></td><td>8</td><td></td><td></td><td>9</td><td></td><td></td></tr>
<tr><td>10</td><td></td><td></td><td>11</td><td></td><td></td><td>12</td><td></td><td></td></tr>
<tr><td>13</td><td></td><td></td><td>14</td><td></td><td></td><td>15</td><td></td><td></td></tr>
<tr><td colspan="9">是否愿意征求志愿（　　　　　）</td></tr>
</table>

<table>
<tr><td>考生签字（本人已阅读并知晓“填报志愿须知”）：

日期：　　年　　月　　日</td><td>家长（监护人）签字（本人已阅读并知晓“填报志愿须知”）：

日期：　　年　　月　　日</td></tr>
</table>

<table>
<tr><td rowspan="2">学业考试成绩</td><td>语文</td><td>数学</td><td>外语</td><td>物理</td><td>化学</td><td>体育</td><td>政治</td><td>原始总分</td><td>加分</td><td>录取总分</td></tr>
<tr><td></td><td></td><td></td><td></td><td></td><td></td><td></td><td></td><td></td><td></td></tr>
</table>

注：1. 往届生和返沪生不填写学籍副号。
　　2.《填报志愿须知》在反面。
　　3. 个别报名考生志愿填报确认同时递交考生档案材料。

（2）学生阅读并尝试填写。

2. 活动：中考升学面面观

（1）教师结合报考志愿表，讲解中考升学通道，以及普通高中、中本贯通、职校等的区别（具体内容见附件）。

（2）学生填写表格。

类别	高中	中本贯通	中高职贯通	中专和职校
学制				
培养目标				
毕业文凭				
考分要求				
就业前景				

3. 活动：学长有话

（1）观看毕业学生的自我介绍视频。

（2）交流与分享。

七、教师提问

1. 事实

在模拟志愿填报时，你填写了什么？老师和学长介绍了中考途径之后，你的填写有变化吗？

2. 感受

了解了这么多中考途径，听取了学长的介绍，你有什么感受或者触动？

3. 发现

对于升学渠道和未来规划，你有什么新的思考？

4. 未来

这些新的思考，对于你接下来的中学生活有什么影响吗？你打算怎么做？

八、教师引导

中考升学，是我们成长道路上的一次选择机会。这次选择不会决定我们的未来，但会影响我们接下来要走的路。

填写志愿表既是将来要考虑的事，也是从现在开始要筹划的事。越早了解，我们就会更加清晰未来的方向。

在中考填报志愿的时候，我们会受到很多因素的影响。我们今天的学习情况、参加学校各种活动的表现、自己兴趣爱好的培养，都会对那个时刻产生影响。

未雨绸缪，希望大家以后可以多收集升学的资料，多准备，才能更有利于今后的选择。

九、操作建议

1. 该活动可以在生涯教育的开设年级开展，也可以结合学校的毕业工作安排在毕业年级开展。前者有助于激发学生在中学阶段的学习动力，后者则让学生更加清晰和明确自己的成长途径。

2. 本活动的设计比较简要，适用于各类初中的一般学生。但是在第三个活动“学长有话”环节，教师可以结合学校的特点，关注本校学生的毕业去向，选择各个去向的学生素材，丰富学生的视野。

3. 近年来，中考政策有一些变化，辅导教师要有意识地收集信息，了解相关政策，才能更好地开展教育。例如根据2018年颁布的《上海市进一步推进高中阶段学校考试招生制度改革实施意见》，上海新中考将实行“一依据、一结合”，即依据初中学业水平考试，结合初中学生综合素质评价，到2022年实行以初中学业水平考试为依据，结合初中学生综合素质评价的初中毕业和高中阶段学校招生录取制度。上海的招生录取办法，也将从现有5种（自荐生、推荐生、零志愿、名额分配、1至15志愿）招生录取方式，调整为自主招生、名额分配综合评价录取和统一招生录取3类。

十、课堂反馈

学生反馈1：看到志愿填报表，就感觉很突然。自己过去知道的只有一些比较知名的高中学校，最不了解的就是那些中本贯通、职校。老师讲过以后，就感觉未来的读书之路还是很多的。

学生反馈2：通过学长们的介绍，让我们更加清楚了高中和职校的区别，也了解了一些专业和职业，也许并不符合我们的情况，但是让我们有进一步了解的意愿和动力。

附：上海市高中阶段学校招生志愿填报表说明

上海市高中阶段学校招生（普通高中、中本贯通、中高职贯通、中专和职校）报考志愿表分为提前批次和统一批次。统一批次为必填档，每个参加中考的初三毕业生必填，纸质版填写；提前批次为选填档，只有符合条件的毕业生可以填写，网上填写。

一、提前批次分为推优、自荐、国际课程（很少涉及，不展开介绍），中本贯通和中高职贯通。

1. 推优

（1）初中学校推荐优秀的学生参加高中学校的预录取考试。推优生必须符合中考报名条件，并且是本市初中学校在籍且在读应届初三学生。返沪生、往届生不可参加推优。

（2）录取规则

· 推优可填报2个志愿，都未录取可填报推优征求志愿。

·推优为区内竞争，在推优志愿中填报同一所高中学校的初中毕业生进行竞争。

·推优生被预录取后，不可放弃，后续志愿则失效。

（3）填报建议

推优生的推荐标准（初中学校）一般以模考成绩、大考成绩、班级班干部为综合考量。推优生根据本区招生计划，可以填写两所推优学校。一般来讲，一志愿中填写的高中学校会直接给考生面试机会，而热门的高中学校在一志愿中也基本能够满足招生计划。因此，填写推优志愿时须把握好第一志愿。若高中学校在一志愿未录满，二志愿考生才会有机会进入面试名单。

2. 自荐

自荐必须由符合中考报名条件的应届初三毕业生（含返沪生）本人执行，在提前录取网上填报自己的意向学校，填报后须向高中学校投递个人简历，高中学校筛选简历后进行统一面试、笔试，并按照全市自荐生招生计划择优预录取并进行公示。

3. 中本 / 中高职贯通

（1）中本贯通，即 3 年中专 +4 年本科，成功毕业后获得本科学历，3 年课程以语数外及专业课为主；中高职贯通 5 年制，毕业后获得大专学历，不用高考。

（2）录取规则

①需通过 4 月中旬至 5 月初的面试或专业考试。

②中本贯通限报 1 个志愿，中高职贯通可以填报 3 个志愿。

③中职校提前批录取按照先中本贯通录取，再中高职贯通录取，最后自主招生录取的顺序依次进行。

（3）填报建议

中本贯通的学习更接近高中，取消了高中的副科学习，相应增加了专业技能，3 年后参加专门高考，进二本类院校；中高职 5 年制，不用参加高考，毕业后为大专学历。

二、统一批次录取

参加统一招生录取的学生均需填报《20×× 年上海市高中阶段学校招生报考志愿表》。其栏目设置如下：

第一栏是“零志愿”，填报学校限于在学生投档录取区有招生名额的外区市实验性示范性高中和久隆模范中学；

第二栏是“名额分配志愿”，填报学校限于在学生就读学校有招生名额的本区市实验性示范性高中；

第三栏是“一至十五志愿”，填报学校有本区所属的普通高中和中职校、外区在本区招生的普通高中和中职校等。上述志愿录取后仍未完成招生计划的学校，将由区招考机构组织未被录取的学生在有招生计划余额的学校中进行征求志愿的填报。

学生应按自己的意愿，结合自己的实际情况（学习情况、体检情况、特长爱好、家庭经济情况、交通情况等），合理定位后选择学校和专业进行填报。

2021年静安区中考录取分数线一览表

	类别	最低投档控制分数线
普通高中	零志愿	680分 (回民中学、久隆模范中学675分)
	提前招生录取	取得提前批预录取资格，不得低于640分。
	名额分配	按照考生志愿和初中学校名额分配数，从高分到低分投档录取，不得低于640分。
	公办普通高中	540分
	民办普通高中	参照公办普通高中最低投档控制分数线，自主确定学校最低投档控制分数线，报区招生部门备案后，由招生部门统一向社会公布，并按招生计划投档录取。
中职校	中本贯通	参照公办普通高中最低投档控制分数线540分。
	“五年一贯制”和中高职贯通	380分
	自主招生	按照学校公示招生方案、招生计划和考生志愿投档录取。
	普通中专	360分
	职校、技校	按照学校公示招生方案、招生计划和考生志愿投档录取。

撰稿：上海市朝阳中学　张晶晶

走近象牙塔

一、活动目标

1. 学生根据自己的兴趣、能力及优势学科等，先选择目标学职群，再在这一学职群中进一步定位自己想要学习的专业。

2. 学生了解专业与职业的联结，认识学科及专业，选择适合自己的实现自身梦想的专业。

二、活动对象

高中生

三、活动时间

两节课，每节课 30 分钟

四、活动场地

室内

五、活动准备

每人一份“专业探索清单”。

六、活动过程

1. 教师提问：大学是什么？邀请几位学生谈谈自己的想法和理解。德国哲学家雅思贝尔斯曾说过大学是教育新人成长的世界，是研究和传授科学的世界，是学术勃发的世界。每一个高中生心中都有一个属于自己的大学梦，我们都希望通过自己的努力去实现自己的大学梦，通过每一个平凡的日子去触碰那个不平凡的自己，去成就，去拼搏。

2. 认识学职群。教师介绍学职群，了解学生对哪个学职群更感兴趣。学职群，是通过对大学专业进行研究，根据学习内容、培养能力、对应中学科目、毕业生就业领域等方面的关联与共性，将中学的学业、大学的专业以及未来毕业后的就业衔接，而建立的科学体系。

学职群一共有 7 个，3 个偏理科的学职群，3 个偏文科的学职群，1 个艺体类学职群。

数学与信息、经管学职群——严密的数学思维能力

数理与科学、技术学职群——务实之用的专业学科

化生与物质、健康学职群——探索生命与自然的奥义

政史与社会、行政学职群——谋求人类社会的稳固发展

人文与美学、设计学职群——以人为本的美学情怀

语言与教育、传媒学职群——文化传承与传播的载体

艺术、体育与休闲学职群——身心舒展的幸福使者

7 个学职群讲解：

（1）数学与信息、经管学职群——严密的数学思维能力

对应高中优势科目：数学、物理、信息技术、语文、英语。

重点培养能力：计算能力、抽象推理、科学能力、组织能力、阅读能力、语文应用、领导能力、销售能力、亲和力。

（2）数理与科学、技术学职群——务实之用的专业学科

对应高中优势科目：数学、物理、化学、生物、地理。

重点培养能力：科学能力、抽象推理、机械推理、计算能力、空间关系、操作能力、阅读能力。

（3）化生与物质、健康学职群——探索生命与自然的奥义

对应高中优势科目：化学、生物、数学、物理、语文。

重点培养能力：科学能力、操作能力、阅读能力、空间关系、助人能力。

（4）政史与社会、行政学职群——谋求人类社会的稳固发展

对应高中优势科目：政治、历史、语文、地理、英语。

重点培养能力：阅读能力、文书速度与准确度、语文应用、沟通协调能力、组织能力、领导能力、助人能力、亲和力。

（5）人文与美学、设计学职群——以人为本的美学情怀

对应高中优势科目：语文、英语、历史、物理、化学、地理、美术。

重点培养能力：阅读能力、语言能力、艺术创作、文书速度与准确度、操作能力、空间关系。

（6）语言与教育、传媒学职群——文化传承与传播的载体

对应高中优势科目：语文、英语、历史。

重点培养能力：阅读能力、语文运用、沟通协调能力、文艺创作、操作能力、文书速度与准确度、助人能力、亲和力、销售能力。

（7）艺术、体育与休闲学职群——身心舒展的幸福使者

对应高中优势科目：历史、地理、文科、美术、音乐、生物、体育。

重点培养能力：阅读能力、操作能力、空间关系、艺术创作、音乐能力、沟通协调能力、涉猎各种活动能力、亲和力、销售能力。

3. 教师播放视频《你不知道的专业故事》，引导学生思考探索专业需要了解哪些内容，从哪些途径来了解这些内容。让学生课下完成大学专业探索清单，并在下一节课进行组内分享，每组推选一位代表来进行分享。

七、活动提问

1. 事实

（1）你是怎么完成专业探索清单的？

（2）在完成专业探索清单的过程中，你碰到了什么困难？

（3）同学们分享的探索清单，有哪些令你印象深刻的？

2. 感受

（1）看到这些学职群，这么多专业，你的感受如何？

（2）完成大学专业探索清单的过程中，你的感受如何？

（3）当看到了大家的探索结果之后，你的感受如何？

3. 发现

（1）进行专业探索的时候，发现哪些与你以往认识不同的地方？

（2）看到大家的探索结果，有没有让你有新的发现或认识？

4. 未来

（1）在以后的志愿填报过程中，你会如何了解自己想选择的专业？

（2）今天的活动收获，有哪些是可以在将来的生涯选择中加以运用的？

八、教师引导

努力学习是为了进入更好的大学，能有更幸福的未来。那么，大学是什么呢？德国哲学家雅思贝尔斯曾说过，大学是教育新人成长的世界，是研究和传授科学的世界，是学术勃发的世界。每一位学生心中都有属于自己的大学梦，那么大学究竟是怎么样的？

上大学并不是目标的结束。我们学生和家长都会想着考大学，很容易重学校而轻专业，没有深入了解想去的专业及其发展前景。有些学生为了进入理想院校而选择自己不喜欢或不适合的专业，导致很多学生进入大学后，学习动力不足。

为了避免同学们对一些专业缺乏深入研究，只有片面的认识，我们需要一起揭开专业的面纱，对自己感兴趣、想选择的专业进行一定的了解。

如果我们对专业还没有清晰的认识，感到无从下手没有方向，可根据自己的兴趣、能力及优势学科等，先选择目标学职群，再在这一学职群中进一步定位想要学习的专业。

九、操作建议

1. 猜谜语的环节作为引入话题，可以让学生思考为什么读大学，大学的意义是什么。

2. 学职群的信息可以由教师进行介绍，也可以作为前一次课程的作业，让学生们收集感兴趣的学职群信息，在课堂中进行分享。后一种方式可以发挥学生的主动性。

3. 进行专业探索之前，可以先播放一个视频《你不知道的专业故事》，启发学生探索的兴趣。完成专业探索清单，可以结合信息课一起进行，方便学生更好地上网查找信息。

4. 学生分享的过程中，教师可以挑选完成得相对认真细致的内容进行评析。

十、课堂反馈

学生反馈 1：我第一次知道原来一共有 13 个学科，600 多个大学专业。以往对这方面的了解太少了。这节课让我认识到很多关于专业方面的内容，同时还有很多了解信息的渠道。

学生反馈 2：有太多我们不知道也从未听说过的专业，还有很多名字与其实质完全不相符的专业。我觉得真的有必要好好查一查，一些专业都会学些什么，未来都能从事哪些工作。“专业探索清单”非常好，让我们可以对一个专业进行详细的了解，也方便整理相关信息。

学生反馈 3：今天这节课让我重新审视了自己想报考的专业，以前只是了解这个专业的名字，现在知道报考这个专业在大学要学习的课程，以及未来从事的工作方向，我觉得我需要再好好考虑一下。

附：

专业探索清单

学生基本信息探索	
姓名	
兴趣	
性格	
价值观	
擅长学科	
最感兴趣的学职群	
感兴趣的学职群，偏向的学科类别	
偏向的学科类别，偏向的专业	
专业探索	
感兴趣的专业	
感兴趣的原因	
该专业感兴趣的院校	
本次探索院校	
专业的课程设置（专、本科）	该专业学习哪些课程？

专业的培养目标与培养要求	
相关专业	该专业属于哪个学科大类？与该专业相关的专业有哪些？是否有相同或相似的研究生专业？
转换专业	是否可以转换专业？要求是什么？
专业的就业去向（专、本、硕、博分别探索）	该专业的发展前景如何？对社会和生活有什么价值？
名校名师	开设该专业的名校和院系名称，排名情况怎么样？该专业名师有哪些？他们有哪些专业成就？
榜样人物	该专业有哪些成功人士？他们取得了哪些成就？他们又是怎样成功的？
权威企业	该专业有哪些权威企业或机构？
专业要求	专业适合什么样的人去学习？有哪些具体要求？
专业的特殊报考条件	该专业对考生是否有特殊要求？
该专业录取分数线	该专业近三年在本市的录取分数是多少？
专业的选考科目范围	该专业要求选考科目有哪些？
学习方法	如何才能学好这门专业？学习的圈子和资源都有哪些？
该专业学费	该专业每年学费是多少？
留学	该专业是否有国际合作项目和国际交流项目？留学要求是什么？
男女比例	该专业男女比例是否平衡？
国防	该专业是否招收国防生？（有意愿可了解，没有意愿可忽略）

撰稿：上海市新中高级中学　李琳

我的大学生访谈纪要

一、活动目标

1. 学生了解大学及其分类，通过活动分享如何了解大学和判断大学的质量，了解上大学的意义。

2. 揭开大学的面纱，对目标大学进行客观的分析，依据自身的实力明确自己的选择。

二、活动对象

高中生

三、活动时间

约 60 分钟（课内 + 课外）

四、活动场地

室内

五、活动准备

每人一份“关于你的大学”访谈记录。

六、活动过程

1. 学生在课外时间完成对一名大学生的访谈，填写访谈记录，并对前面一次课程内容及本次访谈内容进行整理。

2. 邀请学生进行分享，四位同学，每人 8 分钟的时间。

3. 最后，同学们倾听并思考，搜集到的关于大学及专业的信息与自己之前的认知有何差异。

七、活动提问

1. 事实

（1）在访谈的过程中，你经历了什么过程？

（2）在访谈的过程中，你碰到了什么困难，又是如何解决这些困难的？

（3）（问分享者）分享的过程，有哪些令你感受不同的？

（4）（问倾听者）听到同学们的分享，有哪些令你印象深刻的内容？

2. 感受

（1）在访谈的过程中，你的感受如何？

（2）（问倾听者）听到别人的分享，你的感受如何？

（3）（问分享者）分享的过程中，你的感受如何？

3. 发现

（1）访谈的过程，让你有什么新的发现？

（2）在之前搜集大学信息的过程中，有没有和今天活动类似的场景或事件经历？这让你联想到了什么？

4. 未来

（1）以后在做决策的过程中，如果遇到信息不明，你会如何处理？

（2）今天的活动收获，对你有哪些启发？你如何在未来进行运用？

八、教师引导

高中生对大学的认识比较模糊，对于大学的分析辨别能力也比较薄弱，了解大学的通道大部分来自家长、老师。走近大学，了解大学及大学的分类有助于高中生尽快明确自己的目标，知晓判断大学质量的资讯通道与方法有助于学生对目标大学进行客观的分析。

有些学生可能对学校没有进行充分的了解，就匆忙填报了志愿，导致进入大学之后感到处处不适应。如果能够进行信息的搜集与整理，便能提前做好心理准备，也就不会对新环境感到无所适从。

关于大学的信息搜集有很多的渠道，网络资源是一部分，另一部分还需要我们实地考察和了解。但是走马观花地去参观，是很难了解具体情况的，最好的就是能够找到在学校里在读的学长学姐进行了解。

九、操作建议

1. 在正式进行访谈之前，教师需要引导学生如何做访谈，教授学生访谈的方法、提问的技巧等，最好提前有演练。

2. 根据《走进象牙塔》和本课搜集到的信息，进行整理并分享，教师需要提出具体的分享要求，学生可以根据自己感兴趣的大学和专业进行信息搜集，并且展示。

3. 确定“分享者”进行分享展示时要选择有详细内容的，如两次课程都完成得较好的，充分利用生成性内容。

4. 邀请“倾听者”谈感受时要选择有代表性的，如完成较完整的和不太投入的，这样便于了解不同学生在本次活动中的收获，从而找到改进的主要方向。

十、课堂反馈

学生反馈1：访谈之前挺紧张的，但是还好找的学长非常亲切，很耐心地回答了我提出的所有问题，而且还鼓励我加油，欢迎我做他的学弟，我很感动。这次活动让我更了解了这所学校，更坚定了自己的决心。

学生反馈2：通过访谈了解了很多以前不知道的信息，尤其是对于想学习的专业有了新的认识。我觉得高中还有两年的时间，也许我还需要仔细想一想，自己未来是否选择这个专业，未来这个专业的发展前景是怎样的。

学生反馈3：两次课程让我们搜集到很多的信息，无论是网络上搜集到的，还是访谈过程中获得的，都让我更了解了大学和专业。社会发展很快速，事物也都在迭代变化，我也需要多学习，多去了解，才能知道如何进行选择。

附：

访谈记录

受访姓名：	采访方式：
采访时间：	采访地点：
就读大学：	就读院系：
就读年级：	所学专业：

采访笔记：

1. 您就读的大学是属于什么类型的大学？它有什么特色？您当初为什么报考这所学校？
2. 大学生活（课程学习、社团活动等），哪些与您的期待是一样的？哪些是不一样的？有什么差别？
3. 您参加了哪些课外活动或社团？
4. 学校为您的学习或者课外探索提供了什么条件？学校有什么样的资源？
5. 您就读的专业对个人性格、能力有什么要求？有什么基础课程、专业课程与选修课程？
6. 您当初为什么填报这个专业？是您的第一志愿吗？专业的学习与您的期待一致吗？有什么差别？
7. 您现在学习几门课程？您觉得其中较难的课程是什么？这门课有什么样的要求？
8. 您就读的专业毕业后大多从事什么工作？就业率如何？
9. 您对于下一阶段的规划是什么样的（升学、求职等）？
10. 请分享大学生活典型的一日安排（如作息时间、学习课程、活动安排等）。
11. 如果高中生对您的院校专业感兴趣，您有什么建议？
12. 在您的大学生活中，印象最深刻的事情是什么？

采访结束，请写下访谈内容和心得感想。

撰稿：上海市新中高级中学　李琳

三分钟自我介绍

一、活动目标

1. 掌握面试中自我介绍的技巧与方法。

2. 通过模拟面试自我介绍，体验面试现场的场景，为将来就业打好基础。

3. 增强求职的自信心，激发生涯探索的积极心态。

二、活动对象

初中生、高中生

三、活动时间

约 30 分钟

四、活动场地

室内

五、活动准备

活动单（见附件）。

六、活动过程

1. 观看视频《令人心动的 offer ——王骁的自我介绍》。

2. 小组讨论：你觉得面试者哪些地方做得好，哪些地方还可以再优化一下？（活动单 1）

3. 小组讨论：小组头脑风暴，面试中的三分钟自我介绍需要注意哪些事情？（活动单 2）

4. 教师发布模拟面试任务：三分钟自我介绍。

要求：三人一组，一人扮演面试官，一人扮演应聘者，一人作为观察者。应聘者应聘的岗位可以是自选的理想职业，也可以由老师指定。三人轮流扮演面试官、应聘者和观察者。（活动单 3）

5. 小组讨论：复盘刚才的模拟面试环节，交流感受。

七、活动提问

1. 事实

（1）看完视频，你印象最深刻的是什么？

（2）你觉得视频里这位应聘者的自我介绍，哪一部分值得欣赏？哪一部分还可以再优化一下？

（3）（问模拟面试中的观察者）刚才的模拟自我介绍环节，应聘者哪一部分值得欣赏？哪一部分有待优化？

2. 感受

（1）看完这个视频，你的感受如何？

（2）刚才在模拟面试中作为应聘者、观察者和面试官，你的感受分别是什么？

3. 发现

通过视频和头脑风暴，你发现三分钟面试自我介绍过程中我们需要注意什么吗？有什么技巧？

4. 未来

你心仪的职业是什么？在这份职业面前，你理想的自我介绍是什么样的？

八、教师引导

好的开始是成功的一半。自我介绍作为面试过程中的第一个环节，有着举足轻重的地位。

面试中的自我介绍不是简单重复简历中的已有信息，而是结合应聘岗位本身的需求，梳理自己的经历，挖掘自己的亮点。

三分钟自我介绍一般可以分为个人背景、学习和实习经历、个人规划三个方面，在介绍学习和实习经历时可以采用STAR法则，即了解背景（situation，当时什么情况）、明确任务（task，当时需要完成什么事）、你的行动（action，你当时做了什么）、关注结果（result，得到的结果是什么）。

礼貌自信、彬彬有礼，没有人会讨厌和拒绝一个认真准备面试的人。全面充分的自我介绍也是获得面试官信任的一把钥匙。

九、操作建议

1. 在网站、微博上搜索关键词即可找到相应视频。

2. 虽然视频里应聘者个人履历部分很厉害，但教师可以引导学生从语速、礼仪、亮点的角度思考可以优化的地方。

3. 头脑风暴后需要板书总结面试自我介绍的技巧。

4. 模拟面试中，三人一组，每个人都需要分别成为一次应聘者、面试官和观察者，旨在让学生从多个角度去看待这三分钟自我介绍，加深感受。

十、课堂反馈

学生反馈 1：这节课是在模拟的面试情境中进行自我介绍，我学到了很多。我原本以为只要按照老师教授的技巧和原则，写好稿子背下来就行，但其实在实践中还需要关注自己的面部表情和语音语速。我们这组面试官和观察者在分享感受时告诉我，他们感觉我在自我介绍时很紧张，不苟言笑，他们建议我多微笑，并且语速可以放慢一些，这些都是我没想到的。很有趣的模拟实践课，让我对未来求职也多了一点信心和向往，谢谢老师。

学生反馈 2：本节课我学习到了三分钟自我介绍的技巧。我以前老觉得自我介绍没什么话好讲，其实在企业求职的环节，自我介绍就是把我自己和应聘岗位之间形成联系。我的背景是否胜任这个岗位？我的经历背后凸显的我的能力是否匹配这个岗位？我的职业规划是否和这个岗位适配？这些都可以放在自我介绍里面回答。路漫漫其修远兮，我现在才高中，上面三个问题，我可以慢慢用我的经历去补充和回答，未来可期。

附：

活动单 1：视频讨论	
应聘者做得好的地方	应聘者可以优化的地方

活动单 2：三分钟自我介绍	
需要介绍的内容	
需要注意的地方	

活动单 3：模拟面试	
你的角色	
应聘者做得好的地方	应聘者可以优化的地方

撰稿：上海市逸夫职业技术学校　钱海燕

模拟面试

一、活动目标

1. 了解面试背后的思维方式与面试技巧。

2. 储备面试技巧，为未来面试做好准备，迎接面试考验。

二、活动对象

初中生

三、活动时间

约 25 分钟

四、活动场地

室内

五、活动准备

面试自我介绍书。

六、活动过程

1. 学生自我填写，完成面试自我介绍书。

2. 根据学生投票，选出前 5 所学生最想报考的高中学校，设立 5 所学校的模拟面试摊位。

3. 现场举行模拟面试会，模拟面试官可邀请各班班主任教师担任。

4. 活动后进行小组讨论。

七、活动提问

1. 事实

你在写自我介绍书的过程中，最困难的部分是什么？

2. 感受

在写自我介绍书的过程中，你有哪些感受？

3. 发现

模拟面试后，你对面试技巧方面有哪些新的发现？

4. 未来

今天的自我介绍与模拟面试，有哪些是可以在将来的入学中实践运用的？

八、教师引导

掌握面试技巧，在面试中过关斩将，通过情景表演的对比，全面了解了面试官所看重的要点；通过面试问答的真题演练，了解面试回答背后的要点，从而有针对性地为面试做好准备。

人生就是由一场又一场的面试所组成的。面试并不可怕，我们要做的就是提前演练，学习面试的技巧，做好充分准备。最重要的，就是了解面试到底“面”的是什么，有针对性地做好准备，才能兵来将挡，水来土掩。

面试问答时，要注意以下三点：第一，先思考，打一下腹稿，不要想到什么说什么；第二，对于同一个问题，有时候需要站在不同的角度进行回答；第三，组织语言时要有结构性，多列点，多使用“首先、然后、最后”等连接词。

面试技巧的学习是生涯发展中的重要一课，希望同学们能好好实践今日所学，掌握面试的技巧与技能，从容地奔赴未来生涯中的每一场面试！

九、操作建议

1. 提前准备好 5 所学生最想报考的高中的模拟面试摊位，并邀请相关老师担任模拟面试官。

2. 强调模拟面试会的重要性，提示学生好好准备自我介绍书的撰写。

十、课堂反馈

学生反馈 1：这节课真的很及时，因为我最近正在准备自主招生面试。这节课帮我梳理了面试重点，感觉准备起来会更有方向，更具针对性。我感觉这些能力是可以迅速掌握的，但是要多练习。我打算和小伙伴组个队练习一下面试。

学生反馈 2：虽然我的成绩让我和自主招生这件事没有什么关联，但是这节课学到的知识点，我觉得可以被用于大部分其他的面试场合，毕竟“套路”都差不多嘛！以后加入社团、做志愿者、实习、求职等，都要面试，就当是提前练练兵吧！

学生自我介绍参考 1：

各位老师好，我是来自上海田家炳中学的 ×××。我热爱阅读和写作，作品曾多次刊登在校刊和报纸上。阅读不仅提升了我的审美能力和写作能力，更是我向前人学习的过程。例如，遇到难题畏葸不前的时候，我想到孔孟主张的“知其不可为而为之”或是“虽千万人吾往矣”，于是又有了焚膏继晷的勇气；或是成绩不理想时，想起袁了凡训诫儿子所说“昨日种种，譬如昨日死；今日种种，譬如今日生”，我又豁然开朗，自省之后加以改正，调整好心态迎接下一次检测。由此我的成绩稳定在班级前五，曾被评为“学习优秀之星”，在一模考试中取得了 601.5 分。

我认为综合素质也是所谓“优秀”的一个重要部分。我在班中担任副班长的职务，七八年级时也曾担任历史课代表，深得老师和同学的信任，曾被评为“班级管理之星”。我还会利用假期时间和家人一起出游，在陪伴家人的同时，也增长了见闻。亲见“水光潋滟晴方好”的西湖，才懂得和靖先生为何选择隐居孤山；踏足大漠戈壁，才懂王季凌为何慨叹“春风不度玉门关”。

进入初中伊始，市西中学就是我的“梦中情校”，常听学姐学长们提起那美丽的校园和浓厚的文学氛围。这四年以来我一直在为这一目标而努力，如今的我已有信心有实力成为市西的一分子，并在接下来的学习生活中继续发光发热。

（已录取）

学生自我介绍参考 2：

老师们好，我是来自上海田家炳中学的 ×××。我是一个十分自律的人，我一直相信自律即绝对自由。

俗话说，一日之计在于晨。我每天会 5：30 起床列好一日计划，然后背诵英语单词。在晚上，因为在校内课间时候已经见缝插针完成了大部分作业，所以我常常会在 8：30 之前完成学校作业，接下来进行自学拓展内容，比如做一些有难度的数学英语等题目，锻炼思维。在学习空闲的时候我会画几张速写、素描作为放松。

在乐中学的过程中，我取得优异的成绩，每次考试稳定在年级前十，一模在满分 650 分的情况下取得 630 分，蝉联了 6 个学期的三好学生。

我认为学习不只是卷面成绩，还有综合素质，所以我加入了共青团，担任了班中学习委员，加入了我校自主管理委员会，组织体育节、艺术节等活动。我还参与各类志愿服务活动，例如寻找春天的故事，采访了新业坊的设计师，写了关于“老旧厂房迎新生”的报告。

在刚进初中的时候，上交大附中就是我的梦想，“饮水思源，爱国荣校”8 个字，一直记在我的心间。现在我相信我有实力能成为交大附中的一分子，我敢梦敢闯，会在之后的时间继续发光发热。

（已录取）

附：

面试官参考：

请介绍一下你自己。

你想参加自主招生的学校是哪一所？

该学校的校训是什么？

分享 1—2 个你所学的数学知识应用于实际生活的例子。

面试评分标准（供参考）

评分项	解释说明
文明礼仪	1. 行为礼仪：如进门前的敲门，进门后师生问好，站姿坐姿，离开面试教室前擦板、放置好桌椅等文明礼仪 2. 着装礼仪：不穿奇装异服，尽量穿着宽松、舒适、行动方便、颜色素净的衣服（校服为佳），注意个人卫生（服装干净整洁，个人清洁状况良好）
心理素质	通过考生现场表现判断，如某些小动作可能代表考生心理紧张；也可通过考生的自我介绍部分进行考察，如丰富的课外活动、广泛的兴趣爱好可能代表了外向开朗的性格等
兴趣特长	通过考生自我介绍部分进行了解与评判
沟通能力	语速、语调、语音等，是否口吃，表达是否得体等
人际交往能力	可通过自我介绍与个人问题提问环节考察，如学生工作经历、社团经历、社会活动与志愿服务经历等
组织协调能力	可通过自我介绍环节的追问问题进行了解，如学生工作经历、社团经历、竞赛经历等展示
知识宽度和广度	可通过个人相关信息题考察，也可通过扩展题考察，切忌不懂装懂，一定要诚实地按照自己的实际情况作答
思维反应速度	可通过扩展提问环节考察，如思维发散题、脑筋急转弯等，如果实在不会可有礼貌地道歉与虚心求教，求知态度非常重要
逻辑推理能力	在回答问题时可通过关联词体现思维逻辑性："首先、其次、再次、最后"；也可通过分层角度回答体现思维逻辑性
解决问题能力	可通过扩展提问环节考察，如思维发散题、时政题、社会热点题等（无标准答案，言之有理即可）
总体评价	综合以上各点及考生现场表现，结合考官侧重点进行评判

撰稿：上海田家炳中学　裴美婷

我的自我推荐书

一、活动目标

1. 理解掌握简历撰写对于展示自我形象的重要性。

2. 学会撰写简历的基本要素和撰写技巧。

二、活动对象

高中生

三、活动时间

约 20 分钟

四、活动场地

室内

五、活动准备

准备视频、A4 纸。

六、活动过程

1. 头脑风暴：你认为撰写个人简历应当包含哪些要素？

2. 观看视频：《如何撰写简历》。

3. 小组讨论。

情景一：我的简历写得非常优秀，面试了很多家公司，最后却连一个 offer 都没有拿到。

情景二：不知道是否应该在简历里体现学习成绩、获奖和创业经历。

4. 尝试撰写简历，并作简要分享。

七、活动提问

1. 事实

（1）你认为撰写个人简历应当包含哪些要素？

（2）看完视频，你印象最深刻的是什么？

（3）以下两个情景，它们的问题出在了哪里？如何通过撰写简历化解这些问题？

（4）对于 ××× 的简历，你认为有哪些优点？有哪些值得改进的地方？

2. 感受

（1）看完这个视频，你的感受如何？

（2）对于情景一、情景二，你有什么感受？

3. 发现

对于简历撰写，你发现有什么技巧？

4. 未来

为了让你的简历更丰富，你需要做哪些准备？

八、教师引导

简历的基本要素包含基础信息、教育背景、实习经历 / 项目经历、获奖经历、技能兴趣、自我评价。

有时候明明是有优秀的经历背景，但是在投递的时候却石沉大海。即使有面试的机会，当面试官问一些细节的时候，却不知道哪些该说哪些不该说，最后稀里糊涂地说了一堆，也没能将自己的优秀能力和经历展示出来。因此，在撰写简历时，与应聘岗位相关的优点、经历一定要突出；扬长避短，自己不擅长的部分不要刻意写在简历上；逻辑严谨；内容真实；适度修饰，如：照片、字体，模块结构等。

九、操作建议

1. 在哔哩哔哩网站上搜索关键词即可找到相关视频。

2. 在学生制作简历时，提供一些简历样张供学生参考。

3. 提醒学生在制作简历的时候，除了基本要素，还要确定好求职的方向，要突出重点，要扬长避短。

十、课堂反馈

学生反馈 1：本节课我感受到撰写一份精彩的简历实属不易。如何从众多简历中脱颖而出，首先要丰富自身，让自己变得更优秀。其实写好简历，要求简洁明了，并突出自己符合岗位要求的优点，扬长避短。

学生反馈 2：上完这节课，我觉得受益匪浅。让我知道要成为我想成为的那个人之前，我还需要做些什么来充实自己。简历作为找到一份好工作的敲门砖，是走向成功的第一步，因此学习如何制作简历是至关重要的。

撰稿：上海市逸夫职业技术学校　赵佳稆

无领导者小组讨论

一、活动目标

1. 实际感受面试过程中的无领导小组测评过程。
2. 探索分析无领导小组讨论中蕴含的测评理念和方法。
3. 从自身能力和特质出发，探索适合自己的角色定位，发展自身职业能力。

二、活动对象

高中生

三、活动时间

40—60 分钟

四、活动场地

室内，圆桌，参与者围坐在圆桌旁

五、活动准备

任务单、答题纸、评分标准（见附件）。

六、活动过程

活动要使用任务单、答题纸，约 30 分钟。

第一步，活动分组。将所有学生分为两类，一类担任面试官、一类担任面试者。然后将面试者分组，每组 6—8 人。分组可以通过一些热身活动的形式开展，在活动的同时完成分组。

第二步，介绍无领导者面谈：各位同学，我们今天来共同体验一种别开生面的面试方式——无领导者小组讨论。这是现在比较常见的一种方式，在一些公务员考试以及有些大学的综合面试中被用到过。无领导者面谈就是一种集体面试的考察方式，考生将拿到一些情景题，并且在规定时间内进行讨论，按照要求完成任务。考官可以通过考生在给定情景下的观点表达、处理紧急事件的能力以及与他人合作的状况等多个角度来判断考生是否符合自己的需要。

第三步，情景介绍。

对于面试者：现在你是一名高中毕业生，需要和其他的大学申请者一起进行一个话题讨论。请大家在面试过程中尽可能展现自己，以获取考官的青睐。接下来请各位同学看看各自拿到的任务单。在接下来的15分钟里，各位同学要以小组的形式共同完成任务单上的任务，然后将各自的答案填写在答题纸上。

对于面试官：现在你是一名面试官，请根据评分标准，对你所在小组的面试者进行评分。（评分标准见附件）

第四步，活动正式开始。所有同学分组完成任务，教师和助手依据评分标准对小组内的各个同学进行观察和评分。

第五步，计算所有参与同学的分数，公布每位同学的得分。

七、教师提问

1. 事实

针对面试官：你觉得在小组内你扮演了怎样的角色？谁的表现给你留下了最深的印象？

针对面试者：在刚才的活动中，你实际得分是多少？

2. 感受

针对面试官：在面试过程中，哪些环节给你留下了深刻的印象？你对这个环节的感受是震惊、欣喜还是遗憾？

针对面试者：你对自己的表现满意吗？得知这个分数时你有怎样的感受？

3. 发现

无领导者小组讨论的评分标准和你想象中的有什么差别？

在面试过程中，面试官更看重的是什么？怎样才可以获得面试官的青睐？

4. 未来

我们要如何在面试中更好地展现自己呢？

我们可以为这类面试做好怎样的准备？

八、教师引导

无领导者小组讨论中虽然没有明确的角色分配，但每个人都要对自己的角色有所预设。领导者、记录员是比较常见的角色，还有就是参谋者、协调者也都是容易被看见的角色。

虽然无领导者小组讨论没有标准答案，但是在面试过程中，观点表达能力、合作沟通能力、共情能力和自我完善能力都是非常重要的有待考察的素养。

面试过程中，自己和其他小组伙伴既是合作者又是竞争者。作为竞争者，需要更好地展现自己；作为合作者，需要关注整个团队的表现，积极推动团队的表现，从而实现共赢。

即使你不是记录者也要做好关键点的记录，条理清晰。讨论结束后，很多面试官会收回发给大家的纸，作为选人的一个参考指标。

把自己的特点和优势展现出来，然后做好团队表现的合作者乃是上上之策。真诚、积极、大方、对不同的意见依然能够宽容接纳，都是很可贵的品质。

九、操作要点

1. 引导学生全身心投入这场模拟面试之中。

2. 帮助学生理解，面试题的答案本身不重要，重要的是在面试过程中自己展现出了怎样的特质。

3. 引导学生在思考问题的过程中灵活转变身份和立场，多角度看待面试问题，发现自身的优势与不足，为更好地展现自我做好准备。

附：

无领导小组讨论面试题举例

1. 开放式问题。如：什么样的大学生才是符合当今时代发展需求的大学生？

2. 两难问题。如扳道工救小孩：一辆火车飞驰而来，不远处的火车道上有 9 个小孩在玩耍。此刻提醒已经来不及了。这时，有个扳道工看到这一切，在他面前，有个岔道。如果扳道工将火车路线扳到另一条废弃的火车道上，这 9 个孩子就可以得救。然而这条废弃的火车道上有 1 个小孩在玩耍。如果你就是这个扳道工，如何选择？

3. 排序问题。如荒岛逃生（略）。

4. 方案解决题。如：帮助高中学生发现自己的兴趣、找到自己梦想的职业、选择自己的成长之路是当前高中生生涯教育的重要目标。但目前高中生学科学习任务重，在校时间长，学生如何进行职业体验？如果你是一所学校的管理者，你会如何安排学生的社会职业体验经历？

答题纸

应试者须知：

（1）应试者接到“讨论题”后，用 3 分钟时间填写讨论提纲（个人）；

（2）按照顺序每人用 2 分钟阐述自己的基本观点；

（3）依次发言结束后，应试者用 15 分钟时间进行自由讨论。在讨论过程中，应试者可在讨论提纲（小组）中更改自己原始的观点，但对为何更改必须明确说明；

（4）讨论结束后，应试者将拟写的发言提纲交给主考官，应试者退场。

讨论提纲（个人）	
讨论提纲（小组）	更改原因

评分标准

（本页正反打印）

一、沟通能力

语言表达准确简洁、流畅清楚，能很好地表达自己的意思，善于运用语音、语调、目光和手势。（2 分）

语言表达一般，条理基本分明，基本能够表达自己的意思，运用适当的语音、语调、目光和手势。（1 分）

说话吞吞吐吐，言语表达不清，不能表达自己的意思，不会运用适当的语音、语调、目光和手势。（0 分）

二、分析能力

分析问题全面透彻、观点清晰、角度新颖，概括总结不同意见的能力强。（2 分）

分析问题基本透彻、观点基本清晰、角度常规，基本能够概括总结不同的意见。（1 分）

分析问题不够透彻、观点不清晰、角度不好，不能概括总结不同的意见。（0 分）

三、人际合作

能够尊重别人，善于倾听他人的意见，善于把众人的意见引向一致。（2 分）

基本能够尊重别人，可以倾听他人意见，协助他人把众人意见引向一致。（1 分）

不尊重别人，不能倾听别人的意见，自己的看法无法融入众人的意见。（0 分）

四、计划性

思路清晰周密，逻辑性和时间观念强，准确把握解决问题的要点。（2 分）

思路基本清晰周密，逻辑性和时间观念较强，能把握解决问题的要点。（1 分）

思路混乱，逻辑性和时间观念不强，不能把握解决问题的要点。（0 分）

五、独立性

有自己的思考和见解，敢于发表不同意见，善于提出新的见解和方案，在强调自己的观点时有说服力。（2 分）

不同意见较少，多数时间听从他人安排，提出的新见解和方案较少，强调自己的观点时有一定的说服力。（1 分）

发言很少，并未发表不同意见，不能提出新的见解和方案，强调自己的观点时没有说服力。（0 分）

六、组织协调

善于消除紧张气氛并创造一个大家都想发言的气氛，能有效说服别人，善于调解有争议问题。（2 分）

不善于消除紧张气氛和创造一个大家都想发言的气氛，说服别人的情况很少，偶尔调解有争议问题。（1 分）

情绪紧张，不能创造一个大家都想发言的气氛，不能说服别人，不能调解有争议问题。（0 分）

项目	得分	具体评价（得分或扣分原因）
沟通能力		
分析能力		
人际合作		
计划性		
独立性		
组织协调		
总分		

面试官签字 ______________

撰稿：上海市回民中学　王景文

SWOT 分析法

一、活动目标

1. 学会运用 SWOT 分析法进行自我认识。

2. 对“选科”任务进行科学决策并制订计划。

二、活动对象

初中生、高中生

三、活动时间

约 30 分钟

四、活动场地

室内

五、活动准备

活动任务单。

六、活动过程

1. 认识 SWOT 图表，并解释相关概念。

2. 调查分析内外部环境。

内部环境分析：主要分析自己内在资源方面的优势和劣势，包括：

（1）对自己能力的分析；

（2）对自己性格特点的分析；

（3）对自己兴趣爱好的分析；

（4）分析自己有没有已经获得的成就；

（5）对自己习惯的分析；

（6）对其他自我特点的分析。

外部环境分析：外部环境因素是指我们对外部环境的感知，包括：

（1）对社会大环境的认识和分析；

（2）对地域、学校、专业等小环境的分析；

（3）对人际关系的分析；

（4）对其他外部环境的分析。

3. 教师根据案例示范，讲解 SWOT，填入 SWOT 图表中。

要把那些对自己的发展有直接、重要、长久影响的因素优先排列出来，把那些间接、次要、短暂影响的因素排在后面或省略。

4. 确定对策，制订计划。

SWOT 内外部环境因素具有 4 种不同的组合，也对应着不同的对策。下面的 SWOT 对策图可以帮助你确定对策，并根据确定的对策制订相应的计划。

七、活动提问

1. 事实

高中可选的科目中，SO 组合有哪几门？

2. 感受

在进行 SWOT 探索和分析的时候，你是什么感觉？

3. 发现

有什么发现？

4. 未来

（1）在未来的高中三年中，如何更好地发展自己的 SO，避免 WT ？

（2）如何应对 ST 和 WO 的两难选择？

八、教师引导

SWOT 分析，就是基于内外部竞争环境和竞争条件下的态势分析，是将与研究对象密切相关的各种主要内部优势、劣势和外部的机会与威胁等，通过调查列举出来，并依照矩阵形式排列，然后用系统分析的思想，把各种因素相互匹配起来加以分析，从中得出一系列相应的结论，而结论通常带有一定的决策性。运用这种方法，可以对研究对象所处的情境进行全面、系统、准确的研究，从而根据研究结果制订相应的发展战略、计划以及对策等。

高中生在选科或者做其他生涯决策时，容易思考不清楚，虽然搜集了非常多的信息，但缺乏对信息分类的技巧，容易迷失在各种各样的纷杂的资讯中。SWOT 分析能够从优势、劣势、机会与威胁四个角度出发，让学生对选科等决策所处的情境进行全面、系统、准确的研究，从而根据研究结果制订相应的发展战略、计划以及对策等。

SWOT 分析是一个非常好用的工具，如果学会如何使用的话，不仅对于选科，而且对于以后的其他决策都是很有帮助的。在完成因素分析和 SWOT 的构造后，我们便可以制订出相应的行动计划。制订计划的基本思路是：发挥优势因素，克服弱点因素，利用机会因素，化解威胁因素；考虑过去，立足当前，着眼未来。运用系统分析的综合分析方法，将排列与考虑的各种环境因素相互匹配起来加以组合，得出未来发展的可选择对策。

九、操作建议

1. 老师在讲解 SWOT 分析法的概念时，要尽量用各种例子来进行说明，比如初中学生选择哪种兴趣爱好作为技能进行培养，高中学生选择哪个科目。

2.SWOT 四种组合，可以对各种因素进行全面、系统、准确的把握，教师在引导的过程中可以让学生针对自己的某一个决策，完成活动单。

3. 生涯决策是一个选择与放弃的过程。每个决策情境都有两种或两种以上的选择可能，我们必须选择其一，并承担选择的结果。教师在引导的过程中，让学生分享自己的感受，让学生思考决策带来的影响。

4. 学生完成活动单之后，组内进行分享；小组再选择一个代表进行班级分享；教师再引导学生思考，如何在生涯规划的过程中更好地发展自己的最优组合。

附：活动单

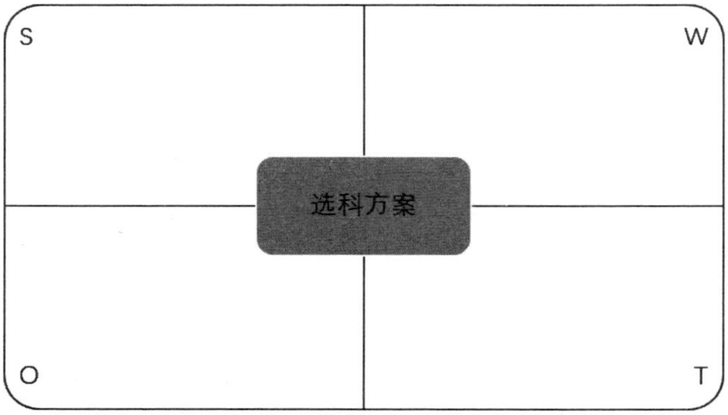

撰稿：上海市静安实验小学　秦秋艳

决策平衡单的应用

一、活动目标

1. 学生充分认识到选科不是一个简单的生涯决策，纠结与犹豫是正常的反应。

2. 学生充分考虑影响选科决策的因素有哪些，发散思维进行头脑风暴，总结选科需要考虑的各种因素。

3. 学生学会使用决策平衡单，仔细思考自己关注的内容有哪些，做出自己的选科决策。

二、活动对象

高中生

三、活动时间

约 30 分钟

四、活动场地

室内

五、活动准备

每人一张选科用的“决策平衡单”。

六、活动过程

1. 小组头脑风暴讨论：选科时需要考虑哪些因素？每个小组用 3 分钟时间，请每个小组的代表分享自己讨论的结果，后面的小组不重复前面的内容。

2. 教师介绍决策平衡单，通过案例分享来进行说明。每人有 10 分钟的时间完成自己的决策平衡单。完成后，在小组内进行分享。

案例分享：

韩磊同学从初中开始语文写作水平比较突出，经常参加中学生写作比赛，还向一些报纸杂志投稿。除语文学科外，他还很喜欢阅读一些历史题材的著作，对世界史、中国史都比较熟识。在中考中，韩磊的语文成绩属于中等偏上水平，历史、英语和语文差不多，剩余学科成绩一般，数学学科成绩较差。

升入高中后，韩磊根据自己的实际情况，在父母与老师的帮助下，对个人生涯发展有了初步的目标，将未来兴趣专业进行了较为系统的匹配。

韩磊希望自己将来可以从事与文字类有关的工作；针对自己语文、历史学科的优势，把专业目标定位在与文字类相关的专业，比如新闻学、汉语言文学、对外汉语、历史学、法学等这些学科中。

韩磊考虑到自己学科整体发展不均衡，弱势学科的基础知识掌握欠缺、高中的学习方法没有把控好，仍需要进一步去努力改善，所以，韩磊将“双一流”大学和专业过往分数线作为自己高中学业提升的目标。

在语文、数学和英语方面，韩磊要继续巩固语文和英语，同时提升数学成绩，而在等级性考试科目的选择上，他需要作出决策。

我们以复旦大学和华东师范大学为例，将韩磊同学倾向的新闻学、汉语言文学、对外汉语、历史学、法学等专业在两所学校官网上进行查选，发现复旦大学历史学对应的选考科目为历史、政治或地理；法学对应的选考科目为物理、政治或历史；其他专业科目不限。华东师范大学对这些专业都不作科目要求，3 门选考科目没有限制。

于是韩磊打定主意，历史学科必须要选，但还有 2 门学科需要综合评估。

韩磊同学利用决策平衡单进行了等级考选科决策。

选科决策表使用步骤：

第一行已列出 6 门学科，如果有必选或者完全不考虑的科目，可以提前删去。

第一列是“考虑因素”，可以根据个人关注的内容，填入在选科时需要考虑的因素，如学科兴趣、学科基础、学习方法、学校师资水平、老师建议、家长建议、同学建议、朋友建议，等等，个人可根据自己的实际情况罗列。

每个学科的得分或失分，可以根据该学科具有的优势（得分）、劣势（失分）来回答，计分范围为 1—10 分。

给每个“考虑因素”赋予权重：重要性因人、因时、因地不同。根据“考虑因素”的重要性，给它们赋予权重，加权范围为 1—5 倍。

利用得失差来评估与选择 3 门等级考的科目。

3. 最后，邀请 3 位同学在班级里进行分享。

七、活动提问

1. 事实

（1）在头脑风暴进行讨论的时候，你看到了什么？

（2）在完成决策平衡单的过程中，你经历了怎样的过程？是否遇到困难，又是如何解决的？

2. 感受

（1）在完成决策平衡单的过程中，你的感受如何？

（2）（问分享者）在分享的过程中，你的感受如何？

（3）（问倾听者）听到几位同学的分享，你的感受如何？

3. 发现

（1）（问分享者）在分享的过程中，你有什么新的发现？

（2）（问倾听者）在几位同学分享之后，你有什么新的发现或者体会？

（3）在决定选科的过程中，有没有和今天活动类似的场景或事件经历？这让你联想到了什么？

4. 未来

（1）在以后的决策过程中，如果遇到类似的场景或经历，你会如何处理？

（2）今天的活动收获，有哪些是可以在将来的生涯决策中加以运用的？

八、教师引导

选科是每个学生在高中一开始就要做的一次重大决策，是生涯规划的重要组成部分。科学进行选科决策的前提是做到“知己知彼”，“知己”就是要对自己进行精准定位，“知彼”就是要了解社会发展趋势和明确高校专业相关资讯，只有这样才能做出适合自己的科学选择。

有的同学在考虑选科的时候有更多的参照标准，就会有更明确的方向；有的同学可能因为某些原因没有那么深入的探索，那么就需要更多思考，为自己的决策多搜集一些可靠的信息。

决策平衡单是一个工具，能够帮助你更加明确自己的选择。但这也只是一个“暂时”的决定，只是依据你当下的信息和偏好去做的平衡。未来也许你会有新的兴趣，会有更多的理解，结果可能会有变化。

尽管决策平衡单的结果很重要，但是填写的过程也很重要，因为考虑每个因素，给每个因素分配权重以及打分的过程本身，就是在帮助我们理清自己的思路。

九、操作建议

1. 小组讨论结束进行分享的时候，教师需要将学生提到的因素进行分类整理，如个人因素、家庭因素等。

2. 在使用决策平衡单之前，教师可以先通过一个案例向学生介绍这个工具的使用，展示同样因选科出现困难的案例，让学生充分了解决策平衡单的作用。在学生完成的过程中，当出现困难时，教师要适当给予引导。

3. 邀请“分享者”进行班级分享之前，教师可以在每个小组分享的过程中了解有哪些完成较好、有较大启发的学生。

十、课堂反馈

学生反馈 1：影响选科的因素列出来有很多很多，我需要考虑自己的兴趣、家人的意见，还有未来能选择的专业，等等。填写决策平衡单，也给了我一些启发。我还是更在乎自己是不是真的有兴趣去学这个科目。

学生反馈2：我本来非常纠结于选物理还是选地理，如果选物化生，那么高三需要考两科，压力还是非常大的。但是我对物理比较感兴趣，而且如果选择物理，未来专业的选择应该会更多。在做平衡单的时候，我赋予它的权重明显高一些，所以我最后的结果还是选择物理。

学生反馈3：我在选科的时候其实更多考虑自己的能力，当然一些科目的等级考时间也对我们有很大的影响。听别人分享的时候，我觉得有一些启发，大家考虑的因素虽然类似，但是权重却不相同。我也需要再想想，仔细考虑自己的选择。

附：

决策平衡单

决策平衡单：韩磊

撰稿：上海市新中高级中学　李琳

选科决策平衡单

考虑因素		政治		历史		地理		物理		化学		生物	
	权重（1-5）	得（+）	失（-）	得（+）	失（-）	得（+）	失（-）	得（+）	失（-）	得（+）	失（-）	得（+）	失（-）
合计													
得失差													

选科决策平衡单：韩磊

考虑因素		政治		历史		地理		物理		化学		生物	
	权重（1-5）	得（+）	失（-）	得（+）	失（-）	得（+）	失（-）	得（+）	失（-）	得（+）	失（-）	得（+）	失（-）
1. 学科兴趣	5	6（30）					5（25）		8（40）	2（10）		4（20）	
2. 学科基础	4	8（32）					5（20）		8（32）	2（8）		4（16）	
3. 学习方法	3	7（21）					6（18）		6（18）	2（6）		6（18）	
4. 师资水平	3	6（18）				8（24）		9（27）		8（24）		7（21）	
5. 教师建议	1		6（6）			6（6）			6（6）	8（8）		2（2）	
6. 家长建议	1		6（6）			6（6）			6（6）	8（8）			6（6）
7. 朋辈建议	2		4（8）			6（12）			9（18）		6（12）	6（12）	6（12）
合计		101	20			48	63	27	120	64		89	18
得失差		81（选）		必选		-15（不选）		-93（不选）		52（选）		71（选）	

选而择——科学选科

一、活动目标

1. 让学生明确目标规划的重要性，初步明确选科方向。

2. 了解高考政策，进行讨论与交流，做好应对策略，初步合理选科。

二、活动对象

高中生

三、活动时间

约 25 分钟

四、活动场地

室内

五、活动准备

职业定位十字架、科目定位十字架、选科活动任务单。

六、活动过程

1. 为了解我们的自身性格和潜在的职业选择，思考未来职业与大学专业、高中选科的相关性，课前完成心理测试——霍兰德“兴趣岛”职业兴趣测试。

2. 教师介绍科目定位的两个维度：能力、兴趣。

3. 参考高考选科对应的专业表，制定并填写自身的科目定位十字架，以及职业定位十字架。

4. 学生分享。

5. 教师解读科目定位十字架、职业定位十字架。

6. 讨论并完成科学选科任务单。

七、活动提问

1. 事实

（1）你的科目定位十字架是如何填写的？

（2）做选科时需要收集哪些方面的信息？

（3）你选科的因素主要有哪些？

2. 感受

（1）活动过程中，哪一个选科因素是令你最犹豫不决的？

（2）信息收集的可靠性和有效性你是如何判断的？

3. 发现

（1）你对自己选科方面有哪些新的发现？

（2）选科后可能遇到的挑战及应对方法是什么？

4. 未来

今天的选科活动，有哪些部分是可以在将来的专业 / 职业选择中加以运用的？

八、教师引导

新高考模式下，如何选出自己适合选、需要选的等级考科目，选课后如何统筹自己的学习，考出理想的成绩，考入理想的专业，除了要有目标规划外，还需要客观认识自己，结合自己的特长、成绩、兴趣、专业、学科覆盖度、价值观等去考虑选科。我们需要平衡学科成绩与专业限制之间的冲突，而且还需要了解选科的基本原则与具体的指导策略。

理性的选择是建立在正确认识自我的基础上的。每位学生在充分认识自我、学业状况分析、职业理想梳理的基础上，还要分析高校不同专业的报考要求，明确不同学科与职业的关系，了解未来职业的需求与当下学习的关系。为此，我们确定的选科基本原则是：尊重兴趣 + 结合实力 + 回望规划。

选考组合的选择策略：排除法 + 优选法。

①排除法。首先确定不选科目，主要是自己不感兴趣、学习有困难、成绩不理想的学科。②优选法。从排除后剩下的学科中渐进选择三门选考学科。第一门可以选择与自己能力倾向最匹配的学科，考虑自身成绩是第一位的，这决定了后续的学习动力和兴趣，这是最基准的原则。第二门课程选自己感兴趣的学科，因为兴趣是学习的动力，学生的学习成绩与对该学科的兴趣呈正相关。第三门课程可以选择与你未来的专业、高校、职业意向最匹配的学科。在沟通中，提问可以帮助我们了解更多信息，并且澄清信息；专注地倾听可以帮助我们获取信息，也可以帮助我们创造更愉快的交流氛围。

九、操作建议

在进行选科活动之前，教师需要简单介绍造成选科抉择困难的原因，再开始正式活动。

1. 准备度：自己缺乏准备，认为这个抉择与自己无关，缺乏动机。表现在选科上，就是不关心选科这件事，或者等着他人帮忙做决定等。

2. 缺乏信息：不了解在抉择过程中需要了解哪些信息，也不知道该如何获取这些信息。表现在选科上，就是不知道该收集哪些信息进行选科，或者不知道该如何进行选科等。

3. 信息不一致：所获得的信息不可靠、无效。自身的抉择与外在的建议冲突，导致无法进行抉择。表现在选科上，就是无法判断选科信息的准确性和可靠性，或者和父母的想法不一致等。

十、课堂反馈

学生反馈 1：我觉得选科过程中最复杂的就是信息的收集，因为现在网络上关于选科的信息太多了，很难去辨别和筛选哪些才是准确的、权威的。而且很多文章的标题很夸张，好像看了这个就能选科了。还是得靠自己去找官方的信息，思考对自己来说最重要的影响因素是什么。这节课让我知道，选科的专业覆盖率和对应专业是非常重要的，自己的兴趣和能力，也是选科时不可忽视的要点。

学生反馈 2：关于选科后的风险和挑战，是我以前常常会考虑的一个点，因为你没有办法确定选科后会遇到什么情况，可能选科之后就后悔了啊！这也是我不能很果断地选科的原因。不过老师说的很有道理，有哪个决定是百分之百完美的呢？我只能基于我现有的信息去做出决定，就算后悔了，也要承担这个结果。

附：

学生工作纸：

（职业定位、科目定位十字架）

请将选科科目、憧憬职业填入象限的不同格子里。

教师解读十字架：

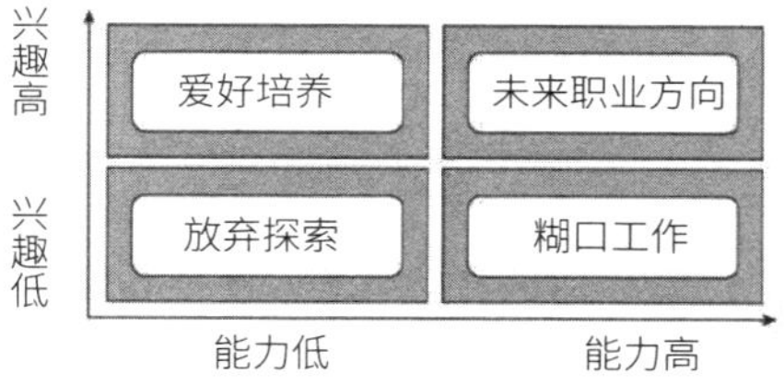

图 1　职业定位十字架

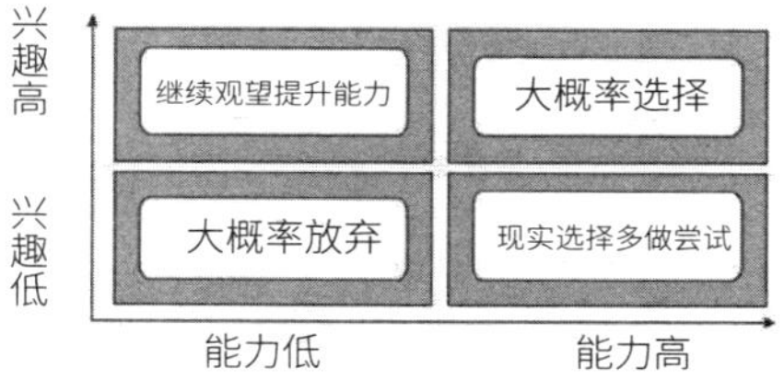

图 2　科目定位十字架

科目与专业对应表参考：

学科	专业	学科	专业
历史	考古学 民族学 汉语言文学 历史学 地理学科 政治学科 世界历史 文物保护技术 马克思主义研究 中国共产党历史	政治	哲学类 法学类 历史学类 经济学类 政治学类 教育学类 社会学类 工商管理类 公共管理类 马克思主义理论类
物理	海洋科学类 应用物理学 工程力学 电子科学类 地球物理学 材料科学类 热能与动力工程 信息与电子科学类 测控技术与仪器 核工程与核技术学 航天航空类和武器类 理论与应用力学 机械类	生物	生物工程类 植物生产类 科学类 环境生态类 环境科学类 医学类 森林资源类 草叶科学类 动物生产类 水产类 动物医学类
地理	旅游类 地质勘探类 气象类专业 城市规划类 酒店管理类 地图测绘类 资源管理类 地理教育类 水利水电类	化学	核工程类 地质学类 化工与制药类 应用化学 林业工程类 生物科学类 材料类 食品科学与工程类 医学技术类 公共卫生与预防医学类

任务单：科学选科大讨论

1. 做选科时需要收集哪些方面的信息？

2. 做选科前需要去哪里收集信息？各种渠道的利弊是什么？

3. 如何判断选科所需信息的可靠性和有效性？

4. 选科需要考虑哪些因素，请按照重要程度排序。

因素 1：

因素 2：

因素 3：

因素 4：

因素 5：

……

综合以上因素，请同学们评估目前的所有科目，并选出最能帮助你考上理想大学心仪专业的三门课：______、______、______。

撰稿：上海田家炳中学　裴美婷

学校 vs 专业

一、活动目标

1. 丰富当下有关大学与专业信息的知识库。

2. 思考学校与专业的各自优缺点。

3. 增强规划意识，提升规划决策能力。

二、活动对象

高中生

三、活动时间

约 40 分钟

四、活动场地

室内

五、活动准备

计时器、席卡。

六、活动过程

提示：本次课堂活动需要做好充分的课前准备，包含确定辩手，并准备与辩题相关的材料。

1. 课前准备

（1）确定辩题，辩题为：选择学校时学校重要还是专业更重要。正方观点为选择学校更重要，反方观点为选择专业更重要。

（2）辩论报名，征集 8 位辩手，正方 4 位，反方 4 位，确定正反双方一、二、三、四辩手，告知学生辩论规则。

（3）其余学生根据自己对辩题的理解，自行选择辩方，成为正方或反方的应援选手，可参加应援选手的自由辩论。

（4）8 位辩手与应援学生自行准备辩论主题相关材料。

2. 活动展开

（1）正方、反方立论，阐述本方观点，各自有 2 分钟时间。

（2）双方二辩交替提问，对方每次回答时间不超过 30 秒，此环节不超过 8 分钟。

（3）双方三辩提出问题，进行自由辩论，此时全员均可参与自由辩论，双方各自共有 5 分钟时间进行自由辩论。

（4）双方应援发言，只能由应援选手发言，每方时间不超过 5 分钟。

（5）双方四辩最后总结陈词，开篇先立论的后总结，总结时间不超过 2 分钟。

（6）辩论过程不超过 30 分钟。

七、活动提问

1. 事实

（问全体）在准备辩论过程中，你发现了哪些有价值的信息？

2. 感受

（1）（问辩手）辩论过程中感受如何？

（2）（问全体）当你思考大学与专业的规划和选择时，你感受如何？

3. 发现

（1）（问全体）在准备以及辩论的过程中，最让你印象深刻的发现是什么？

（2）（问全体）在辩论过程中，你最认可的对方的观点有哪些？

（3）（问全体）当你思考大学与专业的抉择时，你对自我有哪些发现吗？

4. 未来

（问全体）对于你以后的生涯规划，有哪些启示？

八、教师引导

辩论已经结束，现在请大家再次认真思考这个问题：在选择大学时是学校重要还是专业重要？请大家站在自身的立场上来思考问题。

好的学校有好的氛围、好的教学资源。一个好的专业可以让我们更加接近自己喜欢的职业，但好的学校不一定有我们喜欢的专业，这是两难的选择，需要我们思考未来，有前瞻性，尝试对未来做出规划。

辩论过程中有人发挥得很好，有人没有完全展示出自己的观点，但是辩论过程中碰撞出来的思维火花非常美丽。大家在收集资料准备的过程、辩论的过程都是思考探索的过程。

不仅是收集信息和思考问题，大家更是通过自己在规划大学与专业的过程中探索自我的特点，探索我们的兴趣和价值观。

九、操作建议

1. 教师成为时间的把控者，严格控制时间。

2. 辩论过程中学生容易情绪激动，要强调学生思考的价值。

撰稿：上海田家炳中学　刘林梦

我的生涯成长册

一、活动目标

1. 学生梳理全部生涯课程得出的结论或启示，完成属于自己的生涯成长册，展望未来的生涯发展，明确每阶段的生涯目标，做出细致规划。

2. 通过生涯规划书定下的目标，激励学生前进，提升自我约束能力、自我管理能力，在成长过程中不断检验自己的行为，不断践行自己的承诺。

二、活动对象

高中生

三、活动时间

待全部生涯课程完成后填写完成

四、活动场地

室内

五、活动准备

打印生涯成长册，每人一本。

六、活动过程

1. 学生自行填写完成，也可以在课堂中安排集体一起填写完成。

2. 完成后可以邀请几位同学进行分享展示。

七、活动提问

1. 事实

（1）在填写的过程中，你看到了什么？

（2）在填写的过程中，你碰到了什么困难？

2. 感受

（1）（问全体）填写生涯成长册的过程中，你有怎样的感受？

（2）（问分享者）在分享的过程中，你的感受如何？

（3）（问倾听者）当听到别人的分享之后，你的感受如何？

3. 发现

（1）现在的成长册和你之前的设想是否有差异？如果有，这些差异是由哪些因素造成的？

（2）生涯成长册让你联想到了什么？

4. 未来

（1）生涯成长册的撰写过程，给你什么样的启发？

（2）今天的收获，有哪些是可以在将来的生涯发展中加以运用的？

八、教师引导

所有的生涯课程结束之后，我们需要进行一次全面的总结，每一个同学在这些课程中都有了很多的启发和思考，这些启发如何更好地指引我们的生涯发展过程，就需要我们来进行一次梳理。

志不定，天下无可成之事。制定生涯成长册对于每个人，尤其是高中生来说是非常重要的。只有当我们对自己、对社会的了解越丰富，我们才会有奋斗的目标和方向，通过冷静的梳理和分析，更能找到那条趋向自己未来的道路。

九、操作建议

1. 学生在撰写自己的生涯成长册时，有任何疑惑都可以找教师进行提问和探讨，这是一个需要耐心的梳理过程，教师也要保持充分的耐心和理解。

2. 教师可以鼓励学生进行详细的分析，当某一部分自己不确定时，可以查询之前课程中探索过的内容。

3. 在组内分享时，教师要鼓励每个人踊跃分享自己的撰写过程，撰写过程中遇到的困难，以及自己是如何克服困难的。

4. 教师可以选择完成得较完善、具有启发性的生涯成长册进行展示，邀请学生进行分享。

附：生涯成长册大纲

我的生涯成长册

一、前言

（主要写撰写的意义）

二、自我分析

1. 个人兴趣

2. 个人能力

3. 个人特质

4. 职业价值观

5. 优势劣势分析

三、职业分析

1. 家庭环境分析

2. 社会环境分析

3. 职业环境分析

（1）行业分析

（2）职业分析

（3）企业分析

四、阶段计划

1. 三年短期计划（高中计划）

2. 四年中期计划（大学计划）

3. 五年长期计划（工作计划）

五、评估调整

1. 评估内容

2. 评估时间

六、结束语

撰稿：上海市新中高级中学　李琳

后 记

中小学生涯教育是运用系统方法，指导学生增强对自我和人生发展的认识与理解，促进学生在成长过程中学会选择、主动适应变化和开展生涯规划的发展性教育活动①。作为上海市生涯教育整体试点区，我们一直在课堂教学、社会实践、家校互动、个别指导等领域进行实践。随着教育观念的更新，区域生涯教育、全员导师制的不断推进，越来越多的班主任、学科教师甚至家长陆续加入生涯指导的行列中来。

为了总结和梳理老师们的经验，推进区域各学校有序开展生涯教育，满足更多教师作为生涯导师的需要，我们邀请了区域内的多名教师，梳理自己的生涯教育课堂活动，遴选出其中 99 例活动汇编成此书，供各位老师参考。

1. 内容模块

根据《上海市教育委员会关于加强中小学生涯教育的指导意见》，中小学生涯教育的主要内容包括自我认识、社会理解、生涯规划三个方面，涵盖了多方面的知识、技能和方法。我们将生涯教育活动划分为如下 6 个模块的内容。

模块一：自我认识。这个模块下的活动既有帮助学生了解生理自我、心理自我、社会自我的活动，又有帮助学生了解自己的能力特长、个性特征以及价值观的活动，帮助学生发展积极的自我概念，并在不断成长中形成健全的人格，树立正确的人生理想和价值信念。

模块二：学会学习。这个模块下的活动主要聚焦于记忆、注意、思维、学习习惯、学习动机、学科兴趣等内容，旨在帮助学生发现并了解自身的兴趣爱好，感受学习乐趣，提高学习兴趣，增强学习自信心。

模块三：交往互动。这个模块下的活动包括倾听与反馈、沟通中的言语、表情和动作理解、同理心培养和合作能力培养等相关活动，培养学生的人际交往能力，提高生活适应能力。

模块四：健康生活。这个模块下的活动包括闲暇时光、家务分工、消费管理、饮食卫生以及挫折应对等内容，旨在帮助学生增强角色理解以及生命弹性，培养生活能力。

模块五：社会探索。这个模块旨在通过各种有趣的活动指导学生认识职业，包括认识职业名称、工作内容、职业素养要求，也包括通过模拟体验、角色扮演、活动宣讲等方式来体验职业，丰富学生对社会角色、社会分工的发展动态及不同职业的专业素养要求的了解，形成对社会各行各业的尊重与理解。

---

①《上海市教育委员会关于加强中小学生涯教育的指导意见》（沪教委德〔2018〕8 号）。

模块六：规划发展。本模块下的活动有助于学生掌握学业规划的主要方法，综合各类信息，平衡个人发展和社会发展的需求，制订适合自己的学业发展目标和计划，初步设计合理的职业和人生发展路径。

2. 案例体例

每个模块下的活动都是撰写者在日常教学活动中操作过的。在编写过程中，每个活动设计包含如下要素：活动目标、活动对象、活动时间、活动场地、活动准备、活动过程、活动提问和操作建议、学生反馈。

活动目标和活动对象是针对不同年段的学生，结合生涯教育的内容，对所设计的活动进行目标的设定；

活动时间、场地和准备是活动开展所需要的条件；

活动过程和提问是实施活动最重要的环节，也是活动能否达到目标、学生能否有所体验和成长的重要支架；

操作建议是活动开展全过程中需要加以重视的点滴建议，有助于活动的顺利开展，也有助于教师创造性地运用该活动。

学生反馈是学生活动后的反馈性语言，有些撰写者还附上了学生作品。从中，教师可以窥见活动的效果以及学生的需求重点，也为教师进行重点把握或者活动调整提供一定的思路。

3. 学段重点

不同学段的生涯教育有各自的侧重点。《上海市教育委员会关于加强中小学生涯教育的指导意见》中明确提出，小学阶段的生涯教育侧重于生涯启蒙，初中阶段的生涯教育侧重于生涯探索，普通高中阶段的生涯教育侧重于生涯规划，中等职业学校的生涯教育侧重于职业规划。因此，各个学段在开展生涯教育时要把握重点，注重方法和途径。

但学生的生涯成长是一个线性的过程，由于外在环境、个体经历的不同，生涯成熟度也不完全相同，因此，生涯教育往往也是一个循环往复、螺旋上升的过程。职业体验的活动，在各个学段都需要进行，在进行的过程中，要尊重学生的认知特点，设计不同难度的任务和不同的问题促进思考。

因此，在活动的呈现上，我们没有按照小学、初中和高中的年段顺序进行排列，而是按照相应专题的内容进行排列，教师可以根据自己所在的学段，结合学生身心特点、教育目标需求进行选择、调整和创造。

4. 使用建议

学校可以统筹安排，在不同的年龄段安排生涯专题教育活动。学校在顶层设计学校生涯教育工作时，可以结合生涯教育的内容，在不同年龄段安排一定课时的生涯教育活动，通过不同课程类型加以落实。

教师可以结合需要，选择性使用活动设计融入自己的教育计划。每个教师在开展生涯教育过程中，都可以从本活动指南中选择适合的活动，参考活动设计方案，融入自己的教育过程。

学生可以根据兴趣，进行自助体验和学习，并和教师、同伴互动交流。本指南中的活动设计，提供了具体的操作方式和提问，学生也可以借助本活动设计，在同伴群体中自主开展活动，结合问题进行自我探索和思考，实现自我成长。

5. 操作要点

在生涯教育开展的过程中，以下几个要点供教育者参考。

以丰富经历为核心，关注发展而不是定性。生涯教育不是帮孩子们定性，而是帮助他们成长。虽然在生涯教育过程中，有一些自我体验、自我测试的活动，但这些活动并不是为了给孩子分类、贴标签，而是多一些工具来丰富学生对自己的认识。

以体验式学习为方式，关注学生经验与反思。生涯教育不是闭门造车的教育，而是社会化的过程。活动要提供具体的经验和体验，关注学生的感性经验和真实感受，因此，在案例活动实施之后，都按照体验式学习的 4F 提问方式，从“事实—感受—发现—未来”四个层面让学生有所反思、调整，并促进行动。

以反思实践为通道，提升学生的行动力。生涯教育是以学生个人的生涯发展为最终目标的，自我效能感、职业价值观是一个人生涯适应和确定最为核心和稳定的因素。价值观的形成、自我效能感的建立需要个体自己在经历中进行感悟，仅仅靠灌输是无法达到的。

本书的编写是在众多老师的实践基础上完成的，这不是一本“高大全”的活动案例集，而是一本“实小精”的活动案例集。我们希望经过本书的编写，能够在梳理生涯教育课程资源的基础上，满足心理教师、班主任乃至学科教师实施生涯教育的实际需要，保障课程实施，并使更多的学生能愉快、有效地接受生涯教育指导和服务。

限于编写者的能力，本书一定有许多不足之处。如果各位老师在使用的过程中，能够对其中的失误之处有所指出，能够对其中的设计方案进一步加以修改，我们将不胜感激。

本书名为“百例”，实际收入 99 例活动。编者之意在于：最后 1 例，等你参与！

编者

2021 年 8 月